Norbert Ortgies

Zwischen Bolschewismus und Bergpredigt

Ludwig Bitter (1908-1942)

www.tredition.de

© 2020 Norbert Ortgies

Umschlag, Illustration: Norbert Ortgies.
Vorderseite unter Verwendung eines Fotos aus dem Stadtarchiv Münster:
Demonstration KPD Münster, ca. 1932: SLG-FS-47, 04670a /Pohlschmidt, Carl.
Rückseite unter Verwendung eines Fotos aus dem Nachlass von Ludwig Bitter,
im Besitz von Hubert Bitter, Ibbenbüren.

Verlag & Druck: tredition GmbH, Halenreie 40-44, 22359 Hamburg

ISBN
Paperback   978-3-347-10664-2
Hardcover   978-3-347-10665-9
e-Book   978-3-347-10666-6

INHALTSVERZEICHNIS

Ludwig Bitter (1908-1942)
Quelle: Sammlung Stadtmuseum Ibbenbüren

Vorwort

„Wen, der in Archiven stöberte mit der Absicht, Vergessenes den Mitmenschen wieder bewußt zu machen, überfiel nicht schon der Gedanke: Lohnt sich das alles. Hat es einen Sinn, längst Vergangenes wieder auffrischen zu wollen? Läuft einem nicht das pulsierende Leben fort, während man sich damit abgibt, sammelnd und aneinanderreihend zu erzählen, was war?

Andererseits, wer hätte nicht auch schon die bildende und anfeuernde Kraft gespürt, die die Geschichte auf die Menschen und besonders auf die Menschengemeinschaft ausüben kann, und wer hätte nicht, selbst in einer Gemeinschaft stehend, sofort gefühlt, wie sehr fehlendes Geschichtsbewußtsein jeden Zug ins Große und Weite hemmt!

Das ist natürlich klar. Beschränkte sich eine geschichtliche Darstellung auf bloßes Registrieren und Konservieren geschichtlicher Tatsachen, dann hätte sie keinen Sinn. Auf den Menschen muß ihr Augenmerk gerichtet sein. Vom Menschen zum Menschen muß sie sprechen. Durch das Erzählen dessen, was Menschen vor uns getan, geleistet haben, muß die Geschichte uns anfeuern, auch etwas zu tun, nicht zu ruhen, zu rasten und rosten, mit der Entschuldigung: es hat doch alles keinen Zweck. Gerade das sollen wir ja aus ihr lernen, daß zielbewußtes, geduldiges Arbeiten – auch wenn es in der Stille geschieht – doch einen Zweck hatte und hat."[1]

Diese Zeilen schrieb Ludwig Bitter in den Jahren 1939/1940 nieder, als er sich durch Aktenmaterial zur Geschichte des katholischen Schulwesens in Hamburg mühte. Die Sinnfrage stellte sich mir bei meiner Suche in den Archiven öfter genauso wie ihm, über dessen ebenso kurzen wie gewundenen Lebensweg in schweren Zeiten ich achtzig Jahre später schreibe. Und ich finde seine Ansichten zur Sinnhaftigkeit solchen Tuns nach wie vor zutreffend, aktuell und präzise formuliert.

Warum kann man aber nun einen einzelnen Menschen unter Millionen, Milliarden herausgreifen, wenn es doch um eine historische Darstellung geht?

Hier halte ich es mit dem Motto des hessischen Historikers Gerhard Beier: „Wenn Geschichte tatsächlich von Menschen gemacht wird, dann kommt Geschichtsschreibung um die Biographie der beteiligten Personen nicht herum, und zwar nicht nur wegen ihrer organisatorischen Zusammenhänge, sondern auch wegen ihrer Individualität."[2]

Danken möchte ich den Mitarbeiterinnen und Mitarbeitern aller Institutionen, die meine Arbeit auf verschiedene Weise unterstützt haben:

Archiv der Deutschen Franziskanerprovinz, Paderborn
Archiv der Humboldt-Universität Berlin
Bistumsarchiv des Bistums Münster [BAMs]
Archiv der sozialen Demokratie/Friedrich-Ebert-Stiftung e.V., Bonn [AdSF/FES]
Bibliothek des Emsländischen Heimatbundes, Meppen
Bundesarchiv Berlin etc. [BArch]
Carl-von-Ossietzky-Universität Oldenburg
Diözesanarchiv Berlin [DAB]
Diözesanarchiv Hamburg [DAH]
Geheimes Staatsarchiv Preußischer Kulturbesitz Berlin [GStA]
Landesarchiv Nordrhein-Westfalen, Abteilung Rheinland, Duisburg [LAV NRW R]
Landesarchiv Nordrhein-Westfalen, Abteilung Westfalen, Münster [LAV NRW W]
Ikonenmuseum Recklinghausen
Justizvollzugsanstalt Siegburg [JVA Siegburg]
Maximilian-Kolbe-Werk, Freiburg
NS-Dokumentationszentrum Köln
Stadt- und Kreisarchiv Schmalkalden
Stadtarchiv Düsseldorf
Stadtarchiv Ibbenbüren [StAIbb]
Stadtarchiv Mainz
Stadtarchiv Münster [StAMs]
Stadt- und Vestisches Archiv Recklinghausen
Stadtarchiv Rheda-Wiedenbrück
Stadtarchiv Rheine [StARh]
Stadtmuseum Ibbenbüren
Standesamt Alzey
Universitätsarchiv der Westfälischen Wilhelms-Universität Münster [UAMs].

Ebenso möchte ich mich bedanken für ihre Hilfe bei:
Erich Weichel, Ibbenbüren
Franz Greiwe, Rheine
Irina Weinberger (Stadtarchiv Ibbenbüren)
Konstantin Konstantinovič Bogatyrev, USA
Martin Bernds, Lübeck
Michael Pfuff jun., Hamburg
Peter Thiel, Berlin
PD Dr. Klaas-Hinrich Ehlers, Berlin.

Besonders bedanken möchte ich mich bei Werner Suer vom Stadtmuseum Ibbenbüren für die Unterstützung bei der Suche nach geeigneten Fotografien.

Mein ganz besonderer Dank gilt Herrn Hubert Bitter aus Ibbenbüren für die großzügige zeitweilige Überlassung des Nachlasses von Ludwig Bitter.

Meiner Frau Barbara danke ich für ihre Geduld und ihr offenes Ohr für inhaltliche und formale Fragen.

1. Warum sollte man an Ludwig Bitter erinnern?

Ludwig Bitter wurde nur vierunddreißig Jahre alt. Sein Tod „auf dem Feld der Ehre" als deutscher Soldat im Angriffskrieg Nazi-Deutschlands gegen die Sowjetunion war bittere Ironie des Schicksals. Der Ibbenbürener Mittelschullehrer und Obergefreite Ludwig Bitter war eigentlich Pazifist. Kultur und Sprache Russlands waren ihm vertraut.

Schon als Gymnasiast hatte er nach dem richtigen Weg durch das Leben gesucht - im Glauben wie in Gesellschaft und Politik. Seine Antworten auf drängende Fragen des öffentlichen Lebens und der persönlichen Lebensgestaltung fielen im Laufe der kurzen ihm verbliebenen Lebensspanne unterschiedlich aus. Sie kreisten ebenso um das Verhältnis von tradiertem christlichen Glauben und modernem Kommunismus wie um die eigene Wahrhaftigkeit im Reden und Handeln.

Sein Lebensweg führte ihn über das elterliche Textilgeschäft in Ibbenbüren, die Kommunistische Partei (KPD) an seinen Studienorten Münster und Königsberg schlussendlich in linkskatholische pazifistische Kreise der Weimarer Republik. Mit einigen ihrer führenden Vertreter stand er in Verbindung.

Die Machtübernahme und brutale Durchsetzung des Nationalsozialismus in den ersten Monaten des Jahres 1933 beendete Bitters berufliche Laufbahn abrupt, kaum dass sie begonnen hatte. Am Dienstort Ibbenbüren wurde der angehende Pädagoge Bitter im Juli 1933 verhaftet. Weitere Haftstationen waren Recklinghausen und Siegburg. Von dort gelangte er über das KZ Brauweiler bei Köln in das neueröffnete KZ Neusustrum im Emsland.

Nach seiner Freilassung Anfang November 1933 schlug er sich in den nächsten Jahren mit Nachhilfestunden in Ibbenbüren durch, um schließlich 1938 nach Hamburg überzusiedeln. Die katholische Marien-Gemeinde stellte ihn als Lehrer ein. Später erarbeitete er für sie einen geschichtlichen Abriss zur Entwicklung der katholischen Schulen Hamburgs.

1940 zog ihn die Wehrmacht zum Kriegsdienst ein. Er diente an der Kanalküste. Im Mai 1942 wurde er Richtung Osten in Marsch gesetzt. Bei Kämpfen in der Nähe von Woronesch[3] verwundet, starb er Ende September 1942 im Lazarett in Kursk - in der Sowjetunion, in eben dem Land, dem einst als KPD-Agitator und Student sein Hoffen und Sehnen gegolten hatte.

Er war ein politischer Mensch im weitgefassten Sinne, der sich theoretisch wie praktisch politisch, sozial und kirchlich engagierte – soweit die Verhältnisse dies zuließen. In der Bandbreite seines Denkens wie der Entschiedenheit seines Handelns stach er als weit links stehender Akademiker von den meisten seiner Mitstudenten und Mitstudentinnen deutlich ab, die eher – wenn überhaupt politisch engagiert – auf Seiten der nationalen Rechten oder der NSDAP fochten.

Der Amtsdirektor   Ibbenbüren, den   23.Oktober 1946

Abtlg.: __A.Dir.__
(Bitte im Antwortschreiben angeben)   B e s c h e i n i g u n g

        Die hier in Ibbenbüren, Nordstrasse 22, wohnhafte Familie
    Bitter ist, wie ich hiermit amtlich bestätige, jederzeit antifa-
    schistisch eingestellt gewesen. Ein Sohn, Ludwig, ist vorüberge-
    hend in einem Konzentrationslager gewesen und später als Soldat
    gefallen. Ein weiterer Sohn befindet sich zur Zeit noch in russi-
    scher Kriegsgefangenschaft. Eine vorzeitige Entlassung des Sohnes
    kann nur begrüßt werden, insbesonders mit Rücksicht aus die poli-
    tische Einstellung der Familie.

„Ludwig Bitter – der Antifaschist."
Bescheinigung des Amtsdirektors, Amt Ibbenbüren, 23.10.1946
Quelle:NLB

Ludwig Bitter blieb, bei allem jugendlichen Eifer und Überschwang, sich selbst wie anderen gegenüber überaus kritisch bis hin zur Selbstquälerei und immer wieder erneuerten Anfragen an seine Überzeugungen. Ob er es wollte oder nicht, er konnte letztlich immer nur unorthodox sein.

Seine Gratwanderung zwischen katholischem Christentum und stalinistischem Kommunismus ist heute nur mehr von historischem Interesse, wenngleich auch in der Welt nach 1945 das Verhältnis von Kommunismus und Christentum noch länger diskutiert wurde. Besonders die Befreiungstheologie Lateinamerikas mit Vertretern wie Boff und Cardenal machte lange von sich reden. Im Osten Deutschlands gab es eine Annäherung der Christen an die DDR unter dem Leitmotiv der „Kirche im Sozialismus". Auch im Westen Deutschlands und Europas regten sich nach 1945 dann und wann zarte Hoffnungspflänzchen.[4] Sozialistische, christliche und pazifistische Strömungen kamen zusammen in verschiedenen Fortführungen des bis 1933 recht vitalen Linkskatholizismus, dem Ludwig Bitter nach seinem Abschied von der KPD zugeneigt hatte.

Manche dieser Ansätze lebten nach 1945 wieder auf. Von Gewicht war der Pazifismus, der auch nach 1945 genügend Aktionsfelder fand – sowohl in der Bundesrepublik Deutschland wie international. Man denke nur an die Rüstungsdebatten und die Massendemonstrationen gegen atomares Wettrüsten in den Achtziger Jahren.

10

Bitter war in den Erinnerungen an seine Haftstätten unter Hitler ein genauer, erstaunlich unvoreingenommener Beobachter des faschistischen Unterdrückungsapparates. Manche Mithäftlinge werden von ihm näher charakterisiert, so dass auch deren Schicksal in der einen oder anderen Form wieder in das historische Gedächtnis Eingang finden kann. Seine Briefe und sein Bericht vom Marsch durch Polen und die Ukraine und den Kämpfen an der Ostfront unterscheiden sich von der üblichen Landser - Prosa aus jenen Landstrichen und Zeiten.[5]

Insbesondere aber verdient Ludwig Bitter Erwähnung und Erinnerung, weil er sich durch die Haftzeit und die schweren Jahre danach nie von den widrigen Umständen hat entmutigen lassen, die er durchleben musste.

Schließlich hat es in seinem Fall lange, eigentlich zu lange bis zu einer angemessenen Würdigung gedauert. Selbst in seinem Heimatort Ibbenbüren dürfte er nach 1945 so gut wie unbekannt geblieben sein. Dieses Schicksal teilt er mit einigen anderen, die Opfer der Nazi-Diktatur wurden.

Umso erfreulicher ist, dass die Westfälische Wilhelms-Universität Münster in einem breit angelegten Projekt das Schicksal solcher Querdenker und Widerhaken im System untersucht und die Ergebnisse veröffentlicht hat.[6]

2. Vom Sohn aus gutem Hause zum bolschewistischen Bürgerschreck

Textilkaufhaus Bitter, 1995
Quelle:Sammlung Stadtmuseum Ibbenbüren

Der am 4. oder 5. März 1908 in Ibbenbüren geborene Friedrich Ludwig Bitter[7] entstammte einer Familie von Textilkaufleuten. Drei Generationen der Familie Bitter betrieben das angesehene Textilkaufhaus gleichen Namens, dessen Gründung auf Ludwigs Mutter Martha und Vater Ludwig sen. zurückgeht. Ludwig hatte sieben Geschwister.

Die Kriegsjahre 1914-1918 hatte die Familie wie viele andere noch in einiger Not verbracht.[8] Diese Notzeit zählte zu Bitters frühesten Kindheitserinnerungen. Als Zwanzigjähriger notiert er: „Dann steht vor meinem Auge klar die schwere Zeit während der letzten Jahre des Krieges und nach dem Kriege. Wie wir in Wind und Wetter hinausgingen zu den Bauern und um ein Ei und [...] Butter flehten. Ich entsinne mich gut eines Wintertages, an dem ich mit meinem Bruder Hubert nach Püsselbüren zum Hamstern ging. Kniehoch und stellenweise noch höher lag der Schnee. Die ganzen Jahre haben wir selbst unser Brennholz aus dem Berg geholt."[9]

Bescheiden waren die Anfänge des Bitter'schen Textilhandels: „Unser Vater hatte in Greven eine Stellung bekommen. Wie er zu dem Entschluss kam, weiss ich nicht, aber bald brachte er Inlettreste mit, die unsere Mutter unter der Hand erkaufte. So entwickelte sich nach und nach unser Geschäft."[10]

Nach den ersten vier Klassen an der katholischen Volksschule wechselte Ludwig zur Ibbenbürener Amtsrektoratschule. Nachdem er die achte Klasse absolviert hatte, verließ er die Schule vorzeitig wegen einer nicht näher dokumentierten schweren Erkrankung. Sie dauerte ein Jahr. Die Rekonvaleszenzzeit sollte ein ganzes weiteres Jahr erfordern. Danach trat Ludwig Bitter in das elterliche Textilgeschäft ein. Doch nicht für lange: „[...] auch in unserm Geschäft konnte ich's nicht aushalten."[11]

Martha und Ludwig Bitter sen. mit ihren Kindern., o.J.
Ludwig Bitter jun. steht hinter seiner Mutter
Quelle: Sammlung Stadtmuseum Ibbenbüren

Ob nun durch den Wunsch der Eltern, insbesondere der Mutter, gedrängt oder aus eigenem Antrieb oder in einer Mischung von beidem - Ludwig Bitter wollte jetzt katholischer Priester werden. Jeden Abend ging er nach Geschäftsschluss in die Kirche. Im Rückblick des Jahres 1928 empfand er diese Zeit als „eigenartige Periode".[12]

Zwar freute es die Eltern, dass ihr Sohn ein klares Berufsziel vor Augen hatte. Umso mehr, weil sie als fest im Glauben verwurzelte Katholiken diesen Weg nur gutheißen konnten. Doch sollte ihre Freude schon bald wieder geschmälert werden - durch Ludwig selbst.

Dieser hatte zwar 1924 nach nur sechs Monaten Vorbereitungszeit durch Privatstunden bei einem Lehrer Richter und bei Lehrer Mersmann von der Rektoratschule die Aufnahmeprüfung in die neunte Klasse (Obertertia) am Rheinenser Dionysianum bestanden.[13] Zu Ostern 1926 war er problemlos in die elfte Klasse (Obersekunda) versetzt worden.[14] Doch schon Weihnachten 1926 ließ der hoffnungsvolle Spross seine Eltern brieflich wissen, dass er sich nicht mehr vorstellen könne, Priester zu werden und am liebsten auch gleich das Gymnasium wieder verlassen wollte.[15] Er wolle lieber ein Handwerk erlernen.[16] Im Nachhinein machte er sich deswegen Vorwürfe: „Meiner Mutter hab ich dadurch den ganzen Wei[h]nachten verdorben [...]."[17]

Immerhin erklärte er sich nach Gesprächen mit seinen Eltern bereit, das Gymnasium bis zum Abitur besuchen zu wollen. Obgleich damit von außen gesehen Bitters Kurs als angehender Abiturient wieder in ruhigeres Fahrwasser geführt hatte, fühlte er sich innerlich zerrissen wie eh und je. Ein Muster, das sich in verschiedenen Konstellationen seines weiteren Lebensweges immer wieder neu zeigen sollte.

So gestand er sich 1928, ungefähr ein Jahr vor dem Abitur, selbst ein: „Ich befinde mich in einem Wirrwarr sond[e]rgleichen. Ich weiss nicht, was ich werden soll, ich weiss nicht, was ich wählen soll, ich weiss nicht, was ich tun soll. Ich werde von keinem verstanden. Vielleicht von einem, von meinem Klassengenossen Schepers[18], sonst sind alle zu flach."[19]

Nun mag man solche Äußerungen mit einigem Recht als Zeugnis einer Adoleszenzkrise ansehen oder abtun. Tatsächlich aber begleitete die angestrengte Sinnsuche und die radikale Infragestellung der eigenen Person ebenso wie aller möglichen Lehren Ludwig Bitter fast bis an das jähe Ende seines kurzen Lebens. Als Oberstufenschüler am Dionysianum blieb er jedoch auf Dauer beileibe nicht so isoliert, nicht so unverstanden, wie er es sich anfänglich einredete. Er pflegte Freundschaften mit Hugo Bendiek, einem Ibbenbürener Bäckersohn, und Hubert Hinterding, Spross einer Mesumer Bauernfamilie. Vorher (1927/28) war er mit einer Ria aus Mesum enger befreundet, die sich nach einem Dreivierteljahr von ihm trennte. Die Trennung machte ihm zeitweilig zu schaffen. Mit dem vermeintlich seelenverwandten Josef Schepers sollte er jedoch zeitlebens - anders als Hubert Hinterding - nie engeren Umgang pflegen.[20]

In seiner Klasse war er vermutlich einer der Wortführer. Denn nach der mündlichen Abiturprüfung monierte er das Verhalten seiner Mitschüler in einem vorherigen Konflikt mit der gesamten Lehrerschaft: „5 Tage vorher das große désastre [Unglück] mit den Lehrern. Da sah man[,] wie feige doch die Schüler sind, wenn es darauf ankommt."[21] Man hatte anscheinend Anstoß an Beiträgen in einer Zeitschrift genommen und den Schulrat eingeschaltet. Seine Reaktion war: „Mich lässt das kalt." [22]

Schon auf der Oberstufe des Gymnasiums stieß er mit ein, zwei Studienräten heftig zusammen, die seine Berechtigung zur Ablehnung des Krieges als Mittel der Politik in Zweifel zogen, sich vielleicht auch etwas über ihn lustig machten. Sein Idealismus sei eine Manie. Außerdem könne jemand, der den Ersten Weltkrieg im zarten Alter von sechs bis zehn Jahren erlebt habe, den Krieg gar nicht glaubwürdig kritisieren. Er verstünde nichts davon.

Einer dieser Zusammenstöße veranlasste ihn zur Anfertigung einer schriftlichen Abrechnung mit solchen Standpunkten. Seinen undatierten autobiografischen Text „Ich glaube an Gott. In Tagebuchform" durchtränkt kalter Zorn auf diese Pädagogen. Von denen müsse und wolle er sich gar nichts sagen lassen. „Manie! So tut man das ab! Manie! Erledigt. Nicht normal! Weil wir, ich es wagen, etwas vom Krieg zu wissen. [...] Und doch rattern jetzt noch in meinem Ohr die flachen Güterwagen, die Zug für Zug an unserem Haus vorbeirollten. Unser Haus! Entschuldigt! Wir wohnten nur zur Miete. Aber direkt an der Eisenbahn! Und auf den Güterwagen saßen und standen die Soldaten [...].

Und sangen und sangen: ' [...] in der Heimat, in der Heimat, da gibts ein Wiedersehen.' Ja [,] es gab kein Wiedersehen für sie]."[23]

Sodann listet er bis zur Revolution und Inflation in Nachkriegsdeutschland akribisch auf, wann, wo und wie ein Junge wie er vom Krieg betroffen war und kleidet diese Aneinanderreihung in ein poetisches Gewand.[24]

Als Kommunist hatte er sich schon vorher gesehen[25],was wohl auch seine Mitschüler wussten. Die meisten von ihnen entstammten dem mittleren und gehobenen Bürgertum.[26]

Durchblättert man den „Klassenspiegel", die „Bierzeitung" seines Abiturjahrganges 1929, finden sich deutliche Hinweise darauf, dass sie ihn sehr wohl verstanden, zumindest einzuordnen wussten. Jeder Abiturient wurde hier in Texten und Zeichnungen humoristisch-satirisch charakterisiert .

Bitters Person nimmt mehr Raum als andere ein, was seine mögliche Meinungsführerschaft in der Klasse unterstreicht. Zumindest dürften sich die Mitabiturienten an seiner Person gerieben, sich mit seinem Standpunkt auseinandergesetzt haben. Deutlich wird Bitters klares politisches Profil, das seinen Klassenkameraden und bestimmt ebenso den Lehrern vor Augen stand. Es zeigt einen – vielleicht etwas weltfremden - jungen Mann, der sich für die Unterdrückten, die Erniedrigten und Gedemütigten dieser Welt vorbehaltlos einsetzt. Russen und Chinesen stünden ihm womöglich näher als das eigene Volk. Die Gewalttaten der aufständischen, revolutionären Kräfte des Ostens rede er sich wohl schön.[27]

Hugo Bendiek, der dem Gymnasium „in den letzten Jahren innerlich ganz fern gestanden hatte"[28], wird als Jüngling porträtiert, der über die letzten Fragen der Welt nachsinnt. Er unterliege einigen Stimmungsschwankungen. Mal sei er himmelhochjauchzend froh, mal zu Tode tief betrübt. Ihn scheine es in die Ferne zu ziehen, wo ihm vielleicht das Glück winke.[29] Der Dritte im Bunde, Hubert Hinterding aus Mesum, erscheint als jemand, der ganz seinen geistigen Vorlieben lebt: der Literatur, vor allem aber der Musik. Man verdächtigte ihn, ein echter „Geistesstratege" zu sein, wiewohl er schweigsam und einsam seiner Wege ginge.[30]

Die drei Schulfreunde hatten also ein größeres Feld gemeinsamer intellektueller Interessen zu bestellen. Auf dieser Basis kommunizierten sie miteinander. Gleichwohl waren in diesem Trio auch gegenseitige emotionale Anziehungskräfte wirksam. So suchten wohl alle drei, insbesondere aber Bitter und Hinterding, schon seit späteren Schulzeiten nach Menschen, denen sie sich uneingeschränkt öffnen konnten. Hierfür kamen zunächst nur Angehörige des eigenen Geschlechts in Frage. Sie besuchten eben ein Jungengymnasium. An halbwegs ungezwungene, freie Gespräche oder einen intellektuellen Austausch mit Mädchen war kaum zu denken. Auch an den männerdominierten Universitäten änderte sich das Bild nicht wesentlich.

Spottlied nach der Melodie:

„Der Gott, der Eisen wachsen ließ ... ."

„Tyrannenfeind, von ganzem Herz

Ist Bitter, hoch an Stärke

Er ruft gar oft in welchem Schmerz

Im Vers zum blut'gen Werke:

Zu tilgen von der ganzen Erd'

Die Herrscher alle mit dem Schwert,

So daß ein Reich von Brüdern

Ersteh und blühe nah und fern.

Daran will er mit rechtem Mut

Und ganzer Treue halten,

Und freudig der Tyrannenbrut

Die Schädeldecke spalten.

Und wer für Fürst und Reichtum spricht,

Den hauet er zu Scherben.

Der soll im Land der Zukunft nicht

Mit seinen Brüdern erben.

Noch einen grimm'gen Feind hat er

In der Mathes erblicket.

Denn dieses Fach, das faßt er sehr,

In Formeln er ersticket.

[…] Satz und Formel liebt er nicht.

Das sind zu harte Laute.

Er sieht voraus im Wahngesicht

Die Freiheit ferner Leute."[31]

„Bitters Sinnbild - Willkommen teure Brüder!"
Quelle: „Klassenspiegel", 1929. In: NLB

„1. Stock, L. Bitter, Russisches Konsulat"
Quelle: „Klassenspiegel", 1929. In: NLB

Hugo Bendiek
Quelle: „Klassenspiegel", 1929. In: NLB

Hubert Hinterding
Quelle: „Klassenspiegel", 1929. In: NLB

Abitur 1929 am Dionysianum Rheine.
Ludwig Bitter: vorderste Reihe ganz rechts.
Quelle: Sammlung Greiwe, Rheine

Schepers (links), Hinterding (rechts), o.J.
Quelle: Sammlung Greiwe, Rheine

So war es wohl auch eine Frage der Gewohnheit und Bequemlichkeit, dass man in vertrauter Männerrunde blieb.

Erst Jahrzehnte später bekannte sich Hubert Hinterding gegenüber Hugo Bendiek dazu, schon immer homosexuell gewesen zu sein. Er beklagte die einstige Sprachlosigkeit der Drei über wahre Gefühle.[32] In ähnlichem Sinne wies er einen der Brüder Bitters kaum verhohlen darauf hin, dass er sich als Gymnasiast zu Ludwig als seinem Banknachbarn primär aus nicht-intellektueller Motivation hingezogen fühlte. Dieser habe seine emotionale Zuneigung jedoch weder gespürt, geschweige denn erwidert.[33] Ganz so einfach, wie Hinterding meinte, war es jedoch nicht. Kaum hatte Bitter sein Studium in Münster aufgenommen, sehnte er sich nach einem echten Freund und notierte einen einzigen Namen – den Hinterdings, mit Fragezeichen.[34] Von Bendiek musste sich Hinterding anhören, seine bittere Abrechnung mit der Vergangenheit wie der Gegenwart führe zu nichts.

Hinterdings allgemeine Unfähigkeit zur zwischenmenschlichen Kommunikation, nicht aber eine von ihm - Bendiek und anderen - gar nicht vertretene Feindseligkeit gegenüber Homosexuellen sei schuld an der von Hinterding beklagten Flachheit sozialer Kontakte.[35] Womöglich wussten Bendiek wie Bitter längst, d.h. seit Abiturzeiten Bescheid von Hinterdings Grundproblem. Bitter notierte damals: „Und Hubert? Ja[,] was ist in Hubert gefahren? Und das haben wir solange nicht gesehen? Ganz nicht, aber doch kannten wir ihn. Jetzt kenne ich ihn. Ganz, seine Jugend, sein Schicksal, sein Denken und [unleserlich]."[36]

Die von Hinterding beklagte Sprachlosigkeit des Trios in puncto Gefühle ist damit allerdings nicht widerlegt. Dazu passt eine Sentenz aus Bitters Notizbuch: „9.) Die Liebe zwischen den Menschen, erst recht Mann zu Mann, das grosse Thema! Wie die Kälte und Entfremdung überwinden?"[37]

1929 waren Bendiek und Hinterding studienhalber nach Wien gezogen. Bendiek blieb dort für zwei Semester zum Studium der Philosophie, Germanistik und Romanistik (Französisch). Das dritte Semester verbrachte in Königsberg. Dort „erfuhr er ein kurzes Glück in der Liebe zu einer Studentin".[38] Weiter zog es ihn nach Paris, wo er in die französische Literatur und Philosophie eintauchte. Seinen Abschluss als Doktor der Philosophie machte er schließlich als Assistent von Professor Peter Wust in Münster.[39]

Hubert Hinterding wechselte nach den zwei Wiener Semestern an die Universität Münster, wo er Musik studierte. Er strebte eine Karriere als Konzertpianist mit Doktortitel an.[40] Dann aber ließ er es bei einer Abschlussprüfung zum Privat-Musiklehrer bewenden. Ein undatiertes, 89 Seiten starkes Werk, die „Tanz-Fantasie für kleinen Chor und kleines Orchester nach Versen aus den 'Sonetten an Orpheus' von R. M. Rilke", dürfte sein Examenswerk darstellen.[41] Im Sommersemester 1933 nahm er wieder das Studium in Münster auf. Nun war er zur Germanistik und von der anvisierten Musikerkarriere in Richtung Gymnasiallehrer gewechselt. Ein halbes Jahr danach war er der SA als Anwärter beigetreten.[42] Der Eintritt in die SA war vermutlich die Erfüllung einer unumgänglichen Bedingung für den Abschluss des Studiums.[43] Exmatrikuliert wurde Hinterding jedoch im Sommer 1935, ohne den zweiten Abschluss erlangt zu haben.[44] Er ging nun seinem Broterwerb als selbständiger Musiklehrer und Komponist im Umkreis Rheines nach.[45]

Als Ludwig Bitter das Dionysianum mit dem Abiturzeugnis in der Tasche verließ, hatte er Französisch, Spanisch, Griechisch und Latein mit einigem Erfolg gelernt. Später folgten noch Russisch und Englisch. Auf dem Zeugnis wurde vermerkt, er wolle Volkswirtschaft studieren.[46] Davon war bald keine Rede mehr. Bitter hatte ein Faible für Geschichte, Fremdsprachen und Literatur. Zeitweilig liebäugelte er mit dem Berufsbild eines Schriftstellers.[47] Mitte April 1929 meldete er sich nach Berlin ab.[48] In der Reichshauptstadt suchte er wahrscheinlich Kontakte zu politisch Gleichgesinnten.

Friedrich Fütterer, Foto vom
Entwurf seines Reifezeugnisses,
Hessisches Realgymnasium
Mainz, 16.02.1928
Quelle: Stadtarchiv Mainz,
Bestand 201, 651: Zeugnis Fütterer

Vielleicht kannte er damals schon Friedrich Fütterer, einen kommunistisch eingestellten Medizinstudenten der WWU Münster. Der Sohn eines Fabrikdirektors[49] wollte just im Sommersemester 1929 sein Studium in Berlin fortsetzen.[50]

Eigentlich sollte man meinen, dass Bitter ähnliche Pläne verfolgte. Nach gerade einmal drei Tagen in Berlin aber schrieb er sich er an der Westfälischen Wilhelms-Universität in Münster ein, wo er Veranstaltungen in Germanistik, Philosophie, Geschichte, Politik und Publizistik belegte.[51]

Berlin war für ihn ein Schock. Offensichtlich verkraftete er die übergangslose Umstellung auf das Weltstadtgetriebe nicht. Völlig niedergeschlagen notierte er auf seiner Münsteraner „Bude": „An Selbstmord dachte ich."[52] Zwar beruhigte er sich etwas, doch quälte ihn weiterhin eine allgemeine Unzufriedenheit und Unruhe. Studienziel war nun wohl der Doktortitel in Publizistik (Zeitungswissenschaft).[53]

Doch kaum kam das Ende des ersten Semesters in Sicht, schrieb Bitter seinen Eltern einen Brandbrief des Inhalts, er könne „unmöglich weiterstudieren".[54]

Wohlweislich bat er Vater und Mutter schon in seinem Einleitungssatz, sich nicht zu erschrecken und aufzuregen. Sicher nur ein frommer Wunsch. Aus Elternsicht wiederholte sich das Drama von 1926. Ihr durchaus talentierter Spross verweigerte zum zweiten Mal die Mitarbeit an einer aussichtsreichen beruflichen Zukunftsplanung. Dieses Mal waren seine Argumente für den Studienabbruch zahlreicher und zielgerichteter als drei Jahre zuvor auf die Empfänger zugeschnitten. „Ich gehe täglich 3 Stunden zur Universität, schreibe mit und kann doch gar nichts gebrauchen. Und dabei hab ich nicht die geringste Lust, vielmehr einen Widerwillen dagegen. Und dafür sollt ihr das schwere Geld ausgeben?"

Bitter wurde aber auch grundsätzlicher: „Die Jahre auf dem Gymnasium haben mir ungeheuer genutzt. Sie haben mir ja gerade zum Bewußtsein gebracht, wie ungerecht es in der Welt zugeht. Millionen und Abermillionen schuften für ein paar Pfg. [Pfennige] – und müssen auch eine Familie unterhalten. [...] Bei jedem Bissen, den ich verzehrte, mußte ich an sie denken. Wenn ihr einen nur verstehen könntet. Wir sind und müssen ganz andere Menschen sein." Und: „Ich habe ja nie die Absicht gehabt etwas zu werden und Geld zu verdienen. Ist es denn eine Schande, ein einfacher Arbeiter zu sein?" Er erinnerte seine Eltern daran, dass sie ihn doch nur das Abitur hätten machen lassen, weil sie immer noch auf seine Hinwendung zum Priesterberuf hofften. Aber diese Hoffnung müsse er wohl ein für allemal enttäuschen. Als Geistlicher wäre er bestimmt ein Missionar geworden, der auch nur wenig verdiene und seine Eltern aus der Ferne kaum unterstützen könne. Er wolle nun selber seinen Mann stehen, als „Missionar unter den Arbeitern".[55]

Wie er seine Argumentation auch drehte und wendete, seine Eltern gaben nicht nach. Bitter beugte sich ihnen schließlich und setzte sein Studium fort. Doch gründete er nur Tage später im Juli 1929 mit anderen Kommilitonen den „Freien Sozialistischen Studentenbund" [FSSB] an der Universität Münster. Diese neugegründete studentische Hochschulgruppe[56] umfasste bei ihrer Gründung sieben Mitglieder. In den folgenden Semestern pendelte ihre Mitgliederzahl um ein Dutzend. Dem dreiköpfigen Gründungsvorstand gehörte Ludwig Bitter als Kassierer an. Als Schriftführer fungierte Rudolf Dannenbaum. Vorsitzender war Dr. Heinrich Bernds.[57] Dieser schon etwas ältere – achtundzwanzigjährige - Doktor der Politischen Wissenschaften hatte in Münster ein Zweitstudium in Evangelischer Theologie aufgenommen.

Dr. Heinrich Bernds, erster Vorsitzender des Freien Sozialistischen Studentenbundes Münster, o. J.
Quelle: Martin Bernds, Lübeck

Unter der Nazi-Herrschaft stach Pastor Dr. Bernds dem Regime als entschiedener Gegner ins Auge. Bald nach Beginn des Zweiten Weltkriegs verurteilte ihn ein Sondergericht in Hannover wegen Verstoßes gegen das „Heimtückegesetz" der Nazis zu 18 Monaten Zuchthaus. Nach seiner Haftentlassung im Mai 1942 galt für ihn ein nahezu lückenlos durchgesetztes faktisches Berufsverbot.[58]

Auffällig ist, dass zwei der sieben Gründungsmitglieder, die Münsteraner Fritz Niemeyer und Helmut Schütz, vorher dem 1927 neugegründeten „Republikanischen Studentenbund" (RSB) angehört hatten. Der RSB verfocht als parteiungebundene Vereinigung die demokratischen Ideen und Prinzipien der Weimarer Verfassung.[59] Helmut Schütz beendete diese Doppelmitgliedschaft schon im Wintersemester 1929/30, nachdem er den Vorsitz im „Freien Sozialistischen Studentenbund" übernommen hatte. Fritz Niemeyer jun. hingegen, Sohn des gleichnamigen Münsteraner Gewerkschaftssekretärs und SPD-Stadtverordneten, gehörte beiden Studentenbünden beinahe ununterbrochen an - bis zu deren erzwungener Auflösung im Jahre 1933.[60]

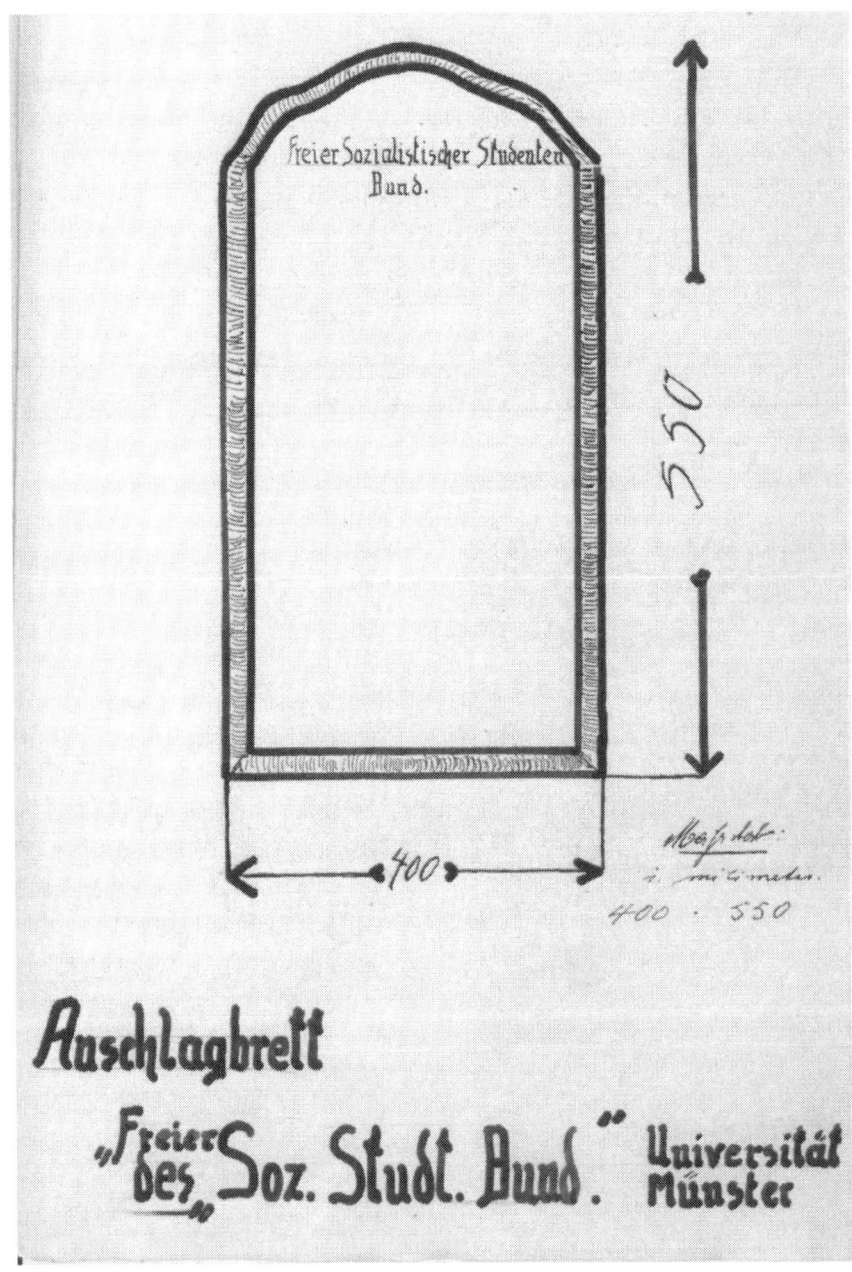

„Freier Sozialistischer Studentenbund".
Entwurf eines Anschlagbretts [1929]
Quelle: Universitätsarchiv Münster, Bestand 004, Nr. 773 , Bl. 4

In den nächsten Jahren gab es öfter Doppelmitgliedschaften. Grundsätzlich schlossen die Satzungen beider Verbände diese nicht aus, zumindest wenn es sich um demokratische Sozialisten handelte.

Anfangs trafen sich die freien Sozialisten in der Gaststätte „Zum Felsen", bald im „Zum Pulverturm", dann wieder im „Zum Felsen", später in der Jüdefelder Straße bei Schmiess („Deutsches Keglerheim").[61]

Nur ein einziges Mal fand eine Studentin, die Bochumerin Brunhilde Heinemann im Wintersemester 1930/31, den Weg in den sozialistischen Studentenbund. Immerhin komplettierte sie dort den dreiköpfigen Vorstand.[62]

Wie weit links der FSSB in den Jahren 1929-1933 stand und was er sich unter Sozialismus konkret vorstellte, lässt sich kaum präzisieren. Er war weder eine Studentenorganisation der Sozialdemokratischen Partei Deutschlands (SPD) noch der Kommunistischen Partei Deutschlands (KPD) oder etwa einer kleineren Partei wie der linkssozialistischen SAP(D) (Sozialistische Arbeiterpartei [Deutschlands]). In seinen Statuten findet sich als Hauptziel sehr allgemein formuliert die „Pflege sozialistischer Weltanschauung und ihre wissenschaftliche Vertiefung".[63]

Am ehesten könnte man den Bund als Vereinigung diskussionsfreudiger Linkssozialisten apostrophieren, von denen allerdings der eine oder die andere gleichzeitig Mitglied der dogmatischen KPD war oder mit ihr sympathisierte.[64]

Nach rückblickender Darstellung von Rudolf Quast, einem Mitglied des Bundes in den Jahren 1932/1933[65], bestand die Gruppe aus einer bunten Mischung von Anhängern verschiedener sozialistisch-kommunistischer Tendenzen.[66] 1933 drückte sich ein Mitglied ähnlich aus: „Dieser Bund war eine Gemeinschaft sozialistisch eingestellter Studenten aller Schattierungen, von denen die meisten keiner Partei angehörten."[67]

Die Reichweite des linken Studentenbundes dürfte im akademischen Milieu Münsters nicht allzu groß gewesen sein. Viele Studenten und Studentinnen standen der Politik fern, zumindest der Hochschulpolitik. Andere organisierten sich in – im Sonderfall Münster zumeist katholischen – Studentenverbindungen. „An keiner anderen deutschen Universität gab es ein derartiges Übergewicht der katholischen Verbindungen – der Korporationsgrad der münsterischen Hochschüler überstieg jedoch insgesamt nie 40 % und blieb damit unter dem Reichsdurchschnitt von 60%."[68] Unter den politischen Studierendenverbänden, ob mit oder ohne Parteianschluss, dominierten bis ungefähr 1930 stark rechtsgerichtete, antidemokratische Gruppen aus dem Bannkreis der sogenannten Konservativen Revolution. Auch standen wesentliche Teile der katholischen Studentenschaft nicht mehr hinter der Zentrumspartei, sondern folgten ebenfalls antiliberalen, antidemokratischen Leitbildern.[69] Für alle Hochschulen im deutschen Reich galt mit nur wenigen Einschränkungen: „Die studentische Linke hatte schon vor 1933 an den Universitäten eine nur marginale Rolle gespielt. Stattdessen dominierten [...] Nationalsozialisten und schlagende Verbindungen."[70]

Die öffentlichkeitswirksame Tätigkeit des FSSB erschöpfte sich in der Durchführung von Vorträgen für das akademische Publikum.[71] Am 20. Mai 1930 sollte z.B. Frau Prof.

Anna Siemsen aus Jena, damals Reichstagsabgeordnete der SPD,, im Audimax sprechen. Die zum Thema „Frau und Sozialismus" eingeladene Rednerin[72] war eine ausgewiesene Bildungsexpertin der Sozialdemokratie.[73]

Der Rektor verweigerte jedoch schon im Vorfeld ihren Auftritt in den Räumen der Universität. Er könne nur unpolitische Veranstaltungen genehmigen.[74] Über die Haltung des Rektorates entspann sich nun ein Disput, der im März 1931 in einer „Kleinen Anfrage" der SPD im Preußischen Landtag gipfelte. Der preußische Kultusminister schaltete sich ein und warf der Universitätsleitung Ungleichbehandlung im Umgang mit studentischen Vereinigungen vor, nachdem selbst ein Vortrag des preußischen Innenministers Severing (SPD) nicht gestattet worden war.[75]

Prof. Dr. Anna Siemsen (SPD),
MdR 1928-1930. Foto von 1929.
Sie war zeitweilig auch Mitglied der
SAP.
Quelle: AdSD/FES, Signatur:
6/FOTA009080

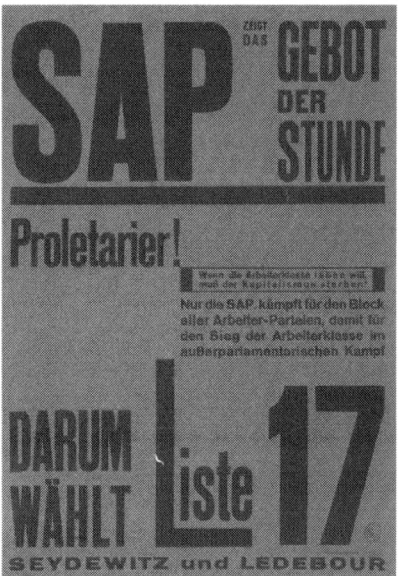

Reichstagswahl, SAP/Sozialistische
Arbeiterpartei (Deutschlands),
01.07.1932
Quelle: BArch, Plak 002-033-009

Hingegen hatte die Universitätsspitze keinerlei Einwendungen gegen einen Auftritt der NSDAP-Größe Hermann Göring bei einer der üblichen Langemarck-Feiern[76] an der WWU. Die Universitätsoberen - so der Medizinhistoriker Bernward Vieten - begegneten den Faschisten mit wohlwollender Duldung, während sie die Sozialisten misstrauisch beobachteten und behinderten.[77]

Die Ende 1929 ausgebrochene Weltwirtschaftskrise wirkte als Katalysator einer Politisierung[78] wie Radikalisierung der Studentenschaft auch in Münster. Schon vorher hatte sich im Februar 1929 der „Nationalsozialistische Deutsche Studentenbund" als ernstzunehmender Feind der sozialistischen Linken an der Westfälischen Wilhelms-Universität konstituiert.

Münster war eine der letzten Universitäten, an der die Nazis noch nicht Fuß gefasst hatten[79] Der zeitweilig von Wilhelm Schübbe geführte rechtsradikale Studententrupp begann mit der Störung von Vorlesungen ihm nicht genehmer Professoren. Otto Piper, Professor für Evangelische Theologie, eines der Vorbilder Ludwig Bitters unter der Professorenschaft, wurde zur bevorzugten Zielscheibe ihrer Aktionen.[80] Bitter hatte ihn bei einer Tagung auf Burg Hohensolms näher kennengelernt.[81]

Prof. Dr. Otto Piper, o.J.
Quelle: Universitätsarchiv Münster, Bestand 68, Nr. 4805.
Foto: Prof. Dr. Otto Piper/Fotograf(in):
Clearose Studio, Princeton N.J.

Wilhelm Schübbe, als Zeuge bei den Nürnberger Prozessen, ca. 1946-1948
Quelle: US Army Photographers -
http://forum.axishistory.com/
viewtopic.php?f=45&t=98381
&start=135, Gemeinfrei,
https://commons.wikimedia.org/
w/index.php?curid=16889456

Als Anfang 1930 das Anschlagbrett des FSSB mit einem Hakenkreuz verunstaltet worden war, rüsteten Unterstützer der freien Sozialisten zum Gegenschlag. Dafür landeten drei von ihnen, von denen keiner jemals als FSSB-Mitglied geführt wurde, vor Gericht. Sie hatten die Anschlagbretter des NS-Studentenbundes entwendet und zu Hause, wo sie bei einem der Angeklagten von der Polizei beschlagnahmt wurden, „mit besonderen Zeichen" versehen. Vor Gericht machten sie geltend, es habe sich um eine berechtigte „politische Gegenreaktion" gehandelt.[82]

Die Staatsschutzorgane der Weimarer Republik maßen dem Freien Sozialistischen Studentenbund nach anfänglich anderer Ansicht keine wesentliche Bedeutung zu: „[...] zeigt die Kommunistische Zelle an der hiesigen Universität wenig Leben."[83] Man sah ihn allerdings als Bindeglied zwischen kommunistischer Bewegung und Bürgertum.[84]

Nach Bernward Vieten wurde der FSSB von der Universitätsführung zur kommunistischen Zelle hochstilisiert, obwohl laut Schreiben des OP Münster an den preußischen Innenminister vom 22.10.1929 nur ein einziges seiner Mitglieder gleichzeitig der KPD angehörte.[85] Dabei handelte es sich um den Schriftführer Rudolf Dannenbaum.

Auch Ludwig Bitter wird bald darauf als zweites eingeschriebenes KPD-Mitglied in einem Bericht vom 16.11.1929 geführt. Dritter war Franz Hahn laut Bericht vom 02.01.1930.[86] Seltsam genug, wurde der Kommunist Hahn jedoch offiziell erst viel später (im Wintersemester 1930/31) Mitglied des sozialistischen Studentenbundes – und gleich Erster Vorsitzender.[87] Allerdings war er schon früher von den Überwachern der Gruppe als angebliches Mitglied nach Berlin gemeldet worden.[88]

Wie konnte es sein, dass die Berichte der Politischen Polizei 1929/30 hauptsächlich von Personen handelten, die im Berichtszeitraum gar nicht mehr – oder wie Hahn noch nicht - zum FSSB gehörten? Eine mögliche Lösung des Rätsels wäre es, anzunehmen, dass die genannten Kommunisten unter der Hand eben doch mitmachten, nach außen aber der Anschein erweckt werden sollte, es fänden sich keine KPD-Mitglieder in den Reihen des FSSB.

1933 soll es tatsächlich solch einen Fall gegeben haben.[89] Und die Spitzel wussten vielleicht schon 1929/30 mehr als in den FSSB-Listen stand.

Letztlich aber trat die KPD Münster bei ihrer Verankerung in der Studentenschaft auf der Stelle: Im Januar 1933, unmittelbar vor der Machtübernahme der Rechtsextremen, umfasste die „Zelle Uni" der KPD gerade einmal drei Mitglieder[90], die nicht unbedingt gleichzeitig Mitglied im sozialistischen Studentenbund, ja theoretisch nicht einmal Studierende sein mussten.

Der Mitgliederbestand des Studentenbundes änderte sich in den folgenden Semestern recht rasch. Allerdings erstaunt doch, dass gleich alle drei Mitglieder des Gründungsvorstandes schon zum nächsten Semester nicht mehr in der Liste des FSSB namentlich aufgeführt sind. Nur im Falle von Dr. Bernds ist der Grund eindeutig: Er hatte die Universität Münster zum Wintersemester 1929/30 verlassen, weil er sein theologisches Zweitstudium in Wuppertal-Elberfeld fortsetzen wollte.

Als „spiritus rector" galt den Behörden, die den FSSB misstrauisch beäugten, dessen Schriftführer Rudolf Dannenbaum. Er war mit 25 Jahren ebenfalls deutlich älter als Ludwig Bitter. Der Sohn eines jüdischen Textilkaufmanns aus Rheda stand als eingeschriebenes KPD-Mitglied und Propagandist der Partei im Fokus der geheimpolizeilichen Überwachung des FSSB.

Während er aber offiziell schon nicht mehr Mitglied des FSSB war, wovon die politische Polizei anscheinend noch ausging, soll er im Auftrag der KPD ausgedehnte Reisen innerhalb Deutschlands, durch Frankreich und Italien unternommen haben. Man unterstellte, ihm internationale Verbindungen bis nach Paris und Rom geknüpft zu haben.[91]

Grabmal von Rudolf Dannenbaum
in Rheda
Quelle: Stadtarchiv Rheda-Wiedenbrück

Rudolf Dannenbaum verstarb jedoch schon am 8. Juni 1930 im Krankenhaus seiner Heimatstadt Rheda.[92]

Was Ludwig Bitter betraf, so hatte er zwar seinen Studienort nicht gewechselt oder verlassen, doch ebenfalls früh, vermutlich vor Jahresende 1929, dem FSSB den Rücken gekehrt.[93] Dem widerspricht allerdings ein mit drei Jahren Abstand verfasster Brief von Ludwig an seinen Bruder Hubert.[94] Demnach fand sein Austritt aus dem „Studentenbund" vor drei Jahren, also eigentlich erst im Juli/August 1930 statt. Allerdings könnte Bitter hier auch einen ominösen KPD-nahen „Revolutionären Studentenbund" gemeint haben, für den er kurzfristig mit Friedrich Fütterer tätig geworden war.

Nimmt man einen womöglich nie abgesandten Brief an einen ungenannten Freund – in Frage käme vor allem Bendiek – als Anhaltspunkt, so scheint Bitter den FSSB durchaus als Vereinigung kommunistisch gesinnter Studenten verstanden zu haben. Auch war er schon im Sommer 1929 regelmäßiger Teilnehmer an Veranstaltungen der KPD-Ortsgruppe Münster.[95]

Was führte einen idealistischen Philologiestudenten, Bürgersohn aus gutem, wenn auch wohl nicht begütertem Hause in die Reihen einer Partei, die in vielem, wenn nicht allem das Gegenteil seiner Herkunft und Existenz verkörperte?

Bestimmt nicht die Bildung, die er am Dionysianum erfahren hatte. Wenn die Schule eine Rolle gespielt haben sollte, so eher als Instanz, an der er sich abarbeiten musste.[96]

Die soziale Ungerechtigkeit dürfte Bitter früh mit Blick gerade auf die harte Arbeit der Ibbenbürener Bergleute erfahren haben. Noch 1934 notierte er: „Vieles ist in mir gestorben, aber eines nicht, mir selbst zum Staunen. Immer noch pocht der Vorwurf gegen die Rippen: 'Darfst du sitzen und lesen, lesen, meinetwegen auch Sprachen erlernen, während sie da unten in den Schächten sich abschinden? Ihre Arbeit ist auf jeden Fall „etwas" wert, aber deine?' "[97] Eigene Erfahrungen mit körperlicher Arbeit sammelte er bei Hilfsarbeiten und als Werkstudent.[98]

Anders als viele Studentinnen und Studenten der Sechziger- und Siebzigerjahre des zwanzigsten Jahrhunderts trieben ihn jedoch nicht Ablehnung oder Abgrenzung vom bürgerlichen Elternhaus in die Arme einer linksextremen Gruppierung. Er suchte immer wieder den Anschluss an seine Familie: die Geschwister, den Vater, vor allem jedoch die Mutter. Bitter hätte ihnen gerne den Kummer und die Sorgen erspart, die ihnen sein auf Dauer nicht zu verbergender Einsatz für die KPD einbrachte. Aber gleichzeitig trennte er persönliche politische Überzeugungen und Familie voneinander.

Er hielt zeitlebens politisch-moralisch fest an dem, was er einmal emotional wie rational als richtig erkannt zu haben glaubte. Insofern ließ er sich, selbst wenn es ihn schmerzte und marterte, von Einreden aus dem Kreis der Familie nicht beirren. Bei Bitter scheinen christlicher Glaube und praktische Politik ihre Kraft aus derselben Wurzel zu ziehen - einem scharf ausgeprägten Gerechtigkeitssinn, kombiniert mit hoher Emotionalität seiner Person. Innere Ruhe fand er über lange Jahre nicht.

Die Ortsgruppen der KPD in Ibbenbüren wie in Münster standen in dem zweifelhaften Ruf, eher den Rand der Gesellschaft zu organisieren[99] als die Arbeiterschaft, die in Münster allemal nicht so stark vertreten war.[100]

Jedoch waren die Führungspersönlichkeiten in beiden Städten zumeist Handwerker. In Münster war der Kopf der KPD „lange Jahre der Schneider Albrecht, der als Person auch bei den Bürgerlichen [im Stadtrat] gewisses Ansehen genoß."[101] Die Münsteraner KPD verfügte nur über eine einzige Betriebszelle - mit neun Eisenbahnern. Am Ende der Weimarer Republik überwogen die Arbeitslosen unter der Mitgliedschaft.[102]

Die wenigen Akademiker waren die Ringeltauben unter den Kommunisten. Sie kamen praktisch bei der Redigierung von Texten und der Mitgliederschulung zum Einsatz.[103] Nach internen Unterlagen konnte Münsters KPD bei Kundgebungen zu besonderen Anlässen schon einmal 1000 oder mehr Teilnehmer anlocken. Bei den sich meist anschließenden Demonstrationen marschierten ca. zwei Drittel der Kundgebungsteilnehmer mit.[104] Im Januar 1933 zählte die Partei 86 Mitglieder, darunter nur fünf Frauen.[105]

Die KPD war also durchaus öffentlich wahrnehmbar. Dass ihr in Münster jemals ein eigener Studentenverband angegliedert war, ist jedoch unwahrscheinlich.[106] Hier galt, was für die meisten Universitäten im Reich zutraf: „Kommunisten agierten an den Hochschulen, so weit sie dort überhaupt in Erscheinung traten, nur als kleine unbedeutende Grüppchen. Sozialdemokraten waren etwas stärker vertreten [...].[107] Allerdings erfasste die Gestapo nach dem 30. Januar 1933 Ludwig Bitter und Friedrich Fütterer, der nie aktenkundig Mitglied des FSSB war, als Autoren eines Flugblattes eines „Revolutionären Studentenbundes", das wahrscheinlich 1930 in Münster kursierte.[108]

Dieser „Revolutionäre Studentenbund" ist in- und außerhalb Münsters kaum nachzuweisen. Wohl gab es den „Reichsverband Freisozialistischer Studenten (RFS)", der im August 1929 von KPD-nahen Studenten gegründet worden war.[109] Für diese Vereinigung warb auch die KPD Münster. Der FSSB an der WWU Münster ist jedoch dem Reichsverband nach Aktenlage nie beigetreten.

Aber schon zuvor (Ende 1929) wollte Bitter beide Organisationen anscheinend wieder verlassen. Er schrieb nieder, vom Kommunismus á la KPD trenne er sich als prinzipieller Idealist: „Klar und deutlich, warum ich nicht mehr Kommunist bin: 1. Ich liebe den Geist, der Kom.[munismus] haßt den Geist und liebt den Leib und den Fraß für den Leib."[110] Zudem sei diese Richtung durch ein falsches Gleichheitsverständnis belastet. Die politische Gegenwart Deutschlands sei vom Kampf der Extreme KPD und NSDAP gekennzeichnet. Rechts und Links würden sich im Kampf aufreiben. Die übrigen Parteien dazwischen - gemeint waren also auch alle demokratischen Parteien - versänken im Sumpf. Rettung sei nur von der Jugend zu erwarten und all denen, die den Parteien rechtzeitig den Rücken gekehrt hätten. So sei auch er, Bitter, kein Organisationsmensch.[111]

Kommunist bleibe er jedoch in einem anderen Sinne: „Ehe man den Kommunisten den Vorwurf der Allesgleichmacherei macht, sollte man erst die Ställe in Wohnungen verwandeln, den Geringsten Arbeit geben."[112] Und Kommunist bleibe er weiterhin im „Geben, und Geben, dreimal Geben !"[113]

Seine Seele suche Nahrung, die ihr der Kommunismus nicht zu geben vermöge. Ihn schmerze der Verlust seines Kinderglaubens an Gott und die (katholische) Kirche. Er verblute vor Heimweh. Deshalb sitze er jeden Tag im Dom und quäle sich, seinen verlorenen Glauben wiederzufinden. In Theologie höre er Vorlesungen von katholischer wie von evangelischer Seite. Nichts habe geholfen. Schon gar nicht das Studium der Papstgeschichte.[114] Das sei eher „wunderbar" für diejenigen, „[...] die ungläubig werden wollen".[115]

Die politischen Überwacher vermeldeten knapp zwei Monate später, sowohl Bitter als auch Hahn seien mittlerweile aus der KPD ausgetreten, um in die SPD einzutreten. Diesen Sinneswandel habe ihr Mitstreiter im FSSB, das SPD-Mitglied Fritz Niemeyer jun. bewirkt.[116]

Gegenüber dieser Darstellung ist insofern Skepsis angebracht, als sich in allen anderen Quellen kein Hinweis auf eine SPD-Mitgliedschaft Bitters findet. Erwähnt wird die SPD zwar schon in Bitters nachgelassenen schriftlichen Äußerungen, doch in einem negativen Kontext: Die SPD habe „ein Schlamassel" hinterlassen.[117]

weil sie die Partei der Arbeiterklasse ist, der einzigen auf Grund ihrer Stellung in der kapitalistischen Gesellschaft konsequent antikapitalistischen revolutionären Klasse.

Die KPD. kämpft aber nicht für ein nebelhaftes Ziel, wie das „Dritte Reich", sondern für ein

Freies sozialistisches Rätedeutschland

Was Sowjetdeutschland für den minderbemittelten Studenten bedeutet, wird durch das glänzende Beispiel der Sowjetunion dokumentiert.

In der Sowjetunion

ist die wirtschaftliche Existenz der Studenten durch den Staat sichergestellt.

In der Sowjetunion

gibt es keine Arbeitslosigkeit; weder unter den geistigen noch unter den physischen Arbeitern.

In der Sowjetunion

werden keine Institute zugesperrt, sondern es werden fortwährend neue Institute eröffnet.

Wir erkennen: Der Ausweg aus der Not der minderbemittelten Studenten und Akademiker ist unlöslich geknüpft an die Liquidierung des kapitalistischen Systems durch den Sozialismus.

Nur wenn die Arbeiterklasse siegt,

ist auch dem minderbemittelten Akademiker geholfen.

Die Interessen der minderbemittelten Studenten sind dieselben wie die des für seine Existenz kämpfenden Proletariats.

Darum: Kein minderbemittelter Student gibt seine Stimme für das jetzige System, für Hindenburg, den Kandidaten der Bourgeoisie!

Wahlenthaltung ist Hilfe für den Faschismus!

Alle revolutionären Studenten stimmen mit den revolutionären Arbeitern für den Kandidaten der Arbeiterklasse, für den Führer der KPD.:

Ernst Thälmann

Reiht euch ein in die Front des kämpfenden Proletariats!

Für Rote Einheitsfront! — Gegen die gesamte Reaktion von Severing bis Hitler!

Für den roten Arbeiterkandidaten! — Gegen den Kandidaten des Kapitals, des Faschismus und der Sozialdemokratie!

Für den Kandidaten der sozialen und nationalen Befreiung — Gegen die Kandidaten der Tribute und Reparationen!

Für den Kandidaten der Armen! — Gegen den Kandidaten der Reichen!

Klasse gegen Klasse! — Für Brot und Freiheit! — Gegen Not und Knechtschaft!

Für ein freies sozialistisches Rätedeutschland! — Bündnis mit der Sowjetunion und dem Weltproletariat!

Gegen den bankrotten Kapitalismus!

Reichsverband freisozialistischer Studenten
Hochschulgruppe der KPD.

Aufnahmeschein für die KPD.

Hierdurch erkläre ich meinen Eintritt in die Kommunistische Partei Deutschlands.

Name: .... Vorname: ....

Adresse: ....

(Die untenstehende Adresse einsetzen.)

Aufnahmeschein für den Reichsbund freisozialistischer Studenten

Hierdurch erkläre ich meinen Eintritt in den Reichsverband freisozialistischer Studenten.

Name: .... Vorname: ....

Adresse: ....

Hochschule: ....

(Mit untenstehender Adresse einsenden.)

KPD, Kandidat Thälmann, Reichspräsidentenwahl 1932 - mit Aufnahmeschein für KPD und „Reichsbund freisozialistischer Studenten"
Quelle: Stadtarchiv Münster, Polizeiregistratur: Nr. 120, Bl. 129

Demonstration, KPD Münster, ca. 1932
Quelle: Stadtarchiv Münster, SLG-FS-47, 04671/Fotograf(in): Pohlschmidt, Carl

Auch sein Tagebuch spricht eine andere Sprache: Entweder hatte er die Partei doch nicht verlassen oder aber sich ihr, was wahrscheinlicher ist, rasch wieder angenähert. Im Februar 1930 denkt und fühlt er schon wieder in den Bahnen der KPD.

Als ihm später, nicht zum ersten Mal, Zweifel an der Partei kamen, für die er andere Studenten als Agitator anwerben sollte, beruhigte er sein Gewissen mit einer irritierenden Gleichsetzung von SPD und KPD: Der von ihm sehr geschätzte Münsteraner Professor Otto Piper – Nachfolger auf dem Lehrstuhl des renommierten evangelischen Theologen Karl Barth[118] - agitiere ja gleichfalls, aber als SPD-Mitglied, Studenten für den Sozialismus, so wie er als KPD-Propagandist diese Zielgruppe für den Kommunismus zu gewinnen suche. Wichtig sei vor allem das große Ziel.[119] Was ihn dabei, erstaunlich genug, nicht weiter behelligte, war die fortschreitende Stalinisierung der KPD unter Ernst Thälmann Ende der Zwanziger Jahre.

Ernst Thälmann, Januar 1932
Quelle: BArch, Bild 102-12940/
Fotograf(in):Pahl, Georg

Die SPD als die größere linke Partei und der ihr verbundene Allgemeine Deutsche Gewerkschaftsbund (ADGB) wurden von ihr in völliger Verkennung der Verhältnisse gar als „sozialfaschistisch" diffamiert.

In Münster traf der Bannstrahl der Stalin-Anhänger den ADGB-Chef Fritz „Niemeyer, den berüchtigten Sozialfaschisten, der mit Alkohol und Polizei [korrigierte Rechtschreibung] gegen ehrliche Arbeiter kämpft."[120]

War die KPD schon im Inneren kaum demokratisch strukturiert, so konnte ihr Vorbild, die Stalin'sche Sowjetunion und ihre Partei, noch weniger als demokratisches Muster taugen. Diesen wesentlichen Aspekt ignorierte Bitter in der Frage der Mitgliedschaft durchgängig. Dabei waren selbst die Lokalzeitungen voll von Berichten über Lager für Andersdenkende – wie etwa auf den Solowki-Inseln im Hohen Norden. Besonders ausführlich ging die „Münstersche Zeitung" zudem auf die Christenverfolgungen im Reiche des Kommunismus ein.[121]

Endgültig trennte sich Bitter erst von der KPD, als er erkennen musste, dass deren materialistische bzw. bolschewistische Weltanschauung nicht nur den Kampf für die gleiche, gerechte Verteilung der Güter der Welt beinhaltete. Auch den Kampf gegen jedwede Form von Religion - also gegen den Idealismus, wie ihn Bitter verstand - sah die Partei als unabdingbar an. So musste er sich schließlich eingestehen: „Ich verrate mich selbst, wenn ich da mittue."[122]

Vorher jedoch stürzte Bitter sich noch einmal mit allem jugendlichen Elan und Pathos in die tagespolitischen Kämpfe der Partei. Geistige Munition lieferte ihm dabei die Lektüre von Karl Liebknechts und Rosa Luxemburgs Briefen aus der Haft während des Ersten Weltkriegs.

Fried und den Mensc en ein Wohlgefallen flößten mit Augenaufschlag in den
nächsten Tagen die Reichen und die Satten! Gibt es für uns Arbeiter Friede!
Nein und abermals nein! Solange noch taus nde Hunger und frieren gibt es
kein Friede. Solange esnoch Ausbeuter und Ausgebeutete gibt muss das Proletariat kämpfen. Die faschistische Brüningregierung hat im Reichstage die Anträge der Kommunisten auf Beihilfe für alle Erwerbslosen angelehnt. Dafür
aber neue Steuern, neue Verschlechterung der Erwerbslosenunterstützung angenommen. Arm in Arm mit den Ausbeutern marschieren das Zentrum, die S.P.D.
und die Nazis. Und in Stadtparla ent tuen diese Heuchler so als wenn sie ver-
ständnis für die Not der Arbeiter hätten. Die Bonzen wie Rühberg wohl be-
zahlter christlicher Gewerkschaftssekretär, im Bunde mit seinem Freund
Niemeyer, den berüchtigten Sozialfascisten, der mit Alkohol und Polizei
gegen ehrliche Arbeiter kämpft, tun so als wenn sie diejenigen wären die
den Wohlfahrtserwerbslosen die Beihilfe verschafft hätten. Arbeiter, fragt
einmal den Bonzen Rühberg warum das Zentrum in vorigen Jahr die Anträge
abgelehnt hätten. Fragt einmal warum die SPD die Freunde Niemeyers im Reichstage die Anträge der Kommunisten nieder gestimmt hätten. Arbeiter lasst Euch
von diesen Verrätern nicht verblüffen. Sie haben in diesen Jahr die Anträge
nur deshalb bewilligt weil sie sahen dass ihr hinter der K.P.D. steht. Weil
sie wussten dass die K.P.D. Euch auf den Plan rufen würde. Nur um ihren Ver-
rat zu verdecken haben sie das demagogische Spiel getrieben. Der weitaus größte Teil der Erwerbslosen, die Krisenunterstützungsempfänger gehen leer
aus. Lasst Euch nicht durch die paar Hungerpfennige einlullen! In Eurer
... lauert der Hunger! Schreit ihn hinaus in die Welt. Schreit es solauf das
den Reichen und Satten die Lust zu Feste feiern vergeht. Um das Fest der
Satten nicht durch das Geschrei der Hungernden zu stören haben die Henkers-
knechte der Kapitalisten, die Polizei und Regierungspräsidenten alle Demonstrationen verboten. Wir sind nicht zu verbieten.
Wir fürchten den Gummiknüppel nicht.
Arbeiter, Klassengenossen her zu uns! Wir marschieren trotzalledem.

Mittwochabend 8 Uhr!

Druck u. Verlag: Vervielfältigungsinstitut   Verant.. Müller
Bergstenfurt.

Quelle: Stadtarchiv Münster, Polizeiregistratur: Nr. 128, Bl 009

Gedenkkarte: Rosa Luxemburg und Karl Liebknecht, ca. 1921
Quelle: BArch, Bild 10Y-RL6-26636/Fotograf(in):o. Ang.

Über die schon im Kaiserreich verfolgten, nach der Novemberrevolution 1918 ermordeten Gründer und Märtyrer der KPD schrieb er: „Ich habe gerade Karl Liebknechts Briefe zu Ende gelesen. Er ist tot. Aber ich bin sein Freund geworden. Wer war so gut, so rein, so gütig, wer war so kühn, so selbstlos und stolz wie er! Aber ihn, den besten Menschen, ihn den Hohen, haben sie gemordet. Ihn und Rosa Luxemburg, deren Briefe aus dem Zuchthaus ich auch kenne. Auch sie ein herrlicher Mensch, eine Hohe Frau. Auch sie ermordet! [...]"[123] Die geradezu hymnische Heiligsprechung der KPD-Führer durch Bitter stand denn doch in scharfem Kontrast zu den Gefühlen der Mehrheit im Lande. Bezeichnend für deren Stimmung war eher, wie sich der aus Küstrin stammende Ibbenbürener Helmut Pieper in der Rückschau über Rosa Luxemburg äußerte:

„ [...] Für mich ist die größte aller Hexen [bei Pieper als Begriff eher eine Mischung aus Ablehnung und Bewunderung] die Rosa Luxemburg gewesen. Ich habe auch das Buch gelesen. Da liest man: ich denke und träume wie jede andere Frau, von einem Heim, einem Baby, Freunde einladen, ein paar Bücher haben. Alles so rührend. Was stellt sie sich vor, wo kommt die her, eine hochintelligente Jüdin aus Russisch-Polen, kommt nach hier, um Unfrieden zu säen. Gründet die USPD [Unabhängige Sozialdemokratische Partei Deutschlands], aus denen sich der Spartakusbund [Vorläufer der KPD] bildete, und bringt es fertig [...] zu sagen, daß wir die jungen Leute bewaffnen müssen und die Polizei entwaffnen. Das ist Terror."[124]

In diese Einschätzung des Zeitzeugen, der die Zeit der Weimarer Republik frühestens in ihren allerletzten Jahren bewusst miterlebt haben konnte, fließt sicher manches ein, was er damals von seiner deutschnationalen Umgebung zu hören bekam.[125]

2. Kongress der Kommunistischen Internationale in Moskau, 17.07.1920
Gruppenaufnahme: Levi, Paul; Trotzki, Leo Davidowitsch; Kamenjew, Lew;
Sinowjew, Grigorij; Radek, Karl.
Quelle: AdSD/FES, 6/FOTA007403

Ludwig Bitter hingegen notierte: „Ich habe mich entschlossen zum Kampf. Damit stelle ich mein Leben in den Brennpunkt. Möge es mich schmelzen und verglühen, ehe aus mir eine Form geworden."[126]

Ein erster Höhepunkt sollte die Sprengung des Münsteraner Rosenmontagszugs am 3. März 1930 werden. Anfang 1930 hielt die Weltwirtschaftskrise Deutschland fest in ihrem Griff. Die Arbeitslosenzahlen stiegen rasant an. Die Aktion passte in den größeren Rahmen einer über Jahre immer wieder aufgegriffenen Erwerbslosen-Kampagne der Partei, mit der sie auf das Schicksal von Millionen Arbeitsloser drastisch aufmerksam machen wollte.[127] Auch im Kreis Tecklenburg, zu dem Ibbenbüren gehörte, kam es später zu Demonstrationen Erwerbsloser, hinter denen die KPD stand.[128]

Vor dem Rosenmontag 1930 hatten kommunistische Aktivisten vor dem Arbeitsamt Münster Handzettel verteilt, in denen sie die Arbeitslosen zu einer Demonstration gegen den „bourgesisen [lies. bourgeoisen = kapitalistischen]] Karnevalsbetrieb" am Ludgeritor aufriefen.[129]

Rosenmontag, Münster 1930
Quelle: Stadtarchiv Münster, SLG-FS-WVA-17550/Fotograf(in): Hülsbusch

Die karnevalistische Stimmung in Münster war 1930 eingetrübt. Nicht nur eingefleischten Kommunisten war wenig nach Feiern zumute. Auch im Stadtrat bzw. der Stadtverwaltung herrschten einige Bedenken.[130] Andererseits hatten die Münster'schen Karnevalisten geschlagene 16 Jahre lang keinen Rosenmontagszug durchführen können. Man sehnte sich nach Normalität und sah den Karneval auch als Wirtschaftsfaktor.[131]

Zum Münsteraner Rosenmontag 1930 strömten viele Karnevalstouristen aus anderen deutschen Städten und Ostholland. Der Zug – Prinz war Pinkus Müller - führte über den Ludgeri-Platz. In dessen Mitte hatten sich KPD-Mitglieder – einige angeblich auch von auswärts - und Arbeitslose versammelt, um ihre Kundgebung abzuhalten.

Die Polizei schritt dagegen ein und versuchte, die Demonstranten zu vertreiben, was ihr aber nicht ganz gelang. Als hartnäckige Speerspitze des KPD-Trupps erwies sich Ludwig Bitter. Er erklomm die Statue des Pferdes im Denkmalensemble auf dem Platz. Von dort aus hielt er eine Ansprache an Karnevalisten und Kommunisten. Der genauere Inhalt ist weder in der Lokalpresse noch in seinen eigenen Aufzeichnungen zu finden. In den Zeitungen kommt Bitters Name nicht vor.[132]

Die „Münstersche Zeitung" erwähnt, der Denkmalstürmer sei Student gewesen und habe für die Kommunisten gesprochen.[133]

Der „Münsterische Anzeiger" schreibt von einem „Unzufriedenen", der mit Unterstützung Gleichgesinnter „seinem Unwillen über die Geldverschwendung zuungunsten der hungernden Arbeitslosen Ausdruck gab".[134]

Nach massivem Gummiknüppeleinsatz gelang es der Polizei, Bitter trotz Widerstandes seiner mit Spazierstöcken bewaffneten Genossen vom hohen Ross herunterzuholen. Er wurde als einziger von allen Protestlern festgenommen.

Bis zum nächsten Tag blieb er in Polizeigewahrsam. Nun drohte ihm, wegen Widerstandes gegen die Staatsgewalt vor Gericht gestellt zu werden. Auch dem Rektor der Universität Münster wurde Mitteilung gemacht.[135]

Ludgeriplatz, Denkmal „Ross und Landmann" , o.J.
Quelle: Stadtarchiv Münster. SLG-FS-WVA-16256 017/
Fotograf(in): o. Ang.

Ein Ausschluss Bitters vom Studium lag im Bereich des Möglichen. Am meisten machte er sich aber Vorwürfe wegen der Sorgen seiner „lieben, harmlosen Eltern", die ihn aus der Haft abholen kamen. Und er sah schon jede Form angestrebter Selbständigkeit schwinden:

„Nun eß ich meiner Eltern Brot und warte auf den Prozeß."[136]

Die Angelegenheit dürfte für ihn noch einmal glimpflich ausgegangen sein. Bitters Studienbuch aus jener Zeit verzeichnet jedenfalls keine nachteiligen Einträge. Im Verzeichnis der Disziplinarfälle an der Universität findet sich zwar für 1930 sein Name samt Aktensignatur. Doch ist die dazugehörige Akte selbst unauffindbar.[137] Ein Gerichtsurteil scheint ebenfalls nicht ergangen zu sein

Ludwig Bitter, o.J.
Quelle: NLB

3. Sinnkrise in Königsberg

Reichstagswahl, KPD-Wahlplakat, 1930
Quelle: BArch, PLAK 102-073-007

In den folgenden Monaten des Jahres 1930 dürfte Bitter in sich gegangen sein. Sein Tagebuch schweigt zwar zu allem, was zwischen April und Oktober geschah. Dann aber meldet sich sein Schreiber wieder und hält rückblickend fest, dass er Mitte Juli wieder in die Partei eingetreten sei.[138] Er fühle sich in mancherlei Beziehung gereifter, kälter, härter als vorher. Und flugs skizziert er einen verwegenen Plan: „ [...] ob ich nun in der Partei ein Führer werde von Millionen Menschen, ob ich ein religiöser Reformator werde des katholischen Glaubens. Eins steht fest. Ich will und werde von jetzt an mit allen Kräften auf dieses Ziel hinarbeiten, d.h. auf das Führerziel [unterstrichen von LB]. Führer müssen bekannt werden. Dazu ist mir alles recht, was nicht unrecht ist. Ich will Einfluß gewinnen. Weil ich weiß, daß ich Menschen beeinflussen kann, weil ich weiß, daß ich das leben kann, was ich predige [...]. So bin ich kein Privatmensch mehr, der machen kann, was er will. Was mir das Schicksal [...] auch bringen wird [-] an jeder Stelle, wo ich stehe, will ich ein Mahner und Führer sein für das Recht."[139]

Schon vorher, kurz nach seinem Wiedereintritt in die KPD, hatte er sich für die Partei nach seinen eigenen Worten geradezu aufgeopfert - im Reichstagswahlkampf des Jahres 1930: „[Ich] habe tatsächlich mit den ärmsten Proleten gelebt, habe leidenschaftlich zu Barackenproleten[140] gesprochen, bin in ihren Höhlen gewesen, habe von Frauen Dankesworte bekommen, von Proletenfrauen, habe vor hunderten von Menschen gesprochen, auf Straßen und Plätzen, [...] habe gesprochen, wie ich immer sprechen wollte [...]. Wenns nach mir ginge, gäbs bei uns in der Partei immer das Leben wie vor der Wahl. Die Wahl brachte uns – in Münster – einen großen Sieg."[141]

Auch im Gesamtergebnis der Wahlen vom September 1930 hatte die KPD reichsweit deutlich zugelegt. Nur blendete der begeisterte Wahlkämpfer Bitter samt seiner Partei aus, dass der Hauptprofiteur der Wahlen die NSDAP war.

Beschwingt vom Lauf der allgemeinen Politik wie des persönlichen Lebens exmatrikulierte sich Bitter Ende Oktober 1930 in Münster, um zum Wintersemester 1930/31 sein Studium an der Universität Königsberg fortzusetzen. Sein Umzug an den Ostrand des Deutschen Reiches verfolgte mehr oder weniger deutlich ausgesprochen zwei Ziele. Erstens, die russische Sprache und Kultur in der Nähe ihres Verbreitungsgebietes zu studieren. Zweitens, nach dementsprechender Vorbereitung für längere Zeit in die Sowjetunion überzusiedeln.[142] Kenntnisse im Russischen hatte er unter Anleitung eines „russischen Lehrers" erworben.[143]

Königsberg, Dominsel mit Dom und Universität, ca. 1929
Quelle: BArch, Bild 102-03089/Fotograf(in):Pahl, Georg

Spätestens seit jenen Tagen faszinierte ihn der Osten. Er las Puschkin, Lermontow. Dostojewski und Maxim Gorki.[144] Kein anderer Schriftsteller nahm ihn jedoch so für sich ein wie Leo Tolstoi: „Wenn ich den Namen Tolstoi aussprach, dachte, stand der Duft der wohltuend betäubenden, sensenreifen, taufrischen Wiesen vor mir auf, sah ich vor mir den Mann, der keinen Kompromiß in der sozialen Frage kennen wollte, der Urchrist zu sein, sich selber mit aller Härte antrieb."[145]

Bitter stieg gleich in den zweiten Teil eines Russischkurses ein, belegte Übungen in Russisch für Fortgeschrittene und in russischer Lektüre. Wie er überhaupt eintauchte in alle möglichen weiteren akademischen Fragenkreise zu Russland. Theatergeschichte, Meereskunde und eine Veranstaltung zur Sexualität des Menschen runden den Eindruck eines breiter angelegten Studiums ab.

Hauptsächlich studierte Bitter bei Nikolaus von Arseniew, einem Slawisten, orthodoxen Theologen und Priester.[146] 1933 gelang es dem schon früh aus Sowjetrussland geflohenen Gegner der Sowjetherrschaft, seine Mutter und Schwestern aus der Sowjetunion „herauszukaufen".[147] In der nach dem Überfall von Nazi-Deutschland besetzten Sowjetunion arbeitete Arseniew vorübergehend für die deutschen Besatzer als Dolmetscher im Range eines „Sonderführers". Nach dem Zweiten Weltkrieg ließ er sich in den USA nieder.[148] Im heute russischen Kaliningrad, dem ehemaligen Königsberg, ist um die Frage seiner Ehrung als russischer Geistesgröße des 20. Jahrhunderts ein heftiger Streit entbrannt.[149]

Königsberg, Albertina (Universität),
neues Universitätsgebäude, ca. 1929
Quelle: BArch. Bild 102-03065/Fotograf(in): Pahl, Georg

Sein akademisches Gegenbild verkörperte Martin Eduard Winkler, bei dem Bitter russische Kulturgeschichte studierte. Der deutsche Professor für Osteuropäische Geschichte und Leiter der historischen Abteilung am Institut für Russlandkunde hatte das frühe Sowjetreich auch auf Reisen durchs Land erkundet und beschrieben. Aus politischen Gründen durfte sich Winkler schon bald nach der sogenannten Machtergreifung Hitlers nicht mehr als Professor betätigen. Er wurde 1939 mit nur 46 Jahren zwangspensioniert. Seine umfangreiche Ikonensammlung, die Bitter im „Institut für Russlandkunde"[150] „mit Entzücken"[151] bewunderte, fand nach den Wirren des Zweiten Weltkrieges ihre neue Heimat in Recklinghausen.[152]

Martin Winkler, Professor für
Osteuropäische Geschichte.
Porträt von Igor' Grabar', 1931
Quelle: Ikonenmuseum Recklinghausen

Von Anfang an fremdelte Bitter mit Ostpreußen und seiner Hauptstadt, fühlte sich einsam und verlassen: „Mich kann die Natur und Landschaft, die Stadt Königsberg, mit allem was darin ist, [..] nicht interessieren, und wenn andere von Sehenswürdigkeiten sprechen und Kunstwerken [...] bleibe ich kalt."[153]

Hauptgrund war seine erfolglose Gottsuche. „Wenn ich Gott hätte [unterstrichen von LB], könnte man mich nach Sizilien verbannen, er würde ja bei mir sein! Aber so weine ich vor Heimweh nach den Einzigen, die mich lieben, nach den Eltern und Geschwistern."[154]

Nicht zuletzt belastete ihn, dass seine jahrelange Suche nach einer Partnerin immer aussichtsloser erschien.[155] Passagen in seinem Tagebuch lassen vermuten, dass er sich nach dem Bruch mit seiner Mesumer Jugendfreundin noch einmal kurz und heftig verliebt hatte. Doch auch diese Beziehung, wenn sie denn nicht eine übersteigerte, rein geistige gewesen war, kann nicht sonderlich lange gedauert haben.[156]

In Königsberg fiel Bitter ein Büchlein des vormaligen russischen Revolutionärs und späteren Sowjetfunktionärs E. Jaroslavskij [Jaroslawski/Jaroslawsky] mit dem Titel „Wie Götter geboren werden, leben und sterben" in die Hände. Nun konnte er es im russischsprachigen Original lesen.

Jaroslavskij, Emel'jan_Michajlovič. Karikatur, Urheber/in: o. Ang. Pseudonym: Ovod. ca. 1927. Jaroslavskij wird hier als Spürhund Stalins in den Machtkämpfen innerhalb der Kommunistischen Partei der Sowjetunion dargestellt.
Quelle: Staatliches Museum für politische Geschichte Russlands. Gemeinfrei. In: https://commons.wikimedia.org/w/index.php? curid=5828905/11.05.2020

Und was er dort fand, erschütterte sein enges Verhältnis zur KPD für immer: „Nun beginnt mein Glaube an den Bolschewismus doch wankend zu werden. Nicht an den Kommunismus! [unterstrichen von LB] Wie ich mich nun augenscheinlich überzeugen konnte, fordern sie von jedem Bolschewik Haß, Kampf gegen die Religion. In dem Buch von Jaroslawsky „Wie Götter geboren werden[,] leben und sterben", stehen neben des Nachdenkens werten Behauptungen solch unsinnige und kindische Beweisführung[en], daß das ganze auf eine gemeine Übertölpelung der Proleten herauskommt."[157]

Bitter betonte die Bedeutung von Liebe und Frieden als religiös fundierten Werten des Christentums. Auch dessen religiöses Brauchtum, gerade das bevorstehende „heilige" Weihnachtsfest verkörpere eine positive menschliche Tradition. Angesichts dessen sei die Art religiöser Aufklärung wie sie die Bolschewiki, in Sonderheit Jaroslavskij, betrieben als nicht angemessen rundum abzulehnen. Der Bolschewismus laufe auf die primitive Floskel von Religion als Betrug am Volk hinaus.[158] Als Christ sah er sich jedoch immer noch nicht.[159]

Ihn fror jetzt aber in der Gemeinschaft vermeintlich Gleichgesinnter, in den Zusammenkünften der Königsberger Kommunisten : „[...] ich ersticke vor Langeweile. [...] Stunden wurden verquatscht über geschäftliche, organisatorische Fragen, mit bewußter Langsamkeit, weil man nicht weiß, wie man die Zeit totschlagen soll. [...] sie halten sich für wissend, untereinander. Lohnt sich also nicht zu diskutieren [unterstrichen von LB]. [...] Sie haben ausgelernt. Es geht ihnen nur noch darum, anderen ihr Wissen beizubringen."[160]

Wenn Ludwig Bitter sich über Einsamkeit beklagte, ob in Münster, Königsberg oder anderswo, dann meinte er die Einsamkeit in der Masse der Menschen, die ihn nicht so verstanden, wie er verstanden werden wollte. Umgekehrt blieben sie ihm ebenfalls oft fremd.[161] Die Gefahr, aus solch einer Perspektive heraus wahnsinnig zu werden oder gar durch Selbstmord zu enden, war ihm durchaus bewusst.[162]

Tatsächlich aber war er gut vernetzt in einer sozial-politisch aktiven Schicht von Akademikern, die beileibe nicht alle der KPD anhingen.[163] Auch die beiden Professoren am Königsberger „Institut für Russlandkunde" pflegten eine erstaunliche Nähe zu ihren Eleven: Sie luden die angehenden Slawisten in ihre Privatwohnungen ein, wo diese ihren Erzählungen über Russland lauschten und russische Volkskunst bestaunten.[164] Der Kontakt zur Vermieterin seiner Königsberger „Bude" war herzlich.[165]

Noch in Königsberg hatte Bitter nach vielen Anfechtungen, die selbst später noch lange nicht aufhören sollten, zum Glauben an Christus als Sohn Gottes zurückgefunden. Den Anstoß hierzu gab seine Auseinandersetzung mit den Lehren des mittelalterlichen christlichen Philosophen Cusanus (Nikolaus von Kues), dessen Lektüre er als gewinnbringend empfand und akzeptierte.[166]

Der Student hat diese Karte stets bei sich zu führen und auf Verlangen jedem öffentlichen Beamten vorzuzeigen.

Bei **Veränderung der Wohnung** ist diese Karte binnen **drei Tagen** im Universitäts-Sekretariat vorzulegen.

Bei Bestellung des Abgangszeugnisses und auch beim Weggang von der Universität ohne solches ist diese Karte dem Universitäts-Sekretariat zurückzugeben.

Mißbrauch der Ausweiskarte unterliegt dem Strafgesetz (§ 363 Reichsstrafgesetzbuch).

Der Verlust der Karte ist **sofort** dem Universitäts-Sekretariat anzumelden.

Die Ausweiskarte gilt nur für das Semester, für welches sie abgestempelt ist. Die Karte muß beim Beginn jedes Semesters innerhalb der Belegfrist im Universitäts-Sekretariat zur Abstempelung vorgelegt werden, widrigenfalls das akademische Bürgerrecht und das betreffende Semester verloren geht.

Ohne Lichtbild und Unterschrift nicht gültig.

Heimatadresse:

Eigene Unterschrift des Karteninhabers:

Studierendenausweis der Universität Königsberg für Ludwig Bitter, 1930
(Montage von Teilen der Vorder- und Rückseite).
Quelle: NLB

Cusanus beweise überzeugend die Existenz Gottes, an die er – Bitter – ohnehin immer geglaubt habe. Weiterhin beweise er die Geschichtlichkeit und die Göttlichkeit Jesu.[167] Und das hieß für ihn nun trotz aller ökumenischen Kontakte gerade während des Studiums: „Ich bin wieder Katholik."[168]

Zwischen dem 28. und 30. November 1930 erklärte er (anscheinend schriftlich) gegenüber Josef Steiner, einem der führenden Köpfe der KPD Münsters[169], seinen Austritt aus ihren Reihen[170], blieb aber bis Ende März 1931 zur Fortsetzung seines Studiums in Königsberg.[171] Dort setzte er sich mit dem Jesuitenpater Matthias Dietz, dem Studentenseelsorger an der Universität, in Verbindung, der ihn wieder in die Gemeinschaft der katholischen Christen aufnahm.[172]

Die erneute Zugehörigkeit zur katholischen Kirche bedeutete aber nicht, auf Kritik an ihr als Organisation zu verzichten. Sein Notizbuch durchziehen viele kritische Sentenzen. Im großen und ganzen war sie ihm nicht lebendig genug, oft genug zu abgehoben von den Menschen, lebensfern: „Die Kirchen stehen verlassen. Um sie herum brandet das Leben, ohne sich um sie zu kümmern. Das ist das Schlimmste, nicht mehr beachtet zu werden."[173]

Jedoch bejahte er offenkundig grundsätzlich die Notwendigkeit ihrer Existenz, so wie er sich für mehr Ökumene aussprach - etwa in der zwischen Protestanten und Katholiken strittigen Abendmahlsfrage. Nachhaltig geprägt war er von der im damaligen Katholizismus üblichen Leibfeindlichkeit. Immer wieder machten ihm die menschlichen Triebe zu schaffen, wenn er seinen Idealen von Schönheit und Reinheit nachhing.[174]

Den Austritt aus der KPD bewertete er zwar als endgültigen Abschied vom Bolschewismus[175], nicht jedoch vom Kommunismus.[176] „Revolution? Darf ich sie mitmachen? Wenn ich mich bis ins Letzte umkrempele, dann finde ich da einen Pazifismus, der keine Kompromisse gestattet. Enteignung? Kann ich mittragen. [...] Mein klarer Weg wird der: Vom religiös-kommunistischen Standpunkt aus mich mit meinem ganzen Leben für das Proletariat und den Weltfrieden aufzuopfern ohne Gewalt! Allein durch die Tat des [unleserlich] und Predigt."[177]

Wie nah sich Ludwig Bitter und Hugo Bendiek, der der Politik zeitlebens fernstand, doch waren, zeigt ein vergleichender Blick auf Bendieks Lebens- und Bildungsweg nach dem Abitur. Bendiek hatte das Heil in der Philosophie, Bitter im Kommunismus bzw. Sozialismus gesucht. Beiden reichten deren Antworten auf ihre Fragen an das Leben nicht aus. Deshalb gerieten sie mehr als einmal in den Strudel einer anhaltenden Lebenskrise. Erst durch die erneute Hinwendung zum christlichen Glauben gelangten sie nach und nach an das rettende Ufer. Auf dem Höhepunkt seiner Königsberger Krise, die mit dem Austritt aus der KPD nicht einfach endete, erwog Bitter ernsthaft, katholischer Priester zu werden.[178]

Bendieks Schilderung seiner Bekehrung klingt ähnlich dramatisch wie Bitters Königsberger Tagebuch: „Ich brach zusammen und stammelte das Glaubensbekenntnis. Das war am 24. Juni 1932."[179] Es sollte noch gut zwei Jahre dauern, bis Hugo Bendiek unter dem Ordensnamen Johannes in Warendorf in den Franziskanerorden eintrat – noch vor seiner Promotion zum Doktor der Philosophie im Juni 1935.[180]

Hubert Hinterding hingegen, der Einzelgänger par excellence, war aus anderem Holz geschnitzt. wie seine Skizzierung der geistig-politischen Lage vor 1933 zeigt: „Linksliberale, Linksintellektuelle (!) (dieser Begriff wäre damals, in den Jahren vor 1933, eine Tautologie gewesen), Antimilitaristen, Pazifisten, Sozialisten, Gesinnungsfreunde der [„]Liga für Menschenrechte", Leser der Weltbühne[181], Kosmopoliten, Paneuropäer, in einer Zeit, die soviel Gelegenheit bot, Pfeile abzuschiessen gegen das, was da von rechts dick, dumpf und geistverlassen auf uns zukam."[182]

Dr. Johannes (Hugo) Bendiek (OFM) mit Prof. Dr.
Peter Wust vor der Nepomuk-Kapelle des Franziskaner-
Klosters Warendorf anlässlich der
„Einfachen Profess" Bendieks, 13.08.1935
Quelle: Archiv der Deutschen Franziskanerprovinz, Paderborn

4. Pazifismus, Sozialismus und Christentum in Wort und Tat

Ludwig Bitter untermauerte seine Abkehr vom Parteikommunismus mit einer symbolischen Aktion im Februar 1931. Wohl in seinen Semesterferien brach er zu einer vierzehntägigen politisch-religiösen Wanderung durch das katholische Emsland auf. Dabei agitierte er gegen die KPD, unter anderem auch in Meppen. Was er gegen sie im einzelnen vorbrachte, ist nicht mehr rekonstruierbar. Später hielt er fest, er habe „etwa 6 Vorträge vor Gesellen und Jungmännern [gemeint sind Vereine wie der Katholische Gesellenverein, später: Deutsche Kolpingsfamilie][183] gegen Bolschewismus, u. Kapitalismus („Imperialismus"/Zusatz von LB)" gehalten.[184]

Im katholisch geprägten Emsland – Lingen ausgenommen – rannten Kommunismuskritiker wie Bitter allerdings offene Türen ein. Linke Parteien wie SPD oder KPD hatten dort allemal einen schweren Stand. Nur in Lingen waren beide etwas stärker verankert.[185]

Katholischer Gesellenverein Meppen, ca. 1919-1933
*Quelle: Bildarchiv der Bibliothek des
Emsländischen Heimatbundes, Meppen*

Die katholischen Gesellenvereine Deutschlands fuhren zwar seit Gründung der Weimarer Republik politisch einen klaren Mittelkurs: „[...] beide Formen des politischen Extremismus, rechts und links, wurden als gleichermaßen verhängnisvoll eingestuft und verurteilt".[186] Doch seit dem dramatischen Aufstieg der Nationalsozialisten in den Reichstagswahlen vom September 1930 mussten sich gerade auch die katholischen Gesellenvereine mit dem Rechtsradikalismus systematischer und gründlicher auseinandersetzen.

Während linksextreme Tendenzen in den Vereinen in all den Jahren so gut wie gar nicht zu beobachten waren, übte die Agitation der NSDAP eine größere Anziehungskraft auf die Vereinsmitglieder aus. Umso schärfer und intensiver grenzten sich die katholischen

Gesellenvereine nun von der NSDAP als ernstzunehmender Konkurrenz ab. Christlich, sozial und demokratisch zu sein reichte nicht mehr. Man wollte auf eigene Art gleichzeitig betont national sein.[187]

Bitter selbst blieb allerdings nicht nur in Negation und Ablehnung des Kommunismus stecken. Schon bei seinem Entschluss, der KPD samt Königsberg den Rücken zu kehren, standen ihm einigermaßen klare Handlungsalternativen vor Augen. Schließlich wollte und konnte er nicht einfach das Lehramtstudium in Münster fortsetzen, ohne sich anderweitig zu engagieren. Unmittelbar nach seiner Austrittserklärung hielt er das Projekt einer von ihm so genannten sozialen Weihnachtshilfe als Agenda fest. Er plante die Initiierung eines dementsprechenden Aufrufes an die Studentenschaft. Ihm war allerdings schon damals klar, wie schwer es fallen würde, den Plan in die Tat umzusetzen.[188]

Knapp ein Jahr darauf scheint sich das Projekt nur noch auf Ibbenbüren bezogen zu haben, um dann ganz im Sande zu verlaufen. Die Umstände des Scheiterns hatten auch etwas mit Ludwig Bitters Eigenarten zu tun, wie er vor sich selbst zugab: „Am Montag[,] dem 5. Oktober [1931] gehe ich zum Bürgermeister [Dr. Müller][,] um mit ihm über die Nothilfe zu sprechen. Ich gebe mir diesen Befehl, weil ich fürchte, eine gewisse Scheu, die mich in meinen 4 Wänden zurückhält, könnte Bequemlichkeit und Flucht vor der Pflicht sein."[189] Erleichtert notierte er Tage später, die Organisierung der Winterhilfe sei in Ibbenbüren schon von anderer Seite in Angriff genommen worden. Der Gang zum Bürgermeister erübrige sich damit.[190]

Vor allem aber wollte er sich nach seiner weltanschaulichen Umkehr in Königsberg „dem 'Frohen Leben' anbieten".[191] Hierbei handelte es sich um die seit 1921 von dem katholischen Priester J. M. Tressel (Pseudonym: Ernst Thrasolt) herausgegebene Zeitschrift „Vom Frohen Leben". Thrasolt leitete seit 1926 den „Verband radikalpazifistischer Gruppen Deutschlands" und saß im Vorstand des „Bundes der Kriegsdienstgegner".[192]

Das Engagement für den Frieden war Bitter nach seinen eigenen Erinnerungen geradezu in die Wiege gelegt worden. Neben der sozialen Not, die er insbesondere zu Ende des Ersten Weltkrieges etwa beim Schlangestehen für Magermilch erfahren hatte[193], rührten zwei einschneidende Erlebnisse an sein kindliches Gemüt: „Ganz seltsam. Jugenderinnerungen hab ich nur wenige. Was ich dachte und fühlte[,] weiss ich nicht. Ganz klar und deutlich steht dagegen vor meinen Augen, und ich war doch kaum 6 Jahre alt, der Mobilmachungstag von 1914. Noch sehe ich meinen Vater an der Linde vorm Hachmannschen [Haus o.ä.] stehen, als er die Nachricht entgegennahm, noch höre ich die drei tapferen und begeisterten Freiwilligen Josef Leuger, Lüking und Schuster Keller alle Einwände zurückweisen."[194]

Bitter ergänzt, die drei jungen Männer - nur 18, 19 Jahre alt und gute Freunde - hätten gedacht, bald wieder zu Hause zu sein. Doch keiner von ihnen sei zurückgekehrt. „Alle drei! Sie kamen nicht wieder. Alle drei!"[195] Noch unmittelbarer erfuhr er die Schrecken des Krieges als Achtjähriger beim Spiel mit anderen Jungen: „[...] und wir dachten nicht an

Krieg, an nichts als ans Spiel. Und da der Briefbote? Er geht bei Menkhoffs ins Haus. Er kommt an der anderen Seite wieder heraus[,] geht aufs Feld, nur [1?]]50 m entfernt. Ein Schrei! So schrill, so weh! Frau Menkhoff bricht zusammen! [...] Eine Witwe. Eine junge Frau[,] zu der der Briefbote mit der bekannten Nachricht kam [:] 'Auf dem Felde der Ehre ... '. [...] Und ich schrieb einen Brief an den Vater! Er sollte doch mit [dem] Kaiser sprechen[,] ob er nicht nach Hause dürfte und er sollte den Russen [unleserlich] tüchtig schlagen und bald dem Krieg ein Ende machen."[196]

Auf seiner Rückreise von Königsberg ins Münsterland machte Bitter Station in Berlin, wo er mit Alfons Erb, dem Redakteur der Zeitschrift „Vom Frohen Leben", zu einer längeren Unterredung zusammentraf.[197] Zurückgekehrt nach Münster, studierte Bitter noch zwei Semester Deutsch, Geschichte, weiterhin mit hohen Studienanteilen Publizistik sowie Russisch, Geographie und Philosophie. Sein besonderes Interesse an publizistischen Lehrveranstaltungen bestand schon vorher[198], dürfte aber nun zusätzlich seiner Mitarbeit am „Frohen Leben" geschuldet sein. Alfons Erbs und Ernst Thrasolts Monatsschrift fungierte auch als Verbandsorgan der „Großdeutschen Volksgemeinschaft". Für diese Vereinigung mit ihrem nicht nur aus heutiger Sicht irreführenden Namen[199] betätigte Bitter sich vor Ort als Spendensammler. Das Sammlungsergebnis kam benachteiligten Arbeiterkindern aus dem Ruhrgebiet zugute, die in Ferienlagern untergebracht wurden.[200]

Ernst Thrasolt, Pazifist.
50. Geburtstag, 12. Mai 1928
Quelle: Diözesanarchiv Berlin,
BN 195, 03

Alfons Erb, Pazifist.
Passfoto nach 1945
Quelle: Diözesanarchiv Berlin,
BN 8657, 24

50

Publizistisch wurde Bitter anscheinend für Thrasolts und Erbs Zeitschrift nicht tätig, verkaufte sie aber wohl. In Münster trat er im November 1931 als Organisator und Leiter einer pazifistischen Veranstaltung mit Ernst Thrasolt auf.[201]

In diesem Zusammenhang stand er im Hintergrund eines Konfliktes zwischen dem Rektorat der Universität und zwei Studentenverbänden, wenngleich sein Name nicht fällt. In einer Unterredung mit den Vorsitzenden des FSSB und der 1928 gegründeten Münsteraner Hochschulgruppe des „Windhorstbundes"[202], Spehr und Bertram, beschwerte sich Rektor Herrmann über deren Anschlagbretter. Ihre Gestaltung widerspreche den Richtlinien der Universität. Auf ihnen sei in unzulässiger Weise zum Besuch eines Vortrages des Pazifisten Thrasolt aufgerufen worden. Man habe einfach den ersten Teil eines eigentlich weitergehenden Textes von Thrasolt als Einladung missbraucht. Klar sei zwar, dass weder Spehr noch Bertram den Aushang angebracht hätten, doch sollten sie künftig die Grenzen der politischen Meinungsfreiheit auf ihren Anschlagbrettern beachten.

Helmut Bertram verbat sich entschieden jede Kritik. Unabhängig von der Frage, wer denn nun den Text angebracht habe, werde er auch künftig jederzeit zu dem Verfahren stehen. Während die Universitätsspitze - neben dem Rektor war Oberinspektor Meyer zugegen – Bertram „vom Anfang der Unterredung bis zum Ende ein durchaus unverbindliches und anmaßendes Benehmen" anlastete, das eigentlich eine offizielle Verwarnung erfordert hätte, zeigte sie sich hoch erfreut über Spehr vom FSSB. Dieser habe sich höflich und freundlich zur Sache eingelassen. Spehr bekundete, der Zettel sei ohne sein Wissen angebracht worden. Er vermute einen Herrn dahinter, den auch der Rektor kenne, der jedoch dem FSSB nicht angehöre. Das Ganze sei aber nicht als Böswilligkeit zu interpretieren. Zur freudigen Überraschung der Universitätsleitung unterbreitete Spehr „sogar den Vorschlag, dem Rektor, um irgendwelche Schwierigkeiten von vornherein zu vermeiden, das Arbeitsprogramm der Gruppe [FSSB] für das Wintersemester gelegentlich vorzulegen".[203]

Mithin verhielt sich der Sozialist Spehr gegenüber den Universitätsautoritäten konzilianter als der bürgerliche Demokrat Bertram, der der katholisch geprägten Zentrumspartei nahestand.

Bertram hatte aber nicht alle Karten auf den Tisch gelegt. Ludwig Bitter zählte nämlich im Sommersemester 1931 tatsächlich zu den Mitgliedern der Windhorst-Hochschulgruppe, die er jedoch nach einem Semester wieder verließ.[204] Obendrein hatten Bertram und Bitter vorher - ebenfalls im Sommersemester 1931 - dem „Republikanischen Studentenbund" angehört, wo sie u.a. auf zwei aktuelle Mitglieder des FSSB trafen.[205]

Bei so enger Vernetzung nimmt es nicht wunder, dass ein zweiter Versuch der Universitätsspitze, die Affäre mit den Anschlagbrettern aufzuklären, ebenso scheiterte wie der erste Anlauf: Für den 1. Dezember 1931 hatte sie die Vorsitzenden dreier weiterer Verbände vorgeladen, auf deren Anschlagtafeln ebenfalls zum Thrasolt-Vortrag geladen worden war. Die Führerin des „Irmingard"-Bundes und der Leiter der „Neuland"- Gruppe hatten offensichtlich keine Ahnung, wer der Urheber war. Anders jedoch argumentierte Hermann Lange, der RSB-Vorsitzende. Er habe die Einladung persönlich genehmigt. Auch störe ihn durchaus nicht, dass Thrasolts Vortrag keine Veranstaltung seiner eigenen Gruppe sei. Schließlich sei das Thema Thrasolts (vermutlich dessen Einstellung zu Krieg und Kriegsdienst o.ä.) kein „politisches" Thema - was wohl so viel wie politisch im engeren Sinne heißen sollte. Missmutig gaben Rektor Herrmann und Universitätsrat Wentrup zu Protokoll, Lange sei sehr sicher und abweisend aufgetreten, habe sich offensichtlich gut vorbereitet und rede wie schon zuvor der Windhorstbund-Führer Bertram.[206]

Namen hatte jedenfalls auch Lange nicht genannt. Sollte Rektor Herrmann Ende 1931 Ludwig Bitters Namen immer noch nicht gekannt haben, was wenig wahrscheinlich ist, so bot sich allerdings schon im Frühjahr 1932 Gelegenheit zu näherer Bekanntschaft - wieder einmal unter wenig erfreulichen Begleitumständen.

Plakat der Hochschulgruppe des Windhorstbundes:
Einladung zu einem Vortrag des „Ruhrkaplans"
Dr. Klinkhammer über das „Antlitz der Zeit", 22. Juni [1932]
Quelle: Universitätsarchiv Münster, Bestand 004, Nr. 767, Bl. 42

Am 1. Februar 1932 postierte sich Ludwig Bitter morgens gegen 10 Uhr auf dem Domplatz mit einem Plakat auf einem Holzrahmen, das, wie er selbst zugestand, Propaganda für den Pazifismus machte. In der Hauptsache ging es ihm um den Verkauf der Zeitschrift „Vom Frohen Leben" seiner Mentoren Thrasolt und Erb.

Bitters Auftritt missfiel Augen und Ohren des Gesetzes. Wie Polizeikommissar Niggemann feststellte, animierte das Plakat u.a. mit folgendem aus seiner Sicht anstößigen

Satz zum spontanen Zeitschriftenkauf: „Kauft, bevor uns Gröner [der damalige Reichswehrminister] verbietet."[207]

Niggemann forderte die sofortige Entfernung des nicht genehmigten Plakates. Bitters Ablehnung trug ihm eine polizeiliche Anzeige wegen Verstoßes gegen eine Verordnung des Reichspräsidenten zur „Bekämpfung politischer Ausschreitungen" ein, gefolgt von einem Strafbefehl des Amtsgerichtes Münster: Zahlung von 50 Reichsmark Strafe oder ersatzweise 10 Tage Gefängnis.[208]

Erfolglos hatte Bitter argumentiert, er besitze seit 1930 eine polizeiliche Genehmigung zum Zeitungsverkauf „auf städtischem Boden vor der Universität".[209] Und er wisse nicht, wie sein Plakat mit dem beanstandeten Aufruf die öffentliche Sicherheit und Ordnung gefährden könnte.

Wie diese Geschichte vor Gericht verhandelt wurde, ist den Akten nicht zu entnehmen. Ihre Folge war aber eine Mitteilung des Amtsgerichtes an die Universitätsleitung über Bitters Verurteilung. Nun traten Rektor Herrmann und Landgerichtsdirektor Wentrup, der zugleich als Universitätsrat fungierte, auf den Plan. Der zur Einvernahme schriftlich vorgeladene Bitter erschien zunächst nicht, wurde geholt und entschuldigte sich damit, er habe den Termin vergessen und ohnehin keine Zeit gehabt. Trotz dieser offenkundigen Provokation beließen es Herrmann und Wentrup bei einer offiziellen Verwarnung Bitters wegen „Störung von Sitte und Ordnung".[210]

Man könnte diese Episode mit Fug und Recht als Sturm im Wasserglas zu den Akten legen, wenn sich nicht im Schriftwechsel der Polizei mit der Universitätsführung Merkwürdigkeiten fänden, die verdeutlichen, wes Geistes Kind manche Stütze des Staates war - und wie gefährlich diese Geisteshaltung für Linke, Pazifisten und aufrechte Demokraten werden konnte.[211]

Ein Kriminal-Sekretär Assies ließ Rektor und Universitätsrat im Zusammenhang mit dem beschlagnahmten Plakat ohne Not wissen, dass Bitter früher zur KPD gehört habe. Doch halte er, soweit feststellbar, schon länger keine Verbindung mehr zu den kommunistischen Kampfgenossen. Er verkehre vielmehr mittlerweile in Kreisen des Windhorstbundes und verkaufe pazifistische Druckschriften.

Hier plauderte also ein Kriminalpolizist gegenüber Dritten Erkenntnisse der Politischen Polizei aus, die offenkundig nicht so schnell von Bitter als Beobachtungsobjekt lassen wollte. Letztlich geriet so selbst die Windhorst-Hochschulgruppe mit ins Visier. Und nun setzte der Kriminalist noch eins drauf: „Bitter kann als Fanatiker bezeichnet werden. Er stellt sich auf den Standpunkt 'Nie wieder Krieg.'"[212]

Im gerade erst gegründeten Slavischen Seminar der Universität Münster gehörte Bitter als Student zu den „Pionieren" der Slawistik, deren Hörerschaft von 14

Studentinnen/Studenten im Wintersemester 1930/31 auf 26 im Sommersemster 1933 anstieg, um bald wieder auf 13 abzusinken.[213]

Dr. Petr Grigor'evič Bogatyrev, wahrscheinlich Tschechoslowakei, 30-er Jahre
Quelle: Konstantin Konstantinovič Bogatyrev, USA

Fasziniert war er von der Bekanntschaft mit Dr. Petr Grigor'evič Bogatyrev, einem seit dem Sommersemester 1931 an der Universität Münster tätigen Dozenten: „Wie liebten doch diese Russen ihre Heimat, wie Dr. B., der einfache, schlichte, so anspruchslose, russ. Professor für russ. Volkskunde, der in einer einfachen Dachkammer in der westdeutschen Provinzstadt logierte, uns die russische Sprache beibrachte – und einigen zwei, drei seiner Schüler Freund wurde."[214] Auch der Berliner Linguist Klaas-Hinrich Ehlers hebt hervor, dass Bogatyrev sich bei den Münsteraner Studenten ungewöhnlicher Beliebtheit erfreut habe. Der sowjetische Wissenschaftler habe sich um die junge Slawistik an der Universität sehr verdient gemacht.[215]

Bogatyrev war mit seinem Spezialgebiet Ethnographie einer der führenden Vertreter des renommierten Prager „Cercle linguistique", der den Strukturalismus aus der Taufe gehoben hatte. Der Wissenschaftler scheint politisch schwer zu fassen gewesen sein. In den frühen Zwanzigern lebte er mit seiner Gattin Tamara Jul'evna (geb. Lange) in Prag, der Hauptstadt der Tschechoslowakei. Dort wurde ihr Sohn Konstantin geboren.[216] Er war seit Jahren eng befreundet mit Roman Jakobsohn, dem bekanntesten Kopf des „Cercle linguistique", der schon früh aus Sowjetrussland emigriert war. Die Ehepaare Jakobson und Bogatyrev teilten sich lange eine geräumige Wohnung.[217] Von Prag aus unternahm Bogatyrev u.a. zwei Forschungsreisen im Auftrag der Prager Akademie der Wissenschaften.[218] Er fungierte zudem als Übersetzer für die sowjetische Botschaft in Prag und recherchierte im Auftrag des Moskauer Staatlichen Literaturmuseums in Archiven der Tschechoslowakei und anderer Länder. Darüber hinaus unterrichtete er an der Universität im slowakischen Bratislava.[219]

Erst 1940, nach der Besetzung des tschechischen Teils der ČSR im März 1939 durch Truppen Nazi-Deutschlands und der Schaffung einer vom Deutschen Reich abhängigen Slowakei, kehrte er dauerhaft in die Sowjetunion zurück.[220]

Ob Bogatyrevs lange Jahre im Ausland als Exil anzusehen sind, lässt sich nicht befriedigend klären.[221] Ebenso bleibt Münster ein eher rätselhaftes Intermezzo in seiner Auslandskarriere - insbesondere wegen seines plötzlichen Verschwindens aus der Stadt.[222] Zeitpunkt wie Motivation seines Verschwindens werfen ungeklärte Fragen auf.

K.-H. Ehlers datiert die „jähe Abreise"[223] Bogatyrevs auf den Oktober 1933.[224] Die dafür angegebenen Krankheitsgründe habe er wohl nur vorgeschützt. Denn noch im selben Monat habe er nach seiner Rückkehr aus Münster an einer Sitzung des Linguistischen Zirkels in der Tschechoslowakei teilgenommen. Außerdem habe er 1934 wieder seine Lehrtätigkeit in Bratislava aufgenommen. Ehlers vermutet, dass Bogatyrevs plötzlicher Fortgang aus der westfälischen Universitätsstadt auf erste unangenehme Erfahrungen des russischen Wissenschaftlers Nationalsozialisten zurückgeht.[225] An möglichen Beispielen mangelte es hierfür tatsächlich nicht. Und auch die Sowjetregierung konnte wohl kaum einen längeren Verbleib eines Staatsangehörigen in einem Staat gutheißen, der zur offenen Jagd auf Kommunisten blies.

Doch liest man bei Bitter: „Bis 1923 hatte er [Bogatyrev] in Rußland wirken können. Dann hatten die Behörden von ihm im Rahmen seiner Vorlesungen ein Bekenntnis zum Atheismus verlangt. Er zog vor, ins Ausland zu gehen. Die Frau und seinen damals 2 Jahre alten Jungen hatte er zurücklassen müssen. Auch später erlaubten die russischen Behörden nicht, dem Mann und Vater ins Ausland zu folgen. Wie litt dieser äußerlich so unansehnliche, aber tiefempfindende Mann darunter, bis er uns eines Tages glückstrahlend erzählte, die russ. Regierung wolle seine Frau und seinen Jungen gegen Zahlung eines ziemlich hohen Betrages in Dollar ausreisen lassen. Einige Wochen später fanden wir ihn, völlig zusammengebrochen, weinend in seinem Seminarzimmer vor. Am anderen Tag war er ohne Abschied abgereist."[226]

Wie lässt sich dies alles unter einen Hut bringen?

Wenngleich Bitter im Rückblick nicht alle Fakten einwandfrei memoriert, bleibt festzuhalten: Tamara Bogatyreva und ihr 1925 in Prag geborener Sohn Konstantin reisten 1928 in die Sowjetunion, um die Mutter bzw. Großmutter Lange zu besuchen. Als sie später in die Tschechoslowakei zurückkehren wollten, verweigerten ihnen die sowjetischen Behörden die Ausreiseerlaubnis.[227]

Durch Rückkehr in die Heimat hätte Bogatyrev schon damals die Familientrennung aufheben können. Er muss gewichtige Gründe gehabt haben, diesen Weg in den Folgejahren nicht zu beschreiten. Es bleibt zwar offen, ob er selbst jemals zwischen 1928 und 1939/1940 zu Besuchszwecken sowjetischen Boden betrat. Aber selbst bei Annahme dieses Falls kann solch ein Familienleben über die Zeit von mehr als zehn Jahren kaum als gedeihlich bezeichnet werden. Somit wäre ein Freikauf der Familie tatsächlich eine denkbare Option gewesen. Und Zufall oder nicht – auch Professor Arseniew hatte ja in eben diesem Jahr (1933) Mutter und Schwestern aus dem Reiche Stalins loskaufen können.[228]

Wiedervereinigung in der Sowjetunion: Petr Grigor'evič Bogatyrev und sein Sohn Konstantin Petrovič – hier zusammen mit Bogatyrevs Bruder Dmitrij, o.J.
Quelle: Konstantin Konstantinovič Bogatyrev, USA

Bitter schreibt nicht, woher die Verzweiflung seines einstigen Lehrers und Freundes rührte. Der Kontext seiner Zeilen legt natürlich eine gescheiterte Finanzierung des Freikaufes oder eine Zurücknahme des Angebotes durch die sowjetischen Behörden nahe.

Dennoch erklärt dies nicht, warum der fassungslose Dozent Münster Hals über Kopf verließ, wo er doch eh nicht in das Vaterland aller Werktätigen zurückreisen mochte. In der Tschechoslowakei, in der er sich wieder niederließ, waren seine finanziellen

Perspektiven nicht unbedingt besser als in Deutschland und das Problem der Familienzusammenführung blieb ungelöst. Hinzu kam: durch die Wohnsitznahme in der Tschechoslowakei, einem demokratisch-kapitalistischen Staat, blieb er aus sowjetischer Sicht per se verdächtig.

Unter Hinzuziehung von Bitters Erinnerungen lässt sich also Bogatyrevs Verhalten nicht in allen inhaltlichen Punkten zweifelsfrei klären. Auch der zeitliche Rahmen, den K.-H. Ehlers für Bogatyrevs plötzliches Verschwinden aus Münster absteckt, passt nicht ohne Weiteres zu den Erlebnissen Bitters: Am 21. Juli 1933 war Bitter verhaftet worden, am 6. November 1933 wurde seine Freilassung durch polizeiliche Anmeldung in Ibbenbüren bestätigt. In dieser Zeit konnte er, der in seinem Bericht mit Bezug auf ein, zwei andere Freunde Bogatyrevs die Wir-Form verwendete, definitiv keinen persönlichen Kontakt mit seinem ehemaligen Dozenten und Freund gehabt haben. Dann müsste die letzte Begegnung der beiden schon vor dem 21. Juli 1933, etwa zum Ende des Sommersemesters, stattgefunden haben. Eine Gehaltszahlung an Bogatyrev bis einschließlich Oktober, dem Beginn des Wintersemesters, könnte damit vielleicht noch vereinbar gewesen sein.

Ebenfalls erkennbar beeindruckt war Bitter von der Persönlichkeit und Lehre des Philosophen Peter Wust, dessen Vorlesungen er belegte. In Bitters Nachlass befindet sich ein schmales Heftchen zum Abschied Professor Wusts von seinem akademischen Publikum.[229] Wust verstarb bald darauf. Jahre zuvor hatte Bitters bester Freund Bendiek als Assistent für Wust gearbeitet, der auch sein Doktorvater wurde.[230] Wusts Vorlesungen und Seminare besuchten offensichtlich vor wie nach der Machtübernahme der Nazis nicht wenige Studentinnen und Studenten, die aus einem linkskatholischen Milieu kamen. Wie bedeutsam Wust für solche eher unangepassten, kritischen Menschen war, belegt das spätere Zeugnis von Walter Rest, dem Mitglied einer kleinen studentischen Widerstandsgruppe mit Verbindungen zur Untergrund-KPD, die sich 1934 um Arnold Münster gebildet hatte. Diese Gruppe stand in engem persönlichen Kontakt mit Professor Wust[231], „obwohl sich der Philosoph nie auf politisch-weltanschauliche Zeitprobleme einließ. Es hätte auch das sofortige Ende seiner Lehrtätigkeit bedeutet."[232]

Wust galt als Mann der „inneren Resistance gegen den nationalsozialistischen Ungeist".[233] Allgemein gesprochen, ging Wust in seiner Lehre von einer Pflicht zu Entscheidung und Wagnis aus, wenn man wirklich ein erfülltes Leben leben wollte, dessen Gegenpol ein von Bequemlichkeit und Sicherheitsdenken geprägtes Leben wäre.[234]

Als Vertreter eines „christlichen Existenzialismus"[235] gab er Antworten auf Bitters Anfragen an den Glauben. Seinen Ehemaligen gab er auf den Weg: „Und wenn Sie mich nun noch fragen sollten, bevor ich jetzt gehe und endgültig gehe, ob ich nicht einen Zauberschlüssel kenne, der einem das letzte Tor zur Weisheit des Lebens erschließen könne, dann würde ich Ihnen antworten: ‚Jawohl'. – Und zwar ist dieser Zauberschlüssel nicht die Reflexion, wie Sie es von einem Philosophen vielleicht erwarten möchten, sondern das Gebet. Das Gebet, als letzte Hingabe gefasst, macht still, macht kindlich, macht objektiv."[236]

Diese Weisheit dürfte Bitter aus seinem Munde so oder so ähnlich schon früher vernommen haben. Manche Spuren in Bitters Nachlass deuten darauf hin, dass er ihr zu folgen suchte.[237]

Für das Wintersemester 1932/33 war Bitter beurlaubt[238], wahrscheinlich zur Vorbereitung auf die Mittelschullehrerprüfung, die er seit Juli 1932 von Ibbenbüren aus anging.[239] Hier wie vorher in Münster beklagte er das Fehlen einer geeigneten Partnerin: „Eigentlich habe ich jetzt schon 6 Jahre täglich erwartet, daß sie mir plötzlich begegnet, mich nur ansieht und wir uns erkennen. Und darüber habe ich nie eine [Partnerin] kennen gelernt. Dichter und Maler haben meine Augen verdorben. Und nun kenne ich keinen Menschen. Und nun bin ich so einsam."[240]

Schon im Mai 1932 hatte er jegliche Mitarbeit in sozialistischen oder pazifistischen Einrichtungen vorübergehend eingestellt, weil er alle seine Grundsätze kritisch und in Ruhe durchdenken wollte. Dreh- und Angelpunkt war sein Ringen um den richtigen Glauben: „ [...] seit Ende 1931 hatte ich angefangen, noch einmal meine gesamten Ansichten auf ihre Fundamente hin zu untersuchen, einschließlich meiner kathol. Weltanschauung oder vielmehr in der Hauptsache meine katholische Weltanschauung und damit auch meine pazifistischen Anschauungen. Denn meine pazifist. Haltung entsprang bei mir letztlich meinem kathol. Glauben (Bergpredigt). Wankte der, musste auch mein Pazifismus unsicher werden."[241]

Ein Jahr zuvor sah er die Ursache seiner Zurückhaltung noch etwas anders: „Ich war mir nicht endgültig im Klaren darüber, ob man mit dem 'Neuen Testament' den konsequenten Pazifismus begründen könne."[242]

Etwas Zuversicht schöpfte er aus einem mehrtägigen Aufenthalt im Benediktinerkloster Gerleve Mitte Januar 1933: „Ich kam zurück mit dem Wissen um Gott, um die Geist-Seele des Menschen, mit dem nunmehr, wenn auch schwachen, aber entschiedenen Glauben an Christus und seine Kirche."[243]

Das tagespolitische Geschehen scheint ihm fremd geworden zu sein. Denn die dramatischen Wochen und Monate vor und nach der Machtübertragung an Hitlers NSDAP am 30. Januar 1933 finden keinen Niederschlag in seinen Aufzeichnungen. Auch nicht wichtigere Ereignisse in seinem Privatleben. Sein Tagebuch vermeldet weder die bestandene Mittelschullehrerprüfung in Deutsch und Geschichte (25. November 1932) noch das Studienende (8. Februar 1933).

Doch die Vergangenheit und die Gegenwart sollten den „Mittelschuljunglehrer" Bitter schneller einholen, als er sich das hatte vorstellen können. Ein erstes Warnsignal war das Schicksal des Freien Sozialistischen Studentenbundes: Nur wenige Tage nach der Machtübertragung an Hitler kam es am Abend des 6. Februar 1933 zur offenen Auseinandersetzung zwischen der FSAG/SAG und ihrem Verbündeten, dem „Republikanischen Studentenbund", mit den studentischen Nazianhängern. Diese scheuten nicht vor Gewaltanwendung zurück, um ihre Gegner an der Universität einzuschüchtern und aus dem Weg zu räumen.[244]

Einladung der Sozialistischen Arbeitsgemeinschaft (SAG) zu einem Vortrag von Professor E. Heimann über sozialistische Planwirtschaft am 6. Februar 1933
Quelle: Universitätsarchiv Münster, Bestand 004, Nr. 773, Bl. 45

Der Direktor des „Institutes für Wirtschafts- und Sozialwissenschaften", Professor Bruck, hatte der FSAG/SAG einen Raum für einen Gastvortrag des Hamburger Professors Eduard Heimann zur Verfügung gestellt. Thema war die „Sozialistische Planwirtschaft".

Hiergegen hatte der NS-Studentenbund mobilisiert. Schon beim Einführungsvortrag Professor Otto Pipers machten sich immer wieder Störer bemerkbar. Schließlich gelang es ihnen, den Vortrag zu sprengen: „Vor dem Haus entwickelte sich sodann eine Schlägerei"[245], konstatierte die „Münstersche Zeitung".

Die studentischen Nazis ließen die Öffentlichkeit wissen: „Die deutschen Studenten Münsters lassen sich keinen jüdischen Professor mehr vorsetzen."[246] Zudem sei Heimann auch noch Marxist.[247]

Eduard Heimann, Professor für Staatswissenschaft an der Universität Hamburg, 1965
Quelle: AdSD/FES, 6/FOTA162435/
Fotograf(in): Foto-Germin, Hamburg

Die Sprengung der Veranstaltung rief noch einmal Professor Piper auf den Plan, der den Rektor der Universität zum Einschreiten gegen den NS-Studentenbund aufforderte. Anderenfalls erlitte das Ansehen der Universität schweren Schaden.[248]

Die Zeitumstände standen dem Ansinnen Pipers entgegen. Stattdessen wurde die SAG unter dem Druck der Nazis im April 1933 aufgelöst.[249] Symbol des Untergangs der SAG war der ungesühnte Diebstahl ihres Anschlagbrettes nur eine Woche nach dem Eklat um Professor Heimanns Vortrag.[250]

Bitters Tagebuch schweigt zu alledem. Es ignoriert den Reichstagsbrand (27. Februar), die sich anschließenden Verhaftungen der KPD-Führer und anderer Linker, die Reichstagswahlen (5. März)[251], den wiederholten Sturm der Nazis auf das Gewerkschaftshaus (8./9. März; 31. März; 2. Mai) und die Inhaftierung von Fritz Niemeyer sen. (2. Mai)[252], den Dienstantritt als hospitierender Junglehrer an der Ibbenbürener Amtsrektoratschule.[253] Es weiß nichts von den Tiefpunkten der akademischen Kultur Münsters - der Schandpfahl-Aktion mit missliebigen Büchern auf dem Domplatz (6. Mai 1933) und der öffentlichen Bücherverbrennung (10. Mai 1933.)[254]

Stattdessen findet sich als für lange Zeit letzter Tagebucheintrag vom 26. März 1933 - nur wenige Tage nach der eigentlichen „Machtergreifung" der Nazis mit dem „Ermächtigungsgesetz" - ein rätselhaftes, kurzes, gereimtes Gebet aus der Feder Bitters: „Herr, erlöse meine Hände. Herr, erlöse meine Augen. Weil sie sonst zu nichts mehr taugen."[255]

Beklagte Bitter das Schicksal seiner einstigen Mitstreiter von der Linken oder den Pazifisten, wollte er Widerstand leisten und konnte es nicht?

Nur zwei von mehreren möglichen Interpretationen.

Brennender Reichstag, Berlin, 27.02.1933
Quelle: BArch, Bild 183-R99859/Fotograf(in): o. Ang.

So oder so: Die Terrorwelle, die nach dem Reichstagsbrand über Deutschland hinwegrollte, musste über kurz oder lang auch Querdenker wie Bitter mit sich reißen.

„Der Reichstag in Flammen! Von Kommunisten in Brand gesteckt!
Zerstampft den Kommunismus! Zerschmettert die Sozialdemokratie!
Wahlplakat der NSDAP zur Reichstagswahl März 1933
Quelle: BArch, Plak 002-042-157/Graphiker(in): o. Ang., Vlg. Franz Lück

5. Leidensweg durch Gefängnisse und Konzentrationslager: Ibbenbüren, Recklinghausen, Siegburg, Brauweiler und Neusustrum 1933

Hofgang, Zuchthaus Siegburg, ca. 30-er Jahre
Quelle: JVA Siegburg

Kolorierte Zeichnung eines unbekannten Mithäftlings Bitters, 1933
Quelle: Brief Ludwig Bitters an Eltern und Geschwister, 24.09.1933, Bl. 2. In: NLB

Verhaftet wurde Bitter am 21. Juli 1933, einem Freitag kurz vor Beginn der Sommerferien. Eine Hausdurchsuchung bei der Familie förderte zwei Exemplare der Zeitschrift „Vom Frohen Leben" zutage, die die Polizei beschlagnahmte.[256] Auf der Ibbenbürener Polizeiwache wurde Bitter sodann von Amtsinspektor Schöttler vernommen.[257]

In der Erinnerung mancher Ibbenbürener gibt Schöttler keine gute Figur ab. Er kostete den Vollbesitz seiner neugewonnenen Macht zum Nachteil anderer Bürger aus.[258] Bei den gewalttätigen Übergriffen gegen die Juden Ibbenbürens im November 1938 Novemberpogrom 1938 war er einer der Entscheidungsträger, die grünes Licht für die Verfolgung gegeben hatten.[259] Dass er allerdings, wie die Familientradition berichtet[260] , der Anstifter der Anzeige war, die zur Verhaftung Bitters geführt hatte, kann mit guten Gründen bezweifelt werden. Der Vorlauf zur Festnahme sah anders aus.

Während die von den Nationalsozialisten geführte Reichsregierung im März 1933 - unmittelbar nach dem Reichstagsbrand vom 27. Februar, den sie den Kommunisten in die Schuhe schob - vor allem KPD-Funktionäre und andere exponierte Linke verhaften ließ, zog sie in den Folgemonaten in einem zweiten Schritt den Kreis der Verdächtigen weiter. Auch weil sie festgestellt hatte, dass nach dem Erstschlag gegen die KPD rasch neue Strukturen im Untergrund nachgewachsen waren.[261]

In den Mittelpunkt der staatlichen Verfolger rückten mögliche Unterstützer der kommunistischen Bewegung – auch an den Universitäten. Dabei ging es weniger um formale Mitgliedschaft oder gar Funktionen in der KPD. Schon eine unterstellte Nähe zur kommunistischen Ideologie reichte für Festnahmen und Verhöre von Verdächtigen aus. Am 29. Juni 1933 ließ Berlin die Universitäten im Reich wissen, dass Unterstützer der kommunistischen Bewegung vom Studium auszuschließen seien.[262]

In diesem Sinne hatte die Staatspolizeileitstelle in Recklinghausen, die auf das Material der Politischen Polizei der Weimarer Republik zurückgreifen konnte, die ehemaligen Mitglieder des Freien Sozialistischen Studentenbundes bzw. der Sozialistischen Arbeitsgemeinschaft als Kern des Problems in Münster ausgemacht. Ohne dass die Hintergründe ihrer Auswahl ersichtlich sind, griff sich die Gestapo als ersten Verdächtigen Otto Zielke aus Wattenscheid, der zunächst ein „begeisterter Anhänger" des Nationalsozialismus gewesen war. Mitte 1931 hatte er nach intensiverer Beschäftigung mit dem Marxismus und Kommunismus die Seiten gewechselt.[263] Er war lediglich im Wintersemester 1931/32 FSSB-Mitglied, dann noch einmal im Wintersemester 1932/33 (F)SAG-Mitglied. 1933 wollte er eigentlich mit seiner Doktorarbeit beginnen. Die Verhaftung am 7. Juli 1933 durchkreuzte seine Lebenspläne ein für allemal. Zielke gab im Verhör im Polizeipräsidium Recklinghausen Kontakte zur münsterschen KPD zu. Außerdem gab er die Namen von neun seiner ehemaligen Mitstreiter preis.[264] Obwohl in Bitters Nachlass kein Hinweis auf diesen Vorgang zu finden ist, weiß die Familientradition von einem Studenten, der unter der Folter Namen von verdächtigen Kommilitonen preisgegeben haben soll.[265]

Der Leiter der Staatspolizeistelle, Dr. Graf von Stosch bat am 10. Juli den Rektor der Universität um „baldmöglichste" Beibringung aller verfügbaren Informationen über den Verbleib von nunmehr 18 Studenten bzw. Absolventen der WWU. [266]

Diese Liste beinhaltete die wohl von Zielke bereits benannten Personen (Nr. 1-9) sowie neun neue Namen (Nr. 10-18).[267] Hier taucht erstmals Ludwig Bitter als Nr. 10 auf, direkt hinter ihm Friedrich Fütterer als Nr. 11.

Fütterer und ein gewisser Gerhard Welter aus Bielefeld (Nr. 7) waren übrigens die beiden einzigen Nicht-Mitglieder von FSSB/SAG, die Aufnahme in die Liste gefunden hatten.

Eine größere Anzahl von Namen aus den seit 1929 geführten Mitgliederlisten des sozialistischen Studentenbundes kommt in der Anfrage überhaupt nicht vor. Wohl kennt die Liste vom 10. Juli noch Dr. Heinrich Bernds und Rudolf Dannenbaum, die Gründer des FSSB, doch fehlt schon Dannenbaums Vorname. Ohnehin rätselte man, ob er überhaupt noch am Leben sei. Aus dem Münsteraner Helmut Schütz, dem Nachfolger Dr. Bernds als Vorsitzender, wird „Helmuth Schulz". Der Gestapo waren zwar Bitters

Dr. Günter Graf von Stosch, als Leiter der Staatspolizeistelle für den Regierungsbezirk Münster in Recklinghausen Untergebener Klemms (01.04.1933-Ende 1934), Regierungspräsident Münster (1941-1943).
Quelle: LAV NRW W, W 201/Bildersammlung Nr. 1223

Kurt Klemm, Polizeipräsident Recklinghausen (03.03.1933-06.11.1934), Regierungspräsident Münster (1934-1941).
Quelle: LAV NRW W, W 201/Bildersammlung Nr. 1249

Geburtsdatum und Geburtsort bekannt, nicht jedoch seine Ibbenbürener Adresse. Diese und das Datum der Exmatrikulation (8. Februar 1933) trug erst die Universitätsleitung handschriftlich nach, um sie telefonisch an die Gestapo weiterzugeben.[268] Ein weiteres Indiz dafür, dass der Ibbenbürener Amtsinspektor Schöttler nicht die treibende Kraft bei Bitters Inhaftierung gewesen sein konnte.

Alles in allem waren die abgeschöpften Quellen in manchem ungenau bzw. veraltet. Die meisten Verdächtigen hätte die Gestapo einfacher aufspüren können, wenn sie vom Rektorat gleich die Einsichtnahme in alle verfügbaren Mitgliederlisten des FSSB/der (F)SAG verlangt hätte. So oder so: Schon am 13. Juli notierte Rektor Naendrup nach einer Besprechung mit der Stapoleitstelle, dass sich die Liste vom 10. Juli erledigt habe.[269]

Am 25. Juli 1933 lieferte er Graf von Stosch nach einer persönlichen Unterredung vom Vortage[270] eine Liste mit allen (F)SAG-Mitgliedern des Wintersemesters 1932/33.

Zusätzlich benannte er weitere Verdächtige: den Osnabrücker Wilhelm Arenhövel, der im Sommersemester 1932 - dem einzigen Semester seiner Mitgliedschaft – das Amt des zweiten Vorsitzenden bekleidet hatte. Nun verfasse er seine Doktorarbeit. Bei der zweiten nachgemeldeten Verdächtigen handelte es sich um die Luxemburgerin Charlotte Michaux. Zwischen den Zeilen scheint die Möglichkeit auf, dass sie sich nach Paris abgesetzt haben könnte.[271] Sie war zuvor nicht als Mitglied von FSSB oder (F)SAG in Erscheinung getreten.

Nach Otto Zielke war Peter Grotjahn (Nr. 17 der Liste), Sohn eines ehemaligen SPD-Landtagsabgeordneten, am 12 Juli festgenommen, in Recklinghausen inhaftiert und am Folgetag einem Verhör im Polizeipräsidium Recklinghausen unterzogen worden.

Der Hilfsassistent am Englischen Seminar der Universität - immerhin eines der sieben Gründungsmitglieder des FSSB - verwies auf seine nachweislich eher passive Mitarbeit in der Gruppe. Seine innere Distanz zum sozialistischen Studentenbund sei gewachsen. Deshalb sei er freiwillig und aus Überzeugung ausgetreten.[272] Direkt nach seiner Vernehmung konnte Grotjahn das Polizeipräsidium als freier Mann verlassen. Er nahm zunächst seinen Dienst bei Professor Wolfgang Keller, dem ehemaligen Münsteraner Universitätsrektor, wieder auf. Keller hatte sich ausdrücklich für ihn verbürgt. Monate später äußerte Grotjahn, die nationale Einigung durch die neue Reichsregierung erfülle ihn mit großer Freude.[273]

Otto Zielke hingegen wurde vom Studium ausgeschlossen und um den 18. Juli 1933 herum in das KZ Brauweiler eingeliefert, aus dem er nach eigenen Angaben im Dezember 1933 entlassen wurde.[274] Im KZ Brauweiler sollte auch Ludwig Bitter später einsitzen. Sieben Wochen verbrachten Zielke und er in derselben Hafteinrichtung, wahrscheinlich ohne voneinander zu wissen.

Bitter und Zielke blieben allem Anschein nach die einzigen FSSB/SAG-ler, die tatsächlich im Konzentrationslager für ihre politische Vergangenheit büßen mussten.[275]

Donald Degenhardt aus Osnabrück, der ursprünglich in Münster gesucht, aber nicht gefunden wurde, musste bald darauf andernorts für sein Engagement den Kopf hinhalten: Er wurde wie auch Heinrich Degenhardt - vermutlich sein älterer Bruder - von der Universität Marburg relegiert.[276]

Glimpflich davon kamen der schon erwähnte Peter Grotjahn und erstaunlicherweise auch Hans Eigner, immerhin ehemaliger Vorsitzender der FSAG[277], den die Gestapo - grundsätzlich zutreffend - am Oberlandesgericht Hamm vermutet hatte.[278]

Von Mai bis Juli 1933 hatte er sich jedoch in den Niederlanden aufgehalten, um nun aber in das für ihn potentiell gefährliche Dritte Reich zurückzukehren. Er bekundete später: „Nach meiner freiwilligen Rückkehr blieb es jedoch bei einigen Haussuchungen und Vernehmungen durch die Gestapo in Münster."[279] Kurz darauf bestand er die erste juristische Staatsprüfung an der WWU. Von 1934 bis 1937 absolvierte der junge Jurist sein Referendariat im Amtsbezirk des Oberlandesgerichtes Hamm und bestand schließlich die große juristische Staatsprüfung.[280]

Bei einer dritten Gruppe Verdächtiger ist nicht einmal sicher, ob und wie sie überhaupt behelligt wurden.

So konnte zum Beispiel Friedrich Fütterer, der Mitverfasser des Bitter zur Last gelegten kommunistischen Flugblatts, ungestört sein Medizinstudium in Wien und Düsseldorf fortsetzen. 1936 wurde er an der Universität München zum Doktor der Medizin promoviert.[281]

Fritz Niemeyer jun., das einzige Gründungsmitglied des Freien Sozialistischen Studentenbundes, das auch bei dessen Auflösung noch dazugehörte, scheint ebenfalls keine unmittelbar nachteiligen Folgen seiner Aktivitäten gespürt zu haben.

Als Zielscheibe für rechtsextremen Terror hätte er sich geradezu angeboten. Er wohnte fast sein ganzes Studentenleben in seinem Geburtshaus Dammstraße 21, was auch die Anschrift seines Vaters war. Niemeyer jun. war zeitweilig Postbevollmächtigter des FSSB.

Nebenan stand das Gewerkschaftshaus, befand sich die Redaktion der SPD-Zeitung „Volkswille". Die neuen Machthaber hatten Fritz Niemeyer sen. am 2. Mai 1933 zusammen mit zwei weiteren Gewerkschaftern in sogenannte Schutzhaft genommen.[282] Die Münsteraner Gewerkschaftsbewegung war zerschlagen worden.

Dr. Heinrich Bernds stand zwar später als Seelsorger in Uelsen (Grafschaft Bentheim) in heftigen Auseinandersetzungen mit dem NS-Staatsapparat und auch mit der Leitung seiner altreformierten Kirche. 1933 jedoch kam er - von 1932 bis 1934 Vikar in Nordhorn, dann Uelsen - ungeschoren davon.[283] So wie vielleicht auch die anderen Ehemaligen des FSSB/der FSAG, deren Namen gar nicht erst aktenkundig von der Gestapo erfasst worden waren.

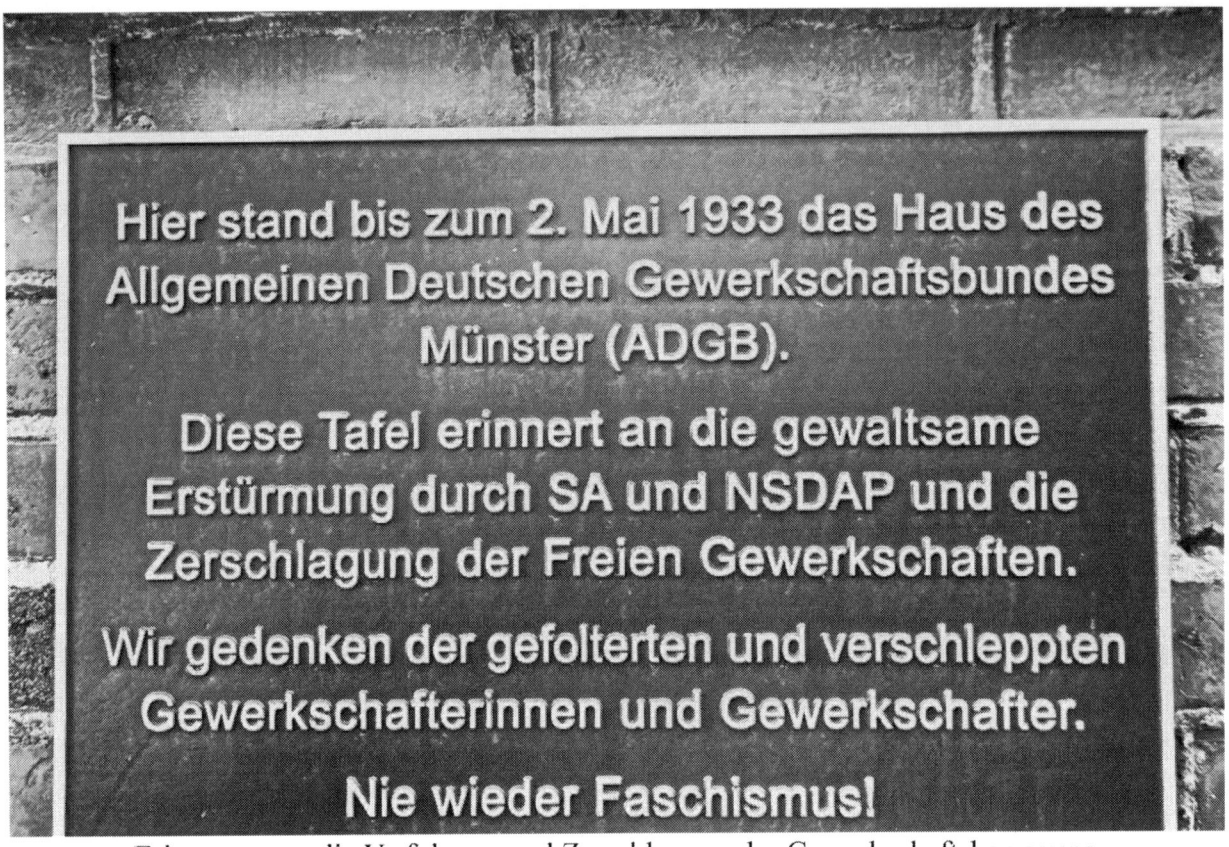

Hier stand bis zum 2. Mai 1933 das Haus des
Allgemeinen Deutschen Gewerkschaftsbundes
Münster (ADGB).

Diese Tafel erinnert an die gewaltsame
Erstürmung durch SA und NSDAP und die
Zerschlagung der Freien Gewerkschaften.

Wir gedenken der gefolterten und verschleppten
Gewerkschafterinnen und Gewerkschafter.

Nie wieder Faschismus!

Erinnerung an die Verfolgung und Zerschlagung der Gewerkschaftsbewegung
in Münster: ADGB-Haus in der Dammstraße. Gedenktafel von 2013
Quelle: Ortgies

Als Grund dieser anscheinend schon damals auffallenden Ungleichbehandlung machte
Hugo Bendiek Bitters unbestreitbare zeitweilige Zugehörigkeit zur KPD, insbesondere
dessen sehr aktiven Einsatz für die Partei geltend.[284]

Seine Annahme dürfte den Nagel auf den Kopf getroffen haben. Außer dem Agitator
Bitter hatte nur Otto Zielke den KPD-Mannen um Albrecht und Steiner ganz konkret beim
Verfassen von Flugblättern assistiert.[285]

Alle anderen konnten anscheinend praktisch-konkret nicht mit der KPD in Verbindung
gebracht werden. Dannenbaum war verstorben und Franz Hahn scheint nie merklich
aktiv geworden zu sein.

In ganz Deutschland wurden in den Jahren 1933/34 gerade einmal 548 Studierende aus
politischen Gründen relegiert. Das entsprach 0,5 Prozent aller Studierenden. Zwei Drittel
dieser vom Studium Ausgeschlossenen waren Kommunisten. Manche hatten allerdings
das Studium schon abgeschlossen.[286] Franz Ballhorn hingegen, ein Münsteraner Student
der Germanistik und Anglistik, der sich in der katholischen Jugendbewegung deutlich
sichtbar engagierte, kam einer drohenden Relegation aus politischen Gründen durch den

Antrag auf Exmatrikulation nach dem Wintersemester 1932/33 zuvor. Nachdem der politische Druck auf ihn dennoch zugenommen hatte, flüchtete er im September 1934 in die Niederlande.[287]

Bitter blieb bis Montag, den 24. Juli 1933, in Ibbenbüren inhaftiert, um sodann der Stapo-Leitstelle Recklinghausen überstellt zu werden. Vorher ließ er der Familie noch eine äußerst optimistische Einschätzung seiner Lage zukommen: „Daran, daß ich mich auf die Fahrt freue, könnt ihr sehen, daß ich ein vollständig reines Gewissen habe. Wie ich Mama schon sagte. Seit 2 1/2 Jahren hab ich mit der K.P.D. oder mit sonst einer sozialist. Organisation nichts zu tun gehabt. Also faßt das Ganze [die ganze Sache: gestrichen] als eine peinliche zwar, aber sonst weiter bedeutungslose Sache auf. - Mit freundlichen Grüßen - Ludwig. Morgen denk ich wieder frei zu sein."[288]

Von seiner Einzelzelle aus gewann er allerdings irritierende Eindrücke von seiner neuen Umgebung: „[Ich] sah durchs Fenster. Etwa 40-60 Männer/Arbeiter (z. größten Teil) gingen zu zweien hintereinander nur an der Wand entlang auf dem Platz herum. Ich sah sofort bekannte Gesichter aus Münster. Keiner ließ sich aber anmerken, daß er mich kannte. Bald verschwanden die Gefangenen und eine einzelne Frau ging nun auf dem Platz umher. Da hörte ich plötzlich furchtbares Schreien und das Klatschen von Schlägen oben aus dem Präsidium herunterhallen. Ich ahnte sogleich, was das war und fragte sogleich die Frau durchs Fenster, als sie wieder daran vorbeikam. 'Wissen Sie das denn nicht?', flüsterte sie vorsichtig und halb zugeraunt. 'Bei den Vernehmungen wird hier doch so furchtbar geschlagen.'"[289] Die Gesprächspartnerin, eine Frau Fischer, ließ Bitter noch wissen, dass sie und ihr Mann für die Ullstein-Presse gearbeitet hätten. Ihren Mann verdächtige man, kommunistischer Kurier zu sein.[290]

Bitter wurde jedoch in den folgenden Vernehmungen, anders als fast alle anderen Häftlinge, nicht geschlagen. Ihm kam es so vor, als erfahre er als Akademiker eine Sonderbehandlung durch einen für den Umgang mit Studierten geschulten Vernehmer. Dieser zeigte sich zu Bitters Erstaunen bestens informiert über ihn und seine sozialistischen und kommunistischen Mitstreiter unter den Studenten Münsters.

Dieser gutinformierte Untersuchungsführer las ihm detaillierte Spitzelberichte aus der demokratischen Zeit vor, darunter einen von März/April 1931, der eindeutig Bitters Abkehr von der KPD bezeugte.[291]

Angesichts dieser Sachlage schien Bitter die Entlassung aus Gestapohaft nur eine Frage von Tagen zu sein – in dieser Fehleinschätzung bestärkt durch seinen scheinbar vernünftigen Vernehmer[292]: „Ich bin heute morgen endgültig vernommen worden. Es handelt sich, wie ich euch schon in Ibbenbüren schrieb, nur um meine Zugehörigkeit zur K.P.D. vor 2 1/2 Jahren. In zwei, drei Tagen bin ich wieder zu Hause. - Mit freundlichem Gruß – Ludwig."[293]

Recklinghausen - Polizeipräsidium

„Die Hölle von Recklinghausen". Ansichtskarte: Polizeipräsidium Recklinghausen,
ca. Mitte der 1920er-Jahre
Quelle: Stadt- und Vestisches Archiv Recklinghausen, FA 3300/1

In Wirklichkeit dachte die Gestapo anders über ihn und plante keineswegs seine Freilassung. Sie vermerkte: „Er ist als Staatsfeind anzusehen. Seine sofortige Entlassung aus jeglichem Beschäftigungsverhältnis ist erforderlich."[294]

Tagelang tat sich in seiner Angelegenheit gar nichts. Stattdessen vernahm Bitter am vierten Hafttag Lärm und Gepolter auf den Fluren. „Zelle für Zelle hörte ich öffnen und einen Mann laut schreien. Neben meiner Zelle schrie er: 'Das größte Schwein im Ruhrgebiet.' Dann wurde meine Zellentür losgeschmissen. Vor mir stand ein dicker, kleiner Mann. Neben ihm und um ihn herum sein Stab! Direkt neben ihm der Beamte, der mich vernommen hatte. Ich wurde angeschrien: 'Name!' Sage ihn. Der Beamte (der mich vernahm) sagte halblaut: 'Ein kathol.[ischer] Lehrer.' 'So! Aha! Schwimmt auch in linkem Fahrwasser. 1 Jahr ins Konz.[entrationslager] nach Papenburg', schreit mich Tenholt an."[295]

70

„Du bist doch ein zu netter Kerl, Schröder — daß man mal ne Leiche im Haus findet, kann jedem passieren!"

Kriminalkommissar Tenholt: „Du bist doch ein zu netter Kerl, Schröder – daß man mal 'ne Leiche im Haus findet, kann jedem passieren!" Karikatur von Th. Th. Heine in der satirischen Zeitschrift „Simplicissimus", Jg. 31, Nr. 20, 16.08.1926. - Tenholt überredet den Mörder in seiner Zelle, jemand anderen – einen Juden – der Tat zu beschuldigen.
Quelle: http://www.simplicissimus.info/index.php?id=5/15.05.2020

Das Regime hatte seine Drohkulisse aufgebaut. Auch wenn Kriminalrat Wilhelm Tenholt, ein besonders brutaler und menschenverachtender Typ[296], in puncto Haftdauer und Haftort nicht das letzte Wort hatte, wurde den Häftlingen klargemacht, dass sie Wachs in den Händen der neuen Machthaber waren. Das Recklinghausener Polizeipräsidium galt als eine der Brutstätten des NS-Terrors in ganz Deutschland.

Bereits am 1. August 1933 erfuhr die Weltöffentlichkeit auf einer internationalen Pressekonferenz in Paris[297] unter anderem auch von den Untaten der Recklinghausener Gestapo: Der kommunistische Reichstagsabgeordnete Albert Funk war am 27. April in den Selbstmord durch Sturz aus dem Fenster im dritten Stock getrieben worden.[298] „Als gefangene Kameraden des Ermordeten, die sich gerade auf dem Gefängnishof befanden, erschüttert aufschrien, rissen die Mörder die Fenster auf und schrien ihnen zu: 'Ihr Moskauschweine könnt hier nachspringen!'"[299] Auf ähnliche Weise wurde der Coesfelder Kommunist Heinrich Vörding am 29. Juli 1933 ermordet.[300]

Nur einen Tag zuvor verlegte man Bitter zusammen mit einigen Mithäftlingen - unter ihnen die Bitter bekannten KPD-Führer Emil Dahlmann und Franz Albrecht - im offenen Lastwagen bei sengender Hitze, bewacht von Polizeikräften, in das Zuchthaus Siegburg. Hier nahm man Bitter erneut , wie die meisten politischen Gefangenen dort, in Einzelhaft.
301

Die Haftbedingungen für die „Politischen" im Siegburger Gefängnis beschreibt er als akzeptabel. Ihre Bewacher waren erfahrene Strafvollzugsbeamte. Belastend waren aus seiner Sicht die unerträgliche Augusthitze, das schlechte Essen und die erzwungene Untätigkeit sowie die Isolation in der Einzelhaft. Man konnte für jeden Tag bis zu drei Zeitungen halten und diese auch weitergeben.[302] „Auch Kassiber wurden ziemlich dreist geschoben."[303]

Hofgänge mit den anderen „Politischen" unterbrachen die Vereinzelung. Sonntags konnten die Häftlinge Gottesdienste besuchen[304] und - was noch viel wichtiger war - dann und wann Besuch empfangen: „Eine große Freude bereitete mir [Bitter] der plötzliche und unerwartete Besuch meines Bruders, der auf dem Rückweg von Trier über Siegburg fuhr."[305]

Hofgang, Zuchthaus Siegburg, ca. 30-er Jahre
Quelle: JVA Siegburg

Postverkehr mit den Familienmitgliedern war erlaubt. In einem seiner Briefe bat Bitter sogar, Rektor Ströhmer von der Amtsrektoratschule darüber zu unterrichten, dass es „vorerst" mit dem Unterrichten vorbei sei. Etwas später sorgte er sich - schon pessimistischer gestimmt - zu Recht, er werde wohl auch die Beschäftigung bei B. [gemeint waren wahrscheinlich Nachhilfestunden in der Familie Brüggen] verlieren, wenn er nicht bis Anfang September freigelassen werde.[306]

Mit Hugo Bendiek in Münster, dem Weggefährten seit Gymnasialzeiten, korrespondierte Bitter indirekt über die Familie, durfte aber bisweilen auch unmittelbar mit ihm schriftlich kommunizieren. Bendiek erwies sich als mutiger Freund und unerschrockener Helfer.

Er scheute sich nicht einmal, die Gestapo-Leitstelle in Recklinghausen aufzusuchen, um persönlich für seinen Freund Ludwig vorstellig zu werden. Vor allem wollte er mit eigenen Ohren hören, was diesem vorgeworfen wurde. Und er erhielt vor Ort – erstaunlich genug – Auskunft von einem Gestapo-Beamten, der ihm Auszüge aus dem Vernehmungsprotokoll vorlas – allerdings absichtlich selektiv und verwirrend.

Bendiek musste sich zudem anhören, „ [...] daß der Pazifismus ebenso wie der Komm. [unismus] aus dem deutschen Volk ausgerottet werden muss."[307]

Diese Position der Gestapo fand ihren Rückhalt in Hermann Görings Weisungen in einem Erlass vom 24. April 1933. Wegen Wiederholungsgefahr seien diejenigen Schutzhäftlinge bzw. KZ-Insassen länger in Haft zu halten, „[...] die sich in der kommunistischen Partei, deren Hilfs- und Nebenorganisationen oder pazifistischen Vereinigungen als führende Funktionäre, Abgeordnete, Versammlungsredner oder in anderer Weise als Agitatoren, insbesondere auch literarisch, bemerkbar gemacht haben."[308]

Dass Bitter allerdings selbst seinen Pazifismus – wie auch sonst alles immer wieder – kritisch durchdenken wollte, ließen die Gestapoleute einfach unter den Tisch fallen. Sie schenkten ihm keinen Glauben, nachdem er zusätzlich von Rücksichtnahme auf die Eltern als Motiv seiner Inaktivität gesprochen hatte.

Akribisch listeten die Vernehmer stattdessen gegenüber Bendiek weitere Aktivitäten auf, die Bitters Systemfeindschaft belegen sollten – angefangen von dem Störungsversuch beim Rosenmontagszug 1930 über ein Flugblatt jener Tage, in dem er zusammen mit Friedrich Fütterer die Nationalsozialisten aufgerufen hatte, gemeinsam mit den Kommunisten für die Weltrevolution zu kämpfen, bis hin zur fehlenden Bereitschaft des Häftlings Bitter, seine Stellung zur NSDAP-geführten Reichsregierung in klare Worte zu fassen.[309]

Es ging vornehmlich um die wahren Gründe seines Austritts aus der KPD. Die Gestapo sah in ihm letztlich einen Menschen mit nach wie vor feindlichem weltanschaulichen Fundament, der nur seinen Eltern zuliebe vorübergehend seine politische Tätigkeit eingestellt hatte. Da half nicht einmal Bitters Hinweis, dass er nicht nur seit Ende 1930 nicht mehr Kommunist war, sondern sogar versucht hatte, die KPD in seinen Vorträgen im Emsland zu entlarven.

Für seinen Freund Bendiek war der Umgang mit einem „Zuchthäusler" mit hohen Risiken behaftet.

Ein Schlaglicht auf seine Situation wirft eine an Hubert Bitter gerichtete Bleistiftnotiz von unbekannter Hand, vielleicht von Ludwig Bitter sen. verfasst: „Lieber Hubert. Wie Bendiek wieder zu Hause war[,] stand sofort Herr Ehlers wieder da und sagte ihm, wenn er sich noch ein bißchen der Sache annehme[,] würde er [Bendiek] in Schutzhaft gesetzt.

Zuchthaus Siegburg, ca. 30-er Jahre
Quelle: JVA Siegburg

Aber große Augen haben Ihnen sagte [korrigiert], er Recklinghausen [...]. Wenn Bendiek da alles [im hat er noch nicht einmal sich

Der „Herr" Ehlers, der von strafversetzte Finanzbeamte gefährlicher, einflussreicher ersten Stunde.[311] Auf ihn und Gründung der Ibbenbürener zurückgehen.[312] Nun auch als sogenannter Drohung mit Schutzhaft zu nehmen. Dies zeigte das siebter Ibbenbürener Kreisverwaltung und von der Polizei 1933 als vorläufig beurlaubt

Otto Ehlers,
Ibbenbürener
Nationalsozialist
der ersten Stunde,
ca.1936
Quelle: LAV NRW W,
K 350/Landratsamt Nr. 1675/
„Münsterischer Anzeiger",
Privataufnahme

sie doch gemacht, wie Bendiek komme soeben von Du wüßtest [korrigiert], was Original: alle] erlebt hat. Dabei drum gekümmert."[310]

Herford nach Ibbenbüren Otto Ehlers, war ein und übergriffiger Nazi der „Teddy" Scheidt soll die SS im Jahre 1932 fungierte er in Ibbenbüren Amtsbeigeordneter.[313] Seine oder KZ war unbedingt ernst Schicksal des Robert W. Als Kommunist von der Tecklenburg nachgemeldet verhaftet, war er am 23. April aus dem Gerichtsgefängnis

Münster entlassen worden. „Aus Freude hierüber" begab er sich sobald zu einem Konzert im „Zentralhof"- in Begleitung seines Vaters, Bruders und dessen Braut.

Die Freude währte indes nur kurz. Denn bei dieser Gelegenheit wurden er und sein Bruder vom „S.S. Führer Herrn Otto Elers [Ehlers]" und einem Begleiter flugs verhaftet. Über die Zwischenstation der Polizeiwache Ibbenbüren mit Verhör durch „Hauptwachtmeister Bertels [Bärtels]" landete er wieder im Gerichtsgefängnis Münster, aus dem er liebend gerne wieder herausgekommen wäre. Allein – Landrat Dr. Schultz kam seiner Bitte nicht nach.[314]

Bendiek selbst schrieb über die Reaktionen seiner Mitbürger und das politische Klima in der Kleinstadt: „Hier in Ibbenbüren will das Gerücht immer noch nicht verstummen, daß ich wohl infolge unserer Freundschaft und meiner von der Polizei mißbilligten Handlungen/Haltungen [?] bei dir [Ludwig Bitter] im Lager wäre!!!"[315]

Mit demselben Brief[316] teilte er seinem Freund mit, dass immerhin der Ibbenbürener Dechant, Pfarrer Pricking, ein Gesuch um Haftentlassung an die Gestapo in Recklinghausen gesandt hatte - wenn auch anscheinend erfolglos.[317] Von kirchlicher Seite sorgte sich noch Kaplan Bernhard Langenbrink um das geistige Wohlergehen des Häftlings Bitter, dem er mehr als einmal Bücherpakete zukommen ließ.[318]

Zuchthaus Siegburg, Gefängniskapelle, ca. 30-er Jahre
Quelle: JVA Siegburg

Bitter erbat sich zusätzlich von der Familie die Zusendung der „Münsterschen Zeitung" und die gleichzeitige Archivierung des Abonnements des „Münsterischen Anzeigers" für die Zeit nach seiner Freilassung. Weiterhin wünschte er sich die Zusendung alter Nummern der Monatsschrift „Der Gral". Diese „katholische Monatsschrift für Dichtung und Leben" - so ihr Untertitel - erschien u.a. in Münster im Verlag Regensberg bzw. Helios. Ihre Initiatoren waren Friedrich Muckermann und Albert Maring, zwei dem Nationalsozialismus offen entgegentretende Jesuiten. Schon 1934 wich Muckermann vor den Nazis ins niederländische Exil in die Grenzstadt Oldenzaal aus.[319]

Aus den Tagen, Wochen und Monaten der Verfolgung ging nicht nur die Freundschaft zwischen Bendiek und Bitter gestärkt hervor. Auch Parteigenossen aus vergangenen Zeiten rückten unerwartet wieder in den Fokus. Wenngleich sich Bitter zum Jahresende 1930 politisch-organisatorisch für immer von der KPD getrennt hatte, kamen ihm in der Haft manche Parteikommunisten menschlich wieder näher – vor allem Franz Albrecht (Jg. 1901), der bis 1933 führende Kopf der Münsteraner KPD.

Im Zellentrakt des Zuchthauses Siegburg –
Essensausteilung, ca. 30-er Jahre
Quelle: JVA Siegburg

Bei der Niederschrift seiner Hafterinnerungen im August 1934 ging Bitter so weit, ihn als Freund zu titulieren, strich den Begriff jedoch durch und nannte Albrecht einen Bekannten.[320] Franz Albrecht blieb Weggefährte im Leid an allen Haftorten Bitters. Seit ihrem gemeinsamen Abtransport von Recklinghausen nach Siegburg hatten die Kampfgefährten von einst darauf geachtet, möglichst nah beieinander zu bleiben. Was ihnen auch gelang.[321]

Am 1. September 1933 wurden beide, bewacht von SS, in „einem vollständig geschlossenen Polizeiauto, das nur Luftlöcher hatte" mit „30 Mann darin gesperrt, wahrhaftig wie Heringe" zusammengepresst und „bei glühender Hitze nach Brauweiler [heute Ortsteil von Pulheim] bei Köln" verfrachtet.[322]

Ursprünglich war das KZ Brauweiler eine „Provinzial-Arbeitsanstalt" und wurde auch weiterhin als solche betrieben. Aber nun hatten die NS-Machthaber der Anstalt eine KZ-Abteilung angegliedert - mit altgedienten Strafvollzugsbeamten und zusätzlichen SS-Leuten als Bewachern.[323]

Bitter und Albrecht landeten im ersten Stock eines Gebäudes (Gebäude B) mit vergitterten Fenstern, in einem Saal mit „30 Mann Belegschaft"[324], dem zwei kleinere Nebenräume angegliedert waren.

Es war wohl nicht die einzige Massen-Zelle in Brauweiler. Paul Heck, ehemaliger KPD-Fraktionsvorsitzender im Gemeinderat von Jüchen, saß von März bis Jahresende 1933 allem Anschein nach in einer anderen Gemeinschaftszelle: „Wir waren 25 Personen in einem Raum untergebracht. [...]"[325] Ebenso erinnerten sich der Remscheider KPD-Reichstagsabgeordnete Florsch und der Kölner Johannes Holler an ihren Aufenthalt in einer großen Gemeinschaftszelle. In Hollers Zelle war Willi Herzog die unangefochtene Autorität.[326] Der Lehrer aus Dortmund-Hörde, der Mitglied der KPD-Bezirksleitung Ruhrgebiet gewesen war, genoss Ansehen im ganzen Block, wenn nicht darüber hinaus. Das zeigte sich bei einem Zusammenstoß der Häftlinge mit der KZ-Leitung, an den sich auch Bitter erinnert. Es ging um den plötzlich aus heiterem Himmel angeordneten Zwangsbesuch von Gottesdiensten: „Auch [für] diejenigen, die offiziell aus der Kirche ausgetreten waren. Alle, auch Juden! Einige [gestrichen von LB] die meisten weigerten sich. Und es ging vor dem ersten derartigen Sonntagskirchgang auf den Fluren laut her. Herzog versuchte nun passiven Widerstand zu organisieren. Es gelang nicht, man war zu sehr eingeschüchtert. Später milderte man die Sache dahin, daß diejenigen, die eine Kirchenaustrittsbescheinigung vorzeigen konnten, nicht brauchten."[327]

Die beiden Neulinge aus Münster bezogen einen der beiden Nebenräume der Gemeinschaftszelle, den sie mit vier weiteren Insassen teilten.[328] Auch wenn vielen die Gewöhnung an die „Völkerwanderung" im Saal und den Nebenräumen schwer fiel, wussten die politischen Häftlinge, die von Bitter so genannten „Kollegen"[329], sich in ihrer schwierigen Lage halbwegs erträglich einzurichten. Das Essen soll sogar genießbarer als in Siegburg gewesen sein. Tagsüber blieben sie sich selbst überlassen, brauchten außer seltenen Küchenarbeiten keine Arbeit zu leisten. Manche trieben Sport auf engem Raum unter Anleitung von Willi Herzog. Auch Ludwig Bitter machte bei ihm mit.[330]

Bitter trieb gerne Sport, was nicht nur seine Studienbücher belegen. Aus seiner Sicht hatte sogar sein ganzer politischer Lebenslauf mit dem Eintritt in einen Arbeitersportverein begonnen[331], wo er in einer Fußballmannschaft spielte.[332] Der Sport hatte sicher sein physisches und mentales Durchhaltevermögen in der Haft gestärkt.

Viele Insassen Brauweilers gingen allen möglichen Spielen nach[333], diskutierten ebenso eifrig wie heftig das politische Geschehen der letzten Monate, dem sie ihre Inhaftierung zu „verdanken" hatten.

Die meisten waren Linke aus der KPD und ihrem Umfeld[334], unter denen Bitter die Rolle des „weißen Raben" spielte: „Da ich mich als Katholik gleich im Anfang bekannte, wurde ich von allen Seiten scharf angegriffen und nach allem Möglichen ausgefragt."[335]

Die große Mehrzahl der KZ-Insassen huldigte einem eher unreflektierten Atheismus. Die Zellengenossen störten sich in den Diskussionen mit Bitter an sittlich-moralischen Verfehlungen von ihnen bekannten katholischen Priestern. Diese Vorfälle hängten sie allerdings nicht so hoch wie ihre allgemeinere Kritik an der Kirche als Stütze des Kapitalismus.

Diesen Punkt konnte und wollte Bitter nicht einmal abstreiten. Er argumentierte mit dem kapitalismuskritischen Jesus. Die sittlich-moralischen Entgleisungen katholischer Kleriker hingegen sah er nicht als ein Strukturproblem der katholischen Kirche, sondern als individuelles Versagen. Ruhe gaben seine Kontrahenten nicht: „Und so kam Angriff auf Angriff."[336]

Bitter empfand seine Situation in der Häftlingsgemeinschaft als nicht ganz ungefährlich. Doch kann man vermuten, dass seine gute Beziehung zu Albrecht Eindruck machte. Außerdem hatte er sich mit Paul Pawlowitsch, einem von allen wohlgelittenen jugoslawischen Kommunisten[337], ein wenig angefreundet. „Er war ohne Frage der geistige Kopf bei uns."[338]

Mit ihm wie auch mit dem eher feindseligen KPD-Funktionär Martin Hoffmann aus Essen, dem zeitweiligen stellvertretenden Chefredakteur des kommunistischen „Ruhr-Echos"[339], diskutierte er auf einem höheren intellektuellen Niveau als dies mit den anderen Gefangenen möglich war – zum Beispiel über sein Verhältnis zum christlichen Glauben und zum Kommunismus. „Er [Paul Pawlowitsch] gab zu, daß es eine letzte rätselvolle Kraft-Macht geben müsse. Aber über das hinaus könnten wir nichts wissen. Wir hätten auch keine Zeit, unser Leben mit dem Grübeln darüber zu verbringen. Wir müßten erst soziale, wirtschaftl. Ordnung schaffen und dann käme erst das andere."[340]

Martin Hoffmann hingegen zeigte sich nach einem – in Brauweiler wie schon in Siegburg möglichen – Kirchgang mit Bitter geradezu angeekelt von der religiösen Zeremonie.[341] Hoffmann war noch kurz zuvor enger Mitarbeiter von Alexander Abusch gewesen, dem Herausgeber des „Braunbuches" über die Machenschaften des Hitler-Regimes. Mit diesem von Willi Münzenberg angestoßenen Projekt konnten KPD-nahe Kreise im Pariser Exil einen riesigen Erfolg im Kampf gegen die Nazis verbuchen.[342]

Grundsätzlichere Diskussionen mit Hoffmann verliefen im Sande. Bitter und Hoffmann konnten schon deshalb auf keinen gemeinsamen Nenner gelangen, weil beide zugaben, dass man für einen wirklichen - also wissenschaftlichen - Gedankenaustausch auf im KZ nicht zu beschaffende Werke zurückgreifen müsse. Angesichts dieses Dilemmas stellten beide ihre Diskussionen ein.

Während Paul Pawlowitsch Bitter für sich einnahm durch seine offenkundige Opferbereitschaft, Willenskraft, Freundlichkeit und Ernsthaftigkeit, störte sich Bitter an einigen Charakterzügen Hoffmanns. In seinen Augen verkörperte dieser den typischen Fall des von der Masse abgehobenen intellektuellen Funktionärs. Damit fehle ihm die Autorität gegenüber den einsitzenden Arbeitern. Hoffmann habe es erfolgreich verstanden, einen seiner Mithäftlinge zur Abortreinigung einzusetzen. Diese Arbeit musste zwar turnusmäßig von jedem geleistet werden, sei Hoffmann aber zuwider gewesen. Von seiner Frau habe er häufiger gut bestückte Pakete erhalten, deren Inhalt er – anderes als andere - meist nicht zu teilen gedachte. Ihm sei es so gut gegangen, dass er es sich leisten konnte, das KZ-Essen stehen zu lassen, wenn es ihm nicht schmeckte.[343]

Martin Hoffmann, 30-er Jahre
Quelle: LAV NRW R,
RW 58 Nr. 29635 Bl. 027

Ein dritter Häftling mit höherem Bildungsstand war ein von Bitter nur mit Vornamen genannter August aus Velbert. Dieser hatte in Kontakt mit dem Bitter bekannten Velberter Studienrat Nikolaus Ehlen gestanden. Ernst Thrasolt hatte Ehlen einst an die katholische Friedens- und Jugendbewegung herangeführt. Die Bergpredigt Jesu war Ehlens Richtschnur. Lebensreform, Natur- und Heimatverbundenheit waren seine Themen jenseits der Friedensarbeit. Nach seinem Ausschluss aus der Zentrumspartei hatte Ehlen bei den Reichstagswahlen 1928 als Spitzenkandidat für die radikalpazifistische Christlich-Soziale Reichspartei kandidiert, aber keinen Reichstagssitz gewonnen.[344] Vom NS-Regime war er im Sommer 1933 kurzzeitig verhaftet worden.[345]

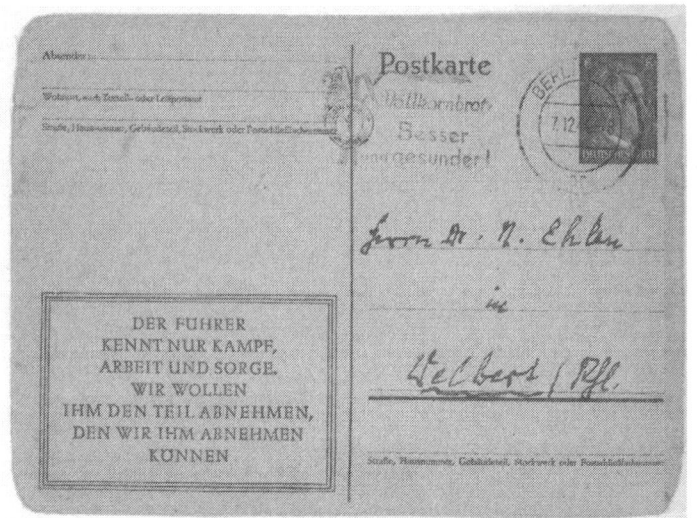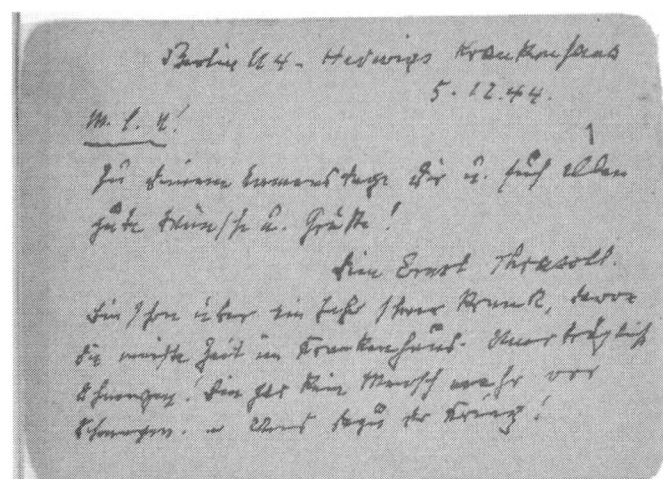

Letzte Zeilen Ernst Thrasolts kurz vor seinem Tod
Ende 1944 an Nikolaus Ehlen in Velbert.
Quelle: LAV NRW R, RWN 0215 Nr. 50a

Die Behandlung durch die Wärter in Brauweiler empfand Bitter als ziemlich menschlich.[346] Diese Empfindung deckt sich mit der Erinnerung anderer Insassen und der Darstellung des katholischen Anstaltsgeistlichen Wilhelm Thewissen.[347]

Eine Schutznische im Lagersystem war Brauweiler jedoch nicht: „Auch wenn die Häftlinge im Lager Brauweiler selbst nicht misshandelt wurden, blieb es doch ein notwendiges Element im Netzwerk der Nazi-Terrormaßnahmen, durch die 1933/34 insgesamt 60.000 vor allem kommunistische, aber auch sozialdemokratische Männer und Frauen verhaftet wurden; 2.000 kamen dabei zu Tode."[348]

Nach Belieben wurden Häftlinge von NS-Schlägertrupps aus der Einrichtung abgeholt und an anderen Orten   gefoltert.[349] Manche wurden danach an das KZ Brauweiler rücküberstellt. Viele waren schon vor ihrer Einlieferung brutal zusammengeschlagen worden.[350]

Der Kölner Johannes Holler, Insasse eines der Säle, erinnerte sich an seine Mithäftlinge: „Sie alle waren durch die Abteilungen der politischen Polizei von Recklinghausen, Essen, Dortmund, Bottrop, Düsseldorf und andere Städte geprügelt worden, nicht anders als in Köln, wobei Recklinghausen mit ihren [sic!] Beamten Tenholt und Läufgen[351] sich wohl als die Widerwärtigsten hervortaten. Von ihren Opfern lag hier eine ganze Abteilung im Lazarett mit den gräßlichsten Wunden."[352] Auch Ludwig Bitter erinnerte sich an einen schwer misshandelten Neuzugang aus Köln. Der Häftling Sattler „hatte noch das Gesäß blau von Schlägen"[353]

Die Zeit der politisch-weltanschaulichen Diskussionen, der erzwungenen Untätigkeit im KZ Brauweiler endete für Bitter und Albrecht am 20. Oktober 1933. Sie gingen „auf Transport" nach Papenburg, wie sie schon vorher über „Scheißhausparolen" erfahren hatten. Ludwig Bitter stand zwar nicht auf der Liste, die kurz vor dem Abmarsch verlesen

80

wurde. Doch im letzten Moment, schon nach der Verabschiedung von Franz Albrecht und einigen anderen, wurde er der Gruppe plötzlich hinterhergetrieben.[354]

Nun quälte ihn ein besonderes Problem, das sich bis zum Ende seiner KZ-Tage bemerkbar machen sollte: „An die 300 Mann waren wir, jeder seinen Karton bei sich. Ich mußte einen ganzen Karton voll Bücher schleppen, die Kaplan Langenbrink mir aus Ibb. nach Siegburg geschickt hatte."[355] Somit hatte Bitter also zwei schwere Kartons zu tragen.

Nach kurzer Nacht in einem alten Kölner Zuchthaus ging es frühmorgens um vier Uhr zum Gefängniszug - wie bei den vorherigen Transporten wieder mit zu viel Hitze und zu wenig Frischluft im Zellenwagen. Die Albrecht, Bitter und einem weiteren – namentlich nicht genannten – Münsteraner zugeteilte Zelle war „höchstens für 2 Mann berechnet".[356] Der Hiltruper KPD-Funktionär Emil Dahlmann, den beide in Brauweiler aus den Augen verloren hatten, war schon am 11. Oktober 1933 in das Emsland-KZ Esterwegen abtransportiert worden.[357]

Durchs Ruhrgebiet fuhr der von 30-40 Polizisten bewachte Transport über Münster und Rheine nach Lathen an der Ems. „Die Beamten sagten uns schon einige Stationen vor unserem Bestimmungsort, wir sollten ja gut unsere Pakete verschnüren, wenn [?] nötig, wer 2 Pakete hätte, so daß man sie über die Schulter hängen könnte. Ich hatte deswegen auch schon eine schwarze Turnhose bereit[,] um sie um den Bindfaden auf der Schulter zu wickeln."[358]

Mit der Ankunft des Zuges gegen 16.30 Uhr übernahm ein ungefähr 40 Mann starker SS-Trupp das Kommando auf dem Lathener Bahnsteig. Vor den Augen von Kindern und Jugendlichen wurden die ca. 320 Häftlinge unter Geschrei und Geschimpfe von der Plattform getreten. „Hier schrie mich schon einer an: 'Was willst du denn hier mit der Badehose, baden?' Ich ziemlich frostig: 'Nein!' Da wurde er schon wütend und schrie 'Du kannst sie schon brauchen, sollst mal sehen, du kannst schon ans Schwitzen kommen."'[359]

Danach trieb man die Häftlingskolonne unter Absingen des Deutschlandliedes durch den Ort.

Als Lathen außer Sicht war, verschärften die Bewacher die Gangart. Mit plötzlich wechselnden Kommandos - erst „Laufschritt! Marsch! Marsch!", dann „Halt!" - provozierten die SS-Männer Stürze im Zug der Gefangenen.

Immer wieder wurden einzelne Gruppen herausgerufen: „Juden heraus!", „S.P.D.-Funktionäre heraus!" usw. Wer heraustrat, wurde an der SS-Postenkette entlang mit Schulterriemen und Gewehrkolben nach vorne getrieben - und von dort unter Schlägen wieder zurück. Der Truppführer benutzte hierfür einen eigens dafür angefertigten Eichenknüppel.[360]

Bitter kämpfte weiter mit dem Bücherproblem: „Und das alles mit leichteren oder schwereren Paketen [der Häftlinge]. Ich hatte wie gesagt zwei zu tragen. Und immer die Angst, daß der Bindfaden riß. [Kaplan] Langenbrinks wertvolle Bücher wären rettungslos verloren gewesen. Ich hatte Glück, d. Band hielt. Zudem da ich ein Paket auf dem Rücken hängen hatte[,] habe ich den Schlag mit dem Schulterriemen und den Kolbenstoß, die/den ich abkriegte, kaum gespürt. Mit einemmal hieß es: 'Wo ist der Kerl mit der Badehose?' Ich war erst ganz rechts außen gegangen, als ich den Ruf hörte von dem Kerl mit der Badehose, verdrückte ich mich ganz nach links und bin von da an ganz links marschiert."[361]

Dass diese Taktik Bitters mehr als berechtigt war, bestätigt das allgemeine Urteil des Historikers Dirk Lüerßen: „Grundsätzlich hatte es fatale Folgen, wenn ein einzelner Gefangener – aus welchen Gründen auch immer – auffiel. Bei seiner Ankunft in Dörpen [Bahnhof] wurde Hermann Kempf [ein anderer Häftling] von einem Polizei-Wachtmeister des Begleittrupps bei der SS denunziert, nachdem er während der Bahnfahrt abfällige Äußerungen über das Militär gemacht hatte. Die SS schikanierte ihn sofort auf besondere Weise."[362]

Schließlich, als es in einem Waldgebiet düsterer und einsamer wurde, fielen erste Schüsse, die die Neuzugänge noch mehr erschrecken sollten.[363] Der Marsch über vierzig Kilometer an den Rand des Lagers Neusustrum endete gegen 21.30 Uhr mit der Verladung der erschöpften Marschierer auf die Loren einer Feldbahn, mit der sie direkt in das Lager hineinfuhren. Fast alles, was die Häftlinge auf den Transport mitgenommen hatten, mussten sie abgeben, bevor sie auf die insgesamt zehn Baracken verteilt wurden. Verpflegung gab es keine. Für Schlafplätze in den Baracken war nicht gesorgt.

Noch am ersten Abend, bei der Verteilung auf die Unterkünfte, wartete eine große Überraschung auf Ludwig Bitter. Der Bewacher, der ihn in Baracke Nr. 1 abführte, war ein „sehr gut bekannter S.S.Mann"[364] aus Ibbenbüren namens Tautz[365], mit dem er aber nur ganz kurz sprechen konnte. Mit den bisherigen „Bewohnern" traten die „Neuen" sofort in einen intensiven Austausch: „In der Baracke 1 waren fast nur Schlesier untergebracht, darunter viele alte Leute. Sofort ging es natürlich ans Ausfragen. Wo kommt ihr her? usw. usw. und ans Erzählen. Sie erzählten uns, was in den 4 Wochen, die sie schon da waren, passiert war. Das Lager war am 1. Oktober eröffnet worden. Auf jeden Fall waren sie der Meinung, dass es mit uns auf dem Weg von Lathen ins Lager noch glimpflich abgegangen sei."[366]

Am nächsten Tag, einem Sonntagmorgen, an dem die Neuen in der Baracke immer noch ohne Nahrung blieben, „schreit ein Häftling durch den Schlafraum. Ist hier ein Bitter, er soll sofort an den Stacheldraht kommen. Ich heraus an den Stacheldraht: 'Kennst du mich?', fragt der Posten am Stacheldraht schon. Ich: Dem Gesicht nach wohl. Der Name fällt mir gerade nicht ein. 'Ich bin Caesar aus Ibbenbüren.'"[367] Damit war das Gespräch beendet. Die beiden so unterschiedlichen Ibbenbürener hatten sich im tiefsten Wortsinne nichts zu sagen.

Ähnlich seltsame Begegnungen dieser Art fanden in den KZs anscheinend häufiger statt: „Nicht unüblich schien es im Sommer und Herbst 1933, daß 'Konzentrationäre' und SS-Bewacher aus einem Ort stammten oder gar persönlich bekannt waren."[368] Die vier schon vorher verhafteten führenden Ibbenbürener Kommunisten sollen „mit einiger Sicherheit [...] jenen im Konzentrationslager Börgermoor eingesetzten SS-Leuten aus ihrem Heimatort begegnet sein."[369]

Neusustrum: Blick auf das Lager
vom Wachturm, o. J.
Quelle: By Unknown — Unknown,
CC BY-SA 3.0.
https://commons.wikimedia.org/w/ index.php?
curid=18983416

Ewald Caesar, 1934
Quelle:BArch: NSDAP-Mitgliederkartei, NSDAP-
Zentralkartei: Nr. BArch, R 9361-VIII Kartei / 4980392

Ins Emsland-KZ Börgermoor waren sieben SS-Angehörige aus Ibbenbüren abkommandiert worden.[370] Ob Tautz und Caesar von dort in das KZ Neusustrum gewechselt waren, bleibt offen. Vielleicht zählten sie ursprünglich zu den sieben Abkommandierten.

Anscheinend gab es in Neusustrum noch einen dritten Ibbenbürener SS-Mann als Bewacher. Ludwig Bitter schildert das erste Zusammentreffen mit ihm so: „Wir kamen nachmittags gegen 3 Uhr von der Arbeit am Moorgraben. Alles stürzt an die Pumpe, auch ich. Habe gerade die Hände mit Sand eingeschmiert, ruft man 'Bitter!' [unterstrichen von LB]. Ich zurück zur Baracke. Vor ihr steht Tautz und noch ein SS-Mann aus Ibbenbüren, außerdem noch 1-2 andere SS-Leute. Der SS-Mann aus Ibbenb. (Tautz nicht!) schnauzt mich an, daß es eine Art hat. Ob ich Pazifist wär, ja, sage ich, und ob ich es bleiben wolle, ja, sage ich. Seine Wut ist fast grenzenlos. Am liebsten, sagt er, schreit und streckt den Arm aus 'möchte ich dich zu Grieß hauen!'"[371]

Hingegen versuchte Tautz, Bitter in ruhiger und sachlicher Weise davon zu überzeugen, dass man als Christ bzw. Katholik gar kein Pazifist sein müsse. Diese Weisheit habe er von dem Ibbenbürener Kaplan [Bernhard] Brinkmann[372], den er auf Heimaturlaub aufgesucht habe.[373]

Vorteile brachte die Bekanntschaft mit Ibbenbürener SS-Leuten also nicht unbedingt. Über Tautz, der sich anscheinend noch als katholischer Christ verstand, notierte Bitter allerdings, dass er sich nicht nur ihm, sondern auch den anderen Häftlingen gegenüber einwandfrei benommen habe.[374]

Seine Feststellung ist vor dem Hintergrund von Gemeinheiten und Gewalttaten zu sehen, zu denen sich manche SS-Schergen hinreißen ließen. Einige dieser Akte hatte Bitter selbst miterleben müssen.

Schon am ersten Morgen im KZ Neusustrum traf er den Münsteraner Leidensgenossen Dreyer[375] mit verweintem Gesicht auf dem Lagerhof an. Diesen ebenso starken wie großen jungen KPD-Mann hatte man zusammen mit Franz Albrecht auf die Wache beordert. Das Wachgebäude befand sich vor dem eigentlichen Lager. Dort zwang man Dreyer, den körperbehinderten Albrecht nach Strich und Faden zusammenzuschlagen.[376] Damit nicht genug, hatte der Ruf gelautet: „Alle Leute aus Münster zur Wache kommen!"

Kurz danach befahl ein KZ-Wachmann dementsprechend auch Bitter auf die Wache, mit dem man wahrscheinlich das jämmerliche Spiel fortsetzen wollte. Zum Glück für ihn war gerade Wachwechsel, sodass der Posten am Tor ihn nicht passieren ließ. Nachdem Bitter absichtlich länger gezögert hatte, den Posten wieder um Durchlass zu bitten, tauchte zufällig eine Besichtigungskommission vor dem Lager auf. Nun erst bat Bitter wieder um Durchlass: „ Man jagte mich fast ins Lager zurück."[377]

Auch sonst fielen die Eindrücke vom ersten Tag ernüchternd aus: „Wir durften auf dem Lagerhof frei herumgehen. Natürlich hielt sich jeder von den Posten in nötiger Entfernung. Also suchte sich jeder seine Bekannten und erkundigte sich, wie [e]s ihnen gestern ergangen war. Die Stimmung war sehr mies. Die alten Lagerinsassen hatten uns neuen die Hölle heiß gemacht. Zum Überfluß sahen wir dann draußen vorm Lager einen Sarg auf eine Lore laden und abfahren. Im Laufe der nächsten 3 Tage habe ich so noch 3 Särge wegfahren sehen. Über die Toten (und wie sie zu Tode kamen) kann ich keine näheren Angaben machen."[378]

Von sonntäglichen Gottesdiensten wie im Zuchthaus Siegburg oder selbst noch im KZ Brauweiler schreibt Bitter nichts. Wenngleich Geistliche wohl dann und wann in die Emsland-KZs kamen, war „die seelsorgliche Betreuung in den frühen KL [Konzentrationslagern] im Emsland […] nur sehr sporadisch. Im KL [Konzentrationslager] Oranienburg gab es hingegen bis zum 15. August 1935 jeden Sonntag einen Gottesdienst."[379]

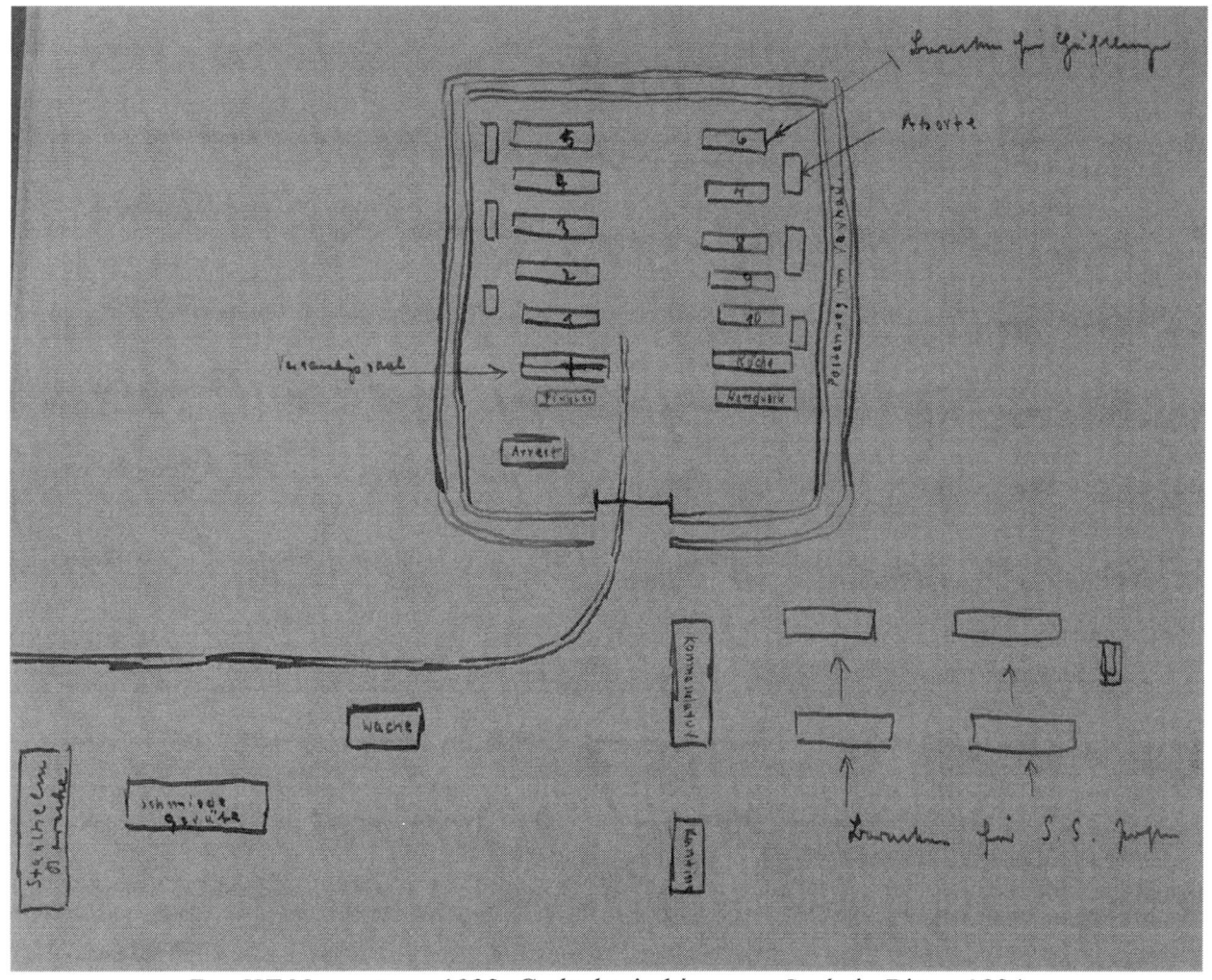

Das KZ Neusustrum 1933: Gedächtnisskizze von Ludwig Bitter, 1934
Quelle: KZ-Tagebuch. In: NLB

Der Alltag der KZ-Insassen bestand hauptsächlich im Ausheben von Moorgräben, Planierungs- und Straßenbauarbeiten - Tätigkeiten, die nach Bitters Einschätzung eigentlich noch auszuhalten gewesen wären. Da jedoch die Verpflegung äußerst mangelhaft war, setzte die Zwangsarbeit den entkräfteten „Moorsoldaten" täglich mehr zu.

Außerdem ließen sich die SS-Wachleute gerne zusätzliche Schikanen einfallen. Hierzu gehörte das permanent eingeforderte „fröhliche" Singen bei der Arbeit und beim An- und Abmarsch zu den Arbeitsstellen, die zu Fuß meist 30-40 Minuten entfernt lagen.

Dauerndes Schreien und Anschnauzen der Bewacher gehörte ebenso zur „Begleitmusik" der Zwangsarbeit. Ging es mal nach Meinung eines SS-Herrenmenschen nicht schnell genug voran, setzte es Ohrfeigen oder Schaufelhiebe.

„Wir sind die Moorsoldaten". Text des Liedes der Häftlinge in den Emsland-KZs (Autor: Wolfgang Langhoff/Johann Esser; Komponist:Rudi Goguel; 1933). *Quelle:https://de.wikipedia.org/wiki/Die_Moorsoldaten/ 24.03.2020.Liederblatt von Hanns Kralik, Häftling im KZ Börgermoor 1933–1934.*
Quelle: Frank Vincentz - Eigenes Werk, CC BY-SA 3.0,https://commons.wikimedia.org/w/index.php?curid= 64204387.

Einen solchen Hieb musste auch Ludwig Bitter einmal bei der Arbeit mit dem Kurzspaten im schweren Sand hinnehmen.[380]

Bitter berichtet von Schlägen mit dem Schaufelstiel, die einem angeblichen Sprengstoffdieb öffentlich zuteil wurden. Ein Jude sei gezwungen worden, zwei Stunden lang seinen Essnapf mit Sand zu scheuern, weil dieser nicht sauber genug gewesen sei. Ein anderes Mal wurde Bitter Zeuge, wie ein Scharführer einen jüdischen Mithäftling mit Fußtritten malträtierte, weil dieser seine Arbeitskolonne beim Singen wohl nicht richtig „dirigierte". Dazu hatte der SS-Mann dem Opfer einen Knüppel in die Hand gedrückt, mit dem der Häftling nun die etwa zehn Juden aus dem Trupp weiter „dirigieren" sollte. Sie mussten singen, durften aber hierfür nicht das Deutsche verwenden, sondern sollten griechisch, lateinisch oder hebräisch singen.[381] Zu diesem Vorfall merkt Bitter an: „Der Scharführer vom Dienst war an diesem Tag offensichtlich betrunken. Sein Sprechen war nur noch ein widerliches Gröhlen."[382]

Mit insgesamt 100 Mann war Bitter am dritten Lagertag in die gegenüberliegende Baracke Nr. 10 verlegt worden.

Mit Ausnahme von Schlafgelegenheiten (Doppelstockbetten) mangelte es an allem, was Menschen zur Erfüllung ihrer alltäglichen privaten Bedürfnisse brauchten. Nur ein Beispiel: „Messer, Gabel, Teller, Löffel habe ich die ganzen 15 Tage, die ich dort war, nicht gehabt. Wir haben uns wirklich Holz-Löffel schnitzen müssen [unterstrichen von LB]."[383] Arbeitszeug und Bettzeug wurde den Neuen erst nach acht Tagen zugeteilt.

Toilettengänge zur Abortbaracke waren zeitweilig ab 22 Uhr verboten - unter Androhung von Schusswaffengebrauch.[384]

Kommandant des KZ Neusustrum, Emil Faust, 1933

Quelle: BArch, NSDAP-Mitgliederkartei, NSDAP-Zentralkartei:Nr. BArch, R 9361-VIII Kartei/ 8801393.

Nach 1945 wurde vor Gericht die besondere Schuld des KZ-Kommandanten Emil Faust an der Gewaltexplosion in Neusustrum festgestellt. Wenn er zum Beispiel in der Nähe einer Häftlingskolonne auftauchte, trieben die Bewacher ihre Opfer mit vermehrter Schlagkraft an.[385] Faust war schon seit seiner Jugendzeit als gewalttätiger Kleinkrimineller aufgefallen. Im bürgerlichen Berufsleben fasste er nie richtig Fuß.[386] Selbst in der Nazi-Bewegung, auch unter seinesgleichen bei der SS, stand er im Ruf, sich wenig um Regeln zu scheren. In Neusustrum hatte er den Kommandantenposten nur vom 27. September bis zum 6. November 1933 inne. In den ersten drei Wochen seiner Tätigkeit wurden vier Häftlinge von den Wachmannschaften ermordet. Faust war in jeden dieser Vorgänge involviert. Er erhob selbst grundlos die Hand gegen wehrlose Gefangene. Die sadistischen Züge seines Charakters fanden ihre Entsprechung in Untaten des Lagerarztes Dr. Thiel, eines Häftlings, der offensichtlich in einem privilegierten Verhältnis zu Faust stand.[387]

Bitter war nur etwas länger als zwei Wochen im Lager, während derer er den gefürchteten Kommandanten selten, den Arzt gar nicht zu Gesicht bekam. Allerdings war, was Bitter wusste, der Lagerarzt als Alkoholiker übel beleumdet.[388]

Die vier Morde, für die Faust mitverantwortlich war, hatten alle vor Bitters Einlieferung stattgefunden. Doch als er eingeliefert wurde, lagen zwei Morde erst einen Tag, ein dritter Mord zwei Tage zurück.

Die Schlesier in Baracke Nr. 1 hatten ihn und die anderen Neulinge gleich am ersten Abend mit ihren Erzählungen gehörig erschreckt: „Es sei bei einem der letzten Transporte ein Jude erschossen worden. Er solle von der Lore herunter gesprungen sein. Und dann erzählten sie von Dingen, die wir nicht glauben wollten. Ein Russe sei erschossen worden. Auf der Flucht, habe es geheißen. In Wirklichkeit aber habe man ihm befohlen, daß er dorthin zu laufen [fehlendes Wort oder Satzteil] und dann sei er von hinten erschossen worden. Ein Polizeibeamter solle sich [...] in der Latrine erhängt haben. Ein alter Mann behauptete gesehen zu haben, daß man den Toten hinbrachte in d. Latrine[,] um später sagen zu können, er habe sich erhängt."[389]

Hier lässt sich beispielhaft aufzeigen, wie Bitters Erinnerung und die seiner Gewährsleute arbeitete. Zwar weiß er fast zehn Monate nach den Erzählungen nicht mehr, dass es vier Morde waren, sondern zieht sie zu drei Fällen zusammen. Ansonsten aber berichtet er über die Vorgänge in prägnanten Punkten genau das, was er selbst von den Schlesiern erfahren hat.

Vor Gericht wurden später in diesem Zusammenhang als Opfer die KZ-Insassen Isaak Baruch, Paul Guse, Simon Koje und Wilhelm Wieden [390] namhaft gemacht. Simon Koje war der angeblich auf der Flucht am 10. Oktober erschossene Russe. Der noch jugendliche Häftling Wilhelm Wieden wurde am 19. Oktober gleich bei dem Transport vom Bahnhof Dörpen ins Lager von einem SS-Mann von der Lore gestoßen, danach von einem anderen SS-Schergen wegen vorgeblichen Fluchtversuches erschossen. Er war sehr wahrscheinlich kein Jude – wohl aber Isaak Baruch, der am 20. Oktober auf dem Rückweg von der Arbeit erschossen wurde, weil er nicht mitsingen wollte. Ihm zur Hilfe eilte Paul Guse, ein Polizeibeamter aus Wuppertal, der daraufhin selbst misshandelt und schließlich erschossen wurde. [391]

Nach Bitters Erinnerungen wurden Juden öfter als andere Häftlinge Opfer von erniedrigender oder verletzender Sonderbehandlung – eine Einschätzung, die ein heutiger Historiker bestätigt: „Besonders schwere Torturen mussten jüdische Schutzhäftlinge, fast immer schon bei der Ankunft im Emsland, über sich ergehen lassen. Noch auf dem Bahnhof kamen sie zumeist in ein 'Sonderkommando', dem außerdem kommunistische Funktionäre, Zuhälter, Zeugen Jehovas und weitere vermeintliche Erzfeinde der Nationalsozialisten zugeteilt wurden. Diese Gruppe musste fortan schlimmste Misshandlungen ertragen. [392] Ein Beispiel von mehreren aus Bitters Notizen: „Ein Jude im Lager trug viele ungeheilte Wunden am Kopf und an den Händen, Armen." [393]

Denkbar, jedoch nicht beweisbar ist, dass sich Bitters Beobachtung auf Ludwig Pappenheim bezog, einen SPD-Politiker jüdischer Herkunft aus Mitteldeutschland. „Ein [anderer] Mithäftling Pappenheims berichtete, dass dieser vom ersten bis zum letzten Tage seiner Haft [4. Januar 1934] von den Wachmannschaften schikaniert, geschlagen und misshandelt worden sei." [394] Mehrere Wachleute seien auf ihn „scharf gemacht" worden. Er wurde mit Scheinhinrichtungen gequält. [395]

Ein anonymer Mithäftling fährt fort: „Zu Weihnachten kam er wieder in den Bunker [verschärfte Haft], nachdem man ihn schon vorher täglich Weihnachtsgedichte lernen ließ, die er abends zum Ergötzen der Wachen aufsagen musste [...]. Am Weihnachtsabend schleppte man ihn ins Casino, wo die Wachmannschaften und verschiedene Frauen waren. Dort wurde er verhöhnt, musste der jubelnden Gesellschaft Gedichte vortragen und Lieder singen, wurde dann mit Fußtritten wieder in den Bunker geworfen." [396]

Kurz nach Neujahr 1934 wurde er von zwei Bewachern außerhalb des Lagers hinterrücks erschossen. [397] Dieses Vorgehen erinnert an die Erzählungen der Schlesier aus Baracke Nr. 1.

Ludwig Pappenheim (1887-1933), o. J.
SPD-Politiker aus Schmalkalden, ermordet im
KZ Neusustrum
Quelle: Stadt-und Kreisarchiv Schmalkalden.
Nachlass Ludwig Pappenheim

Bitter steuert in seinem KZ-Bericht noch eine judenfeindliche Gewalttat bei, bei der er selbst nicht zugegen war: „Über die Mißhandlung eines Juden berichteten die alten Männer (50-60 Jahre alt) [die Schlesier aus Baracke Nr. 1] folgendes. Sie hätten einen Juden in der Baracke gehabt. Nachts seien Posten in die Baracke eingedrungen und hätten den Juden vor ihren Augen mit Kolbenstößen mißhandelt. Unter dem Vorwand, der Jude sei nicht sauber, habe er (der Mann, der mir das erzählte) den nackten Körper des Juden[,] der grün und blau gewesen sei[,] mit einer scharfen Bürste abbürsten müssen. Und da er aus Mitleid nur sachte gebürstet habe[,] hätte man ihn gezwungen, kräftig drüber zu fahren, nachts habe man ihn [den Juden] gezwungen[,] sich draußen auf dem Hof zu waschen.

(Was weiter mit d. Juden passiert ist, weiß ich nicht mehr. Wenn ich nicht irre, war er in ein anderes Lager gekommen.)"[398]

Untersucht man Bitters allgemeine Stellung zum Judentum und dem damaligen Antisemitismus, fällt auf, dass ihn dieses Thema - obwohl doch eines der dominierenden seiner Zeit - eher am Rande beschäftigte.

Er konstatierte zwar den besonderen Opferstatus jüdischer Häftlinge, verband diesen aber nicht mit dem schon lange virulenten Antisemitismus in Staat und Gesellschaft. Dabei befanden sich beispielsweise auch Juden unter seinen akademischen Lehrern, von denen zumindest einer, der Prager Germanist Dr. Georg Stefansky, schon zu Weimarer Zeiten wegen seiner Herkunft Diskriminierungen erfahren hatte.[399] Auch der früh verstorbene Rudolf Dannenbaum, neben Bitter und Dr. Bernds Initiator des FSSB, war jüdischer Herkunft.

In Bitters Notizbuch aus späteren Tagen, das allerdings kaum Tagesaktualitäten beinhaltet, finden sich keinerlei Anmerkungen zum Novemberpogrom 1938 gegen die Juden, wohl aber längere Notizen zu einer Goebbels-Rede aus dem Vormonat in der Hamburger Hanseatenhalle. Thema war die sogenannte Sudetenkrise.[400] Erst in seinem 1942 verfassten mehrseitigen Kriegsbericht über die Verhältnisse im besetzten Polen, in der Ukraine und Russland geht er am Rande auf die Lage der Juden ein.[401]

Andererseits hatte ihm die Gestapo 1933 bei seinem Verhör vorgehalten, er habe sich judenfreundlich geäußert: „Der Beamte las mir aus einem Spitzelbericht vor, ich hätte einmal geäußert, ich würde mich freuen, wenn ich von einem Juden abst.[ammen] würde."[402] Bitter wunderte sich darüber, dass selbst solche „Einzelheiten" registriert worden waren, zweifelte aber nicht den Wortlaut des Zitates an. Vielleicht ging es ihm im Kontext dieser Äußerung um die Zurückweisung der vorgeblich antikapitalistischen Rhetorik rechtsextremer Kräfte. Eines ihrer Stereotypen sah das rassistisch definierte Judentum als Brutstätte des ausbeuterischen internationalen Kapitalismus.

Propagandazettel der KPD Münster,
20-er/30-er Jahre
Quelle: Stadtarchiv Münster. Polizeiregistratur:
Nr. 120, Bl. 057

Demgegenüber negierten Sozialisten wie Kommunisten die Bedeutung von Herkunft und Abstammung für die Entstehung und Verbreitung des Kapitalismus. In diesem Sinne verteilte auch die KPD-Gruppe Münster Propagandazettelchen mit der Aufschrift: „Ob Jud oder Christ – Schuld ist der Kapitalist!" Bitter hatte insofern mit seiner judenfreundlichen Äußerung die linke Gegenposition zu den rassistischen Rechtsextremen auf die Spitze getrieben.

Der Neusustrumer Lagerkommandant Faust und sein SS-Trupp hatten es in wenigen Wochen so toll getrieben, dass sie ihre Posten räumen sollten. Die Ablösung der bisherigen Wachmannschaft durch Polizeikräfte war für den 6. November 1933 geplant.[403] Die Häftlinge hatten davon Wind bekommen: „In den letzten Tagen vor ihrer Ablösung scheuten sich manche S.S. Leute nicht, durch die Baracken zu gehen und um Pappkartons zu betteln."[404]

Am Nachmittag und Abend des 5. November, einem Sonntag, gab es den gescheiterten Versuch der SS, die Häftlinge zu einer gemeinsamen Meuterei gegen die Polizei aufzustacheln, bei dem Fausts Rolle nicht klar ist.[405] Trotz Angst vor Spitzeln hatten manche Häftlinge längst blutige Rache geschworen, die sie an ihren Bewachern üben wollten, wenn sie erst wieder in Freiheit wären – wie sich Bitter erinnert.[406]

Schließlich soll Faust nach einer Zeugenaussage am Abend des 5. November die Häftlinge bei einer Ansprache bedroht haben: „Freut Euch nicht zu früh. Wir sind noch eine Nacht hier, und heute nacht fließt noch Blut. Es ist für mich und meine Kameraden eine Wollust, wenn wir Euch abknallen können."[407] Diese Drohung unterstrichen die Bewacher durch die Neuausrichtung der Maschinengewehre auf die Häftlingsbaracken und Abgabe einiger ungezielter Schüsse. Ursprünglich waren die MGs gegen die anrückende Polizei in Stellung gebracht worden.[408]

Erstaunlich ist, dass Ludwig Bitter sich an eine vom Sinn her gleiche Ansprache des Kommandanten erinnert, obwohl er am Abend des 5. November nicht mehr zu den Häftlingen gehört hatte: „Den Kommandanten sahen wir wenig innerhalb des Lagers. Den Appell nahm ja der Scharführer vom Dienst ab. Als er aber einmal abends beim Appell persönlich erschien, hielt er [...] eine kleine Ansprache (wenige Sätze): wir sollten ja nicht meinen, daß wir, da sie [...] abgelöst würden, uns irgendwie etwas mehr erlauben dürften als sonst. Wir sollten ja nicht aufmucken. Ihr mögt wissen, daß es für meine Leute eine Lust ist, [...] euch herunterzuknallen."[409] Vermutlich hatte Faust also an den Vortagen schon ähnlich gedroht.

Für Bitter allerdings war die Stunde der Erlösung am Morgen oder Vormittag dieses unruhigen 5. November gekommen. Obwohl er um den 27. Oktober herum brieflich von seiner Familie erfahren hatte, dass er am 1. November entlassen werden sollte, hatte er nicht daran geglaubt – umso weniger, als sich auch in den Tagen nach diesem Datum nichts rührte: „Es war Sonntag, d. 5. November 1933. Äußerst mißgestimmt und elend saß ich auf einem Schemel, es war gegen 11 Uhr morgens."[410]

Er wurde völlig überrascht von der Ankündigung seiner SS-Bekanntschaft Tautz: „Dein Bruder ist da." Auf der Kommandantur traf er seinen Bruder Hubert, der ihn abholen wollte. „Er muss ziemlich erschrocken gewesen sein, als er mich in meiner Gefangenenkluft erblickte: Drillzeug, Militärmütze, von der der Schirm abgenommen war, ganz kurz geschorene Haare. Die Haare hatte ich mir erst einige Tage vorher ganz kurz (zuchthausmäßig) scheren lassen müssen, strengem Befehl gehorchend."[411]

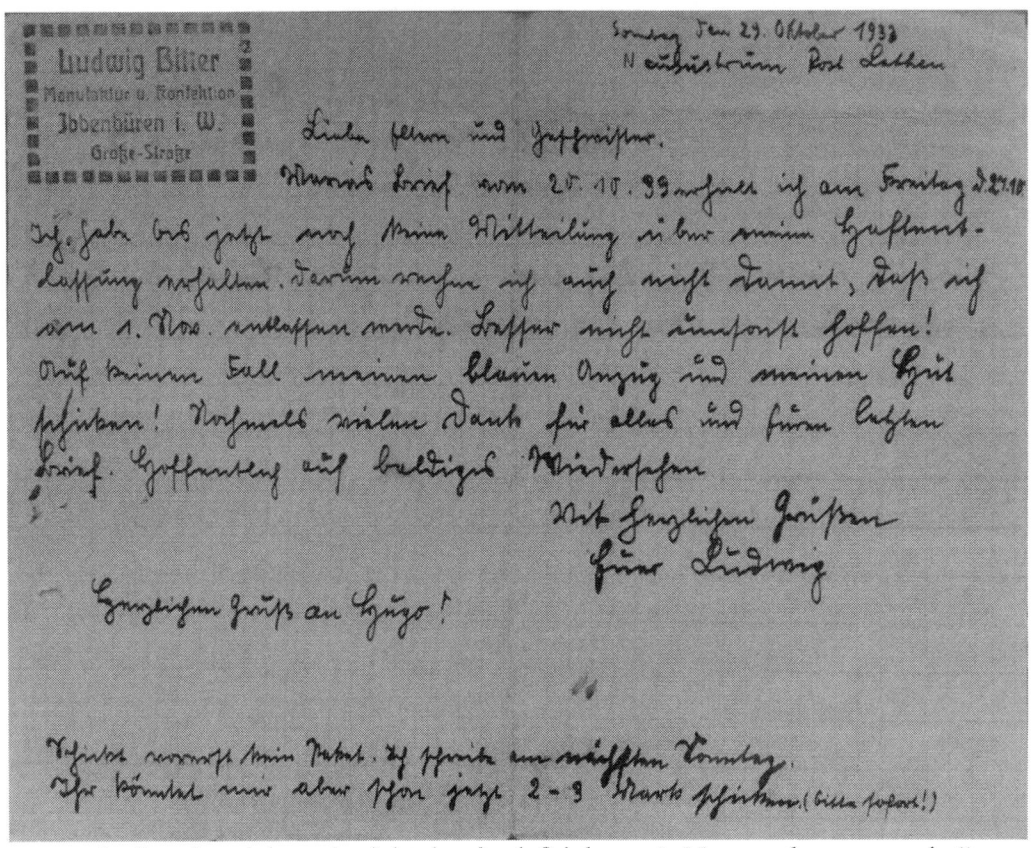

„ [...] rechne ich auch nicht damit, daß ich am 1. Nov. entlassen werde."
Ludwig Bitters einziger Brief aus dem KZ Neusustrum, 29.10.1933
Quelle: NLB

Zwar konnte Hubert Bitter dem Kommandanten eine Entlassungsanweisung des Regierungspräsidenten in Münster vorlegen[412], doch ließ es sich Faust nicht nehmen, Ludwig auf die Probe zu stellen. Er habe von dem bewussten – namentlich nicht genannten – dritten SS-Mann aus Ibbenbüren gehört, dass Bitter jetzt und in Zukunft Pazifist sei und bleiben wolle. Faust wollte wissen, ob das stimme. Bitter bejahte diese Aussage ohne Umschweife.

Dennoch sparte sich der KZ-Kommandant wider Erwarten jeden weiteren Kommentar oder Schlimmeres. Stattdessen ließ er Hubert samt Ludwig ziehen, nachdem dieser sich schriftlich verpflichtet hatte, zukünftig keinen Hoch- und Landesverrat begehen zu wollen. Den Bücherkarton Kaplan Langenbrinks, dessen „wertvolle[n]" Inhalt er mühevoll von Siegburg über Brauweiler nach Neusustrum geschleppt hatte[413], bekam er bei der Entlassung ausgehändigt. Die Bücher waren bei seiner Einlieferung in das Emsland-KZ beschlagnahmt und auch später nicht zurückgegeben worden - eine der üblichen kleinen Schikanen.[414]

Die Familienüberlieferung weiß zu berichten, dass Ludwig Bitter, schon auf dem Weg zum Bahnhof Lathen, noch einmal ins Lager zurückgekehrt sei, um seinen dort vergessenen selbstgeschnitzten Löffel mitzunehmen - eine Unternehmung, die seinem Bruder geradezu tollkühn vorkam.[415]

92

Überhaupt bewies der sonst innerlich oft zerrissene, grübelnde, zweifelnde Bitter im Umgang mit der NS-Staatsmacht einige Kaltblütigkeit. Über sein erstes und einziges Zusammentreffen mit dem tobenden Folterer Tenholt notierte er: „Ich will nicht verschweigen, daß ich, durch Tenholts Schreien und Toben an den Türen gereizt, keine besonders achtungsvolle Haltung angenommen hatte. Ich war erst paff. Und dann ging mir erst richtig auf, was er war."[416] Dennoch oder gerade deshalb schellte er sofort einen Beamten herbei mit dem Begehr, auf der Stelle vor Tenholt geführt zu werden, um den Sachverhalt in seinem Falle aufklären zu können. Wenig verwunderlich war, dass ihm dieser Wunsch abgeschlagen wurde.[417]

Schon vorher hatte er sich bei der Einlieferung in Recklinghausen fast auf die Zunge beißen müssen, als ihn ein Wärter zur Begrüßung mit der Frage „Frisch?" empfing: „Ich wollte ihm antworten: Eine Tasse Kaffee würde mir ganz gut tun, fragte aber dann: 'Was heißt frisch?' Er antwortet: 'Ob neu angekommen?' Das konnte ich bejahen. Der Witz hat mir auch in dieser Lage Spaß gemacht."[418]

Bei einem Neusustrumer Posten beschwerte er sich erfolglos über fehlendes Klopapier, nachdem dieser sich – wohl eher floskelhaft - erkundigt hatte, ob es Klagen seitens der Häftlinge gebe.[419]

Bereits am 19. Dezember 1933, nach gerade einmal sechs Wochen in wiedergewonnener Freiheit, stellte er einen postwendend abgelehnten Antrag auf einen neuen Unterrichtserlaubnisschein.[420]

Schon am Tag nach Bitters Freilassung aus dem KZ Neusustrum hatte der Ibbenbürener Bürgermeister Dr. Müller dem Tecklenburger Landrat Dr. Schultz auftragsgemäß[421] Bericht erstattet: „Bitter jun. hat sich heute bei der Ortspolizeibehörde als aus dem Konzentrationslager entlassen gemeldet. - Wie ich durch ein Mitglied der S.S., der [sic!] zu den Bewachungsmannschaften gehört, erfahren habe, ist Bitter wegen ungehörigen und frechen Verhaltens zu einer besonderen Abteilung verlegt worden."[422]

Nach seiner Rückkehr nach Ibbenbüren wurde Bitter schmerzlich bewusst, dass er wieder, wie schon Jahre zuvor nach seinem Münsteraner Denkmalsturm, mittellos unter dem Dach seiner Eltern lebte, ohne realistische Aussichten auf eine Beschäftigung im Schuldienst oder andere stabile Einkommensquellen.

Außerdem hatte es nach der Verhaftung Bitters in Ibbenbüren eine nachvollziehbare, zumindest zeitweilige Eintrübung im Verhältnis einiger Familienmitglieder zum „enfant terrible" Ludwig gegeben. Dieser hatte sich schriftlich am 25. Juli 1933 aus der Haft in Recklinghausen gemeldet. In einem kurzen Gruß wandte er sich an die „liebe[n] Eltern und Geschwister" und gleich noch einmal an die „liebe Mutter".[423]

So wie es ihm der zuständige Vernehmer geraten hatte, verbreitete er reichlich Optimismus: „In zwei, drei Tagen bin ich wieder zu Hause."[424] Denn es handele sich in seinem Falle ja „nur" um seine vor zweieinhalb Jahren beendete Zugehörigkeit zur KPD. [425] Ganz so blauäugig, wie er in seinen wenigen Zeilen wirkte, konnte er nach den ersten Eindrücken in Recklinghausen nicht sein. Natürlich wollte er primär die Familie - und sich selbst gleich dazu – nicht mehr als nötig beunruhigen.

Doch bei allem in der Familie vorhandenen Restvertrauen in das rechtmäßige Vorgehen der Behörden – weder Vater Bitter noch Schwester Maria, geschweige denn die Ludwig besonders wichtige Mutter sahen sich imstande, ihre Gefühle im Zaume zu halten. Beim Vater entlud sich schon länger aufgestaute Verbitterung: „ [...] Was einem die Herren Söhne nicht alles einbrocken können. [...] da sollte einem doch die Galle überlaufen, aber man muß ganz ruhig sein, selbst wenn einem das Geschäft kaputt geht." [426] Der Sohn als Bolschewist verhaftet! Die befürchtete Existenzbedrohung des Textilhauses Bitter stellte tatsächlich eine nicht leicht abzutuende Gefahr dar.

Bitters Schwester Maria bewies Realitätssinn, indem sie in Zweifel zog, dass Bruder Ludwig selbst im Falle einer baldigen Freilassung noch rechtzeitig bis zum 1. August 1933 die Meldung zum zweiten Lehrerexamen schaffen könne. Und sie fügte hinzu, was wohl alle neben Ludwigs Schicksal am meisten aufwühlte: „Mama ist bange, daß sie ihn tot schießen [...]. Sie hat schon soviel diese Woche geweint." [427]

Solche Unbill und Fragen hielt man zunächst von Ludwig fern. Nachdem aber Freund Bendiek der Familie berichtet hatte, was ihm aus den Recklinghausener Vernehmungsprotokollen vorgelesen worden war, kippte die Stimmung. Auch weil Ludwigs Verlegung nach Siegburg eine spätere Einweisung in ein KZ wahrscheinlicher erscheinen ließ.

Bruder Hubert, der als Schaltstelle der Bemühungen um Ludwigs Freilassung erscheint, verschärfte den Ton, gab gutgemeinte Ratschläge und sparte nicht an deutlichen Hinweisen auf die Gemütslage von Mutter Martha. Er nährte den Verdacht, Ludwig selbst trage ein gerüttelt Maß an Mitverantwortung für die Fortdauer der Haft. Wenn doch klar sei, dass er schon nahezu drei Jahre der KPD abgeschworen habe, müsse es auch an Ludwigs Art und Aussagen liegen, wenn man ihn nicht freilasse. Er habe aus falscher Bescheidenheit seinen karitativen Einsatz für Arbeiterkinder verschwiegen, seine öffentlichen Vorträge gegen den Bolschewismus nach Austritt aus der KPD. Stattdessen habe er für seine politische Untätigkeit in der Ibbenbürener Zeit die Vorbehalte der Eltern gegen sein politisches Engagement angeführt. Das verschlimmere nicht nur seine eigene Lage, sondern bringe unnötigerweise die Eltern ins Spiel, auf die Ludwig doch „ein klein wenig mehr Rücksicht" nehmen solle.

Schließlich ließ Hubert die Katze aus dem Sack: Ein größeres Entgegenkommen des Bruders, vielleicht gar ein Parteieintritt, müsse doch für einen sozial eingestellten Menschen wie Ludwig möglich sein. Er solle seinen westfälischen Dickschädel beugen und das Gebotene tun: „ [...] ich weiss sicher, dass sie dich dann gar nicht mehr dahaben wollen. Andernfalls nehmen wir an, dass es dir dort gut gefällt und werden zu den vielen

Schritten für deine Freiheit nichts mehr unternehmen. [...] Deine Freiheit liegt in deinen eigenen Händen. Denk an deine Mutter!"[428]

Ludwig antwortete, Hubert habe ihn ja „ordentlich ab[ge]kanzelt".[429] Dennoch danke er ihm und allen anderen für ihre Briefe. In seiner Erwiderung auf die Kritik rückte er manches aus seiner Sicht zurecht, ohne auf den Vorschlag einer Annäherung an die NSDAP einzugehen.[430]

Hubert (Jg. 1910) und Ludwig Bitter (Jg. 1908), o.J.
Quelle: NLB

In der Tat aber hatte er kurz vor Huberts Aufforderung selbst schon in diese Richtung gedacht. Das Ergebnis hatte er in einem Entwurf einer Eingabe zu Papier gebracht.

Datiert war das Konzept auf den 7. August 1933. Zwar wich Bitter nicht von den Argumenten und Fakten seiner bisherigen Verteidigungslinie ab, doch fügte er einen neuen Aspekt ein: seine, wie er durchaus einräume, tatsächlich bisher ungeklärte Haltung zur Regierung Hitler seit ihrer Machtübernahme. Da müsse er nach mehr als einem halben

Jahr Regierungsarbeit zugeben, dass „erst die Verdrängung Hugenbergs[431]" aus der Regierung auf ihn „befreiend" gewirkt habe. Wichtiger noch war seine Position zur angekündigten Sozialpolitik: „Mit wirk.[licher] Zustimmung und Freude habe ich die sozialpol. Maßnahmen der Regierung begrüßt [...]. Hinter das Programm [der Regierung in der Sozialpolitik] [...] kann ich mich stellen."[432] Zudem begrüße er den scharfen Kampf gegen jegliche Form von Korruption im Staate. Als Empfänger der Eingabe war das Polizeipräsidium Recklinghausen, speziell aber der „sehr geehrte[r] Herr Kommissar" Tenholt vorgesehen.

Den somit kurz angedachten Kniefall vor der Diktatur verweigerte Bitter dann doch nahezu unmittelbar nach der Niederschrift seiner Zeilen. Er strich stattdessen alle offen zustimmenden Formulierungen aus seinem Entwurf. Dessen Endfassung wiederholte lediglich die bekannten Sachverhalte und verzichtete auf die namentliche Nennung Tenholts.[433]

Damit bewies er Stehvermögen, das manche seiner einstigen Gesinnungsgenossen vermissen ließen. Sie stellten sich aus menschlich nachvollziehbaren Motiven – bisweilen schon in Briefen aus dem Gerichts- bzw. Polizeigefängnis – als parteiferne, von der KPD enttäuschte Zeitgenossen dar.[434]

Manche, die standfest geblieben waren, bezahlten ihre Treue zu den kommunistischen Idealen und zur KPD mit ihrer Gesundheit, wenn nicht gar mit dem Leben. Aus Bitters Umfeld waren dies der KPD-Führer Dahlmann aus Münster-Hiltrup und sein Brauweiler Zellengenosse Martin Hoffmann. Nach ihrer Freilassung waren sie in die Illegalität abgetaucht, beteiligten sich an der Untergrundarbeit gegen das NS-Regime, wurden verhaftet und aufs Neue ins Zuchthaus geworfen oder ins KZ eingeliefert. Martin Hofmanns Spur verliert sich nach 1942. Nach seiner Befreiung aus dem KZ Dachau am 2. Mai 1945 kämpfte der Hiltruper Dahlmann als Invalide um volle Anerkennung seiner Haftleiden. Von zwölf Jahren Nazi-Herrschaft hatte er nur ein einziges Jahr in Freiheit verbracht.[435]

Der Streit über das richtige Verhalten in dem Zusammenstoß mit der geballten Staatsmacht ging nicht zuletzt auf die erschwerte Kommunikation zwischen den Beteiligten (Häftlinge und ihre Unterstützer) zurück. Wer was, wann, wie gesagt oder gemeint hatte, konnte nicht wirklich ausbuchstabiert werden. Briefe zwischen den Beteiligten überschnitten sich, kamen zu spät oder gar nicht an.

Gleichzeitig war diese Auseinandersetzung nicht frei von Wunschdenken und geprägt von einer Verkennung der Umstände. Dem sich etablierenden Regime ging es kaum um eine ohnehin kaum glaubwürdige Kurswende von Kommunisten. Nicht umsonst spricht die Forschung für die frühen Emsland-KZs von „Rachelagern".[436] Ebenso wenig strebte es eine genaue Erfassung und Würdigung von Sachverhalten an, die man in einem geordneten Gerichtsverfahren hätte zur Sprache bringen können. Die NS-Machthaber wollten ein frühes, klares Signal an Gegner und Unentschiedene setzen: Wer nicht für uns ist, ist gegen uns. Wichtig war die Demonstration von Stärke und Härte sowie der

Entschlossenheit, weltanschauliche Abweichler aller Art aus dem Verkehr zu ziehen. Später konnte man nach „Beruhigung" der Lage dann eventuell auch andere Saiten aufziehen.

Natürlich fiel es Ludwig Bitter, seinen Eltern, Geschwistern und Freunden als betroffenen Zeitgenossen schwer, alle Winkelzüge der faschistischen Machthaber zu durchschauen. Die Erfahrungen mit dem NS-Terrorsystem wurden ja gerade erst gemacht. Jeder Tag konnte unerwartete Kursänderungen bringen. Ein langgedienter Aufseher in Siegburg, an den sich Bitter halbwegs vertrauensvoll mit der Bitte um Rat gewandt hatte, ließ allerdings früh durchblicken, welche Melodie gespielt wurde: „Auf meine [Ludwig Bitters] Äußerung, es müsse ein Irrtum vorliegen, da ich ja nur früher, d.h. vor drei Jahren Mitglied d. K.P.D. war, antwortete [er] mir, das genüge vollkommen, um ins Lager [gemeint: KZ] zu kommen."[437]

Es mag sein, dass die ohne Vorankündigung und Erklärung vollzogene Entlassung Bitters auch damit zu tun hatte, dass Angehörige der Familie Bitter mit ihren Sachargumenten höheren Orts durchgedrungen waren.

Jedenfalls waren sie nicht müde geworden, auf Ludwigs Freilassung hinzuarbeiten. In einer Eingabe an das Polizeipräsidium Recklinghausen verwiesen die Eltern auf die Vorträge Ludwigs gegen die KPD bei seiner Emsland-Wanderung 1931[438], auf seinen urchristlichen Ansatz und Gedichte, die seine Abkehr vom Bolschewismus bezeugten. Zudem sei er während seiner KPD-Zeit doch noch ein unreifer junger Mensch gewesen, der wie so viele andere in den damaligen Wirren leicht irre werden konnte. Seine Unschuld werde sich bei einem Gerichtsverfahren rasch herausstellen. Beide krank, hätten sie gerne ihren Sohn wieder bei sich.[439]

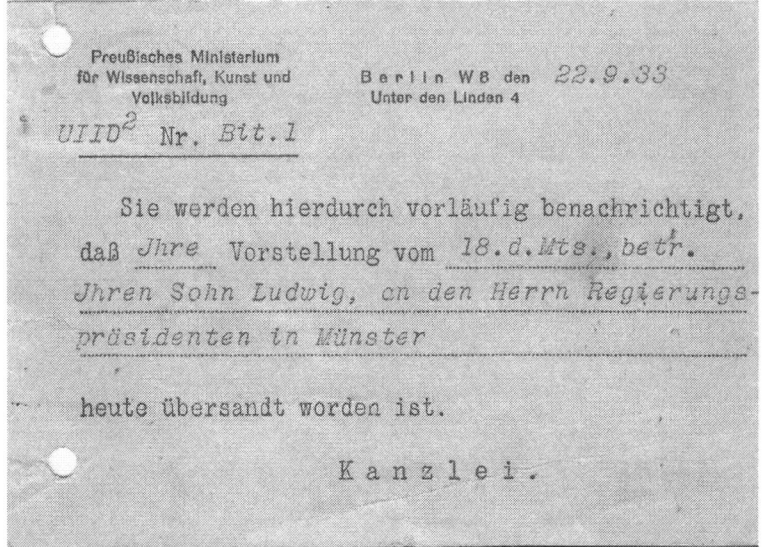

Postkarte des preußischen Kultusministeriums an
Ludwig Bitter sen., 22.09.1933
Quelle: NLB

Kurt Matthaei,
Regierungspräsident
Münster (1933-1934)
*Quelle: LAV NRW W, W
201/Bildersammlung Nr.
1228*

Nur eine Woche später klopften sie sogar beim preußischen Wisssenschafts-, Kunst- und Volksbildungsminister Rust in Sachen ihres Sohnes an.[440] Hugo Bendiek hatte bereits bei seinem Gespräch mit der Stapo-Leitstelle erfahren: „Herr Kultusminister Rust hat verfügt, daß alle Studenten, die sich im 'Sozialistischen Studentenbund' betätigt haben, in Schutzhaft zu nehmen sind."[441] Immerhin sagte Rusts Kanzlei ihnen umgehend zu, das Regierungspräsidium Münster werde sich mit der Angelegenheit befassen.[442]

Tatsächlich hatte Rust sich schon am 20. März 1933 um etwaige „kommunistische Betätigung in Schulen und Lehrerkreisen" gesorgt und Berichte der zuständigen Verwaltungsinstanzen eingefordert. So war es auch an Ibbenbürens Bürgermeister Dr. Müller, auf dem Dienstwege zu antworten: „Kommunistische Betätigung in den Schulen ist hier bislang nicht beobachtet worden. Es ist bei der bekannten nationalen Einstellung der hiesigen Lehrer auch mit einer solchen Betätigung unter keinen Umständen zu rechnen."[443] Im Falle Ludwig Bitters sollte sich Dr. Müller zwar zumindest teilweise getäuscht haben, doch kann sein Urteil nahezu uneingeschränkt auf das gesamte Tecklenburger Land übertragen werden. Von Bitter, der ja noch nicht endgültig angestellt oder verbeamtet war, einmal abgesehen, wurde 1933/34 nur eine einzige Lehrkraft im Kreisgebiet Opfer der politischen Verfolgung – der Volksschullehrer Hohendorff aus Hopsten-Schale.[444]

Berlin, Kundgebung der NSBO*, 21.05.1933. Von links nach rechts:
Propagandaminister Dr. Goebbels, Prinz August Wilhelm von Preußen
und der preußische Kultusminister Rust
Quelle: BArch, Bild 102-14624/Fotograf(in): Pahl, Georg
Nationalsozialistische Betriebsorganisation(en)

Für Bitters Eltern ging es aber nach der Zusage von Minister Rust weiter voran. Von der Leitung des KZ Brauweilers erhielten sie nun ebenfalls Nachricht. Lehrer Heinrich Schnitzler teilte ihnen im Auftrage des „Direktor[s] der Prov.-Arbeitsanstalt" mit, eine Beunruhigung über das Befinden ihres Sohnes sei unbegründet. Es gehe ihm ganz gut. „Ich habe ihm mitgegeben, bei der nächsten Gelegenheit auf Ihre Anfragen selbst zu antworten."[445]

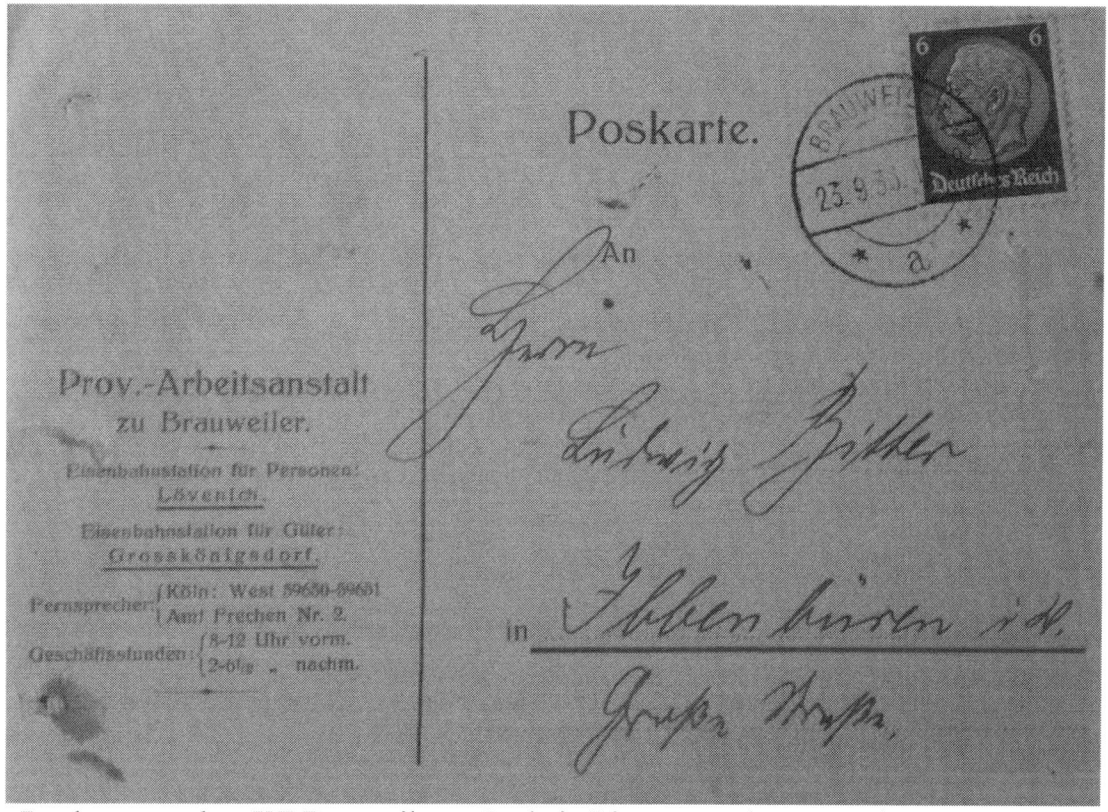

Postkarte aus dem KZ Brauweiler an Ludwig Bitter sen., abgestempelt am 23.09.1933
Quelle: NLB

Hugo Bendiek stach unter den tatkräftigen Helfern der Familie hervor durch sein unablässiges Bemühen, dem inhaftierten Freund zu helfen – durch die Intervention bei der Gestapo in Recklinghausen, durch Päckchen und Briefe. Er erbot sich, Bücher zu schicken und unterbreitete sogleich Literaturvorschläge.[446] Sogar Bendieks Eltern schlossen sich an und schickten Geld.[447] Zum Kreis der Freunde und Unterstützer zählte mittlerweile auch Leo Meyer, wie Bendiek aus einer Ibbenbürener Bäckersfamilie stammend: „Hubert [Hinterding] und ich [Bendiek] besuchen uns wohl noch gegenseitig, vermissen aber deine Anwesenheit. Leo Meyer ist auch hier und hält mir große kunsthistorische Vorträge."[448]

Nach dem Abitur 1932 am Rheinenser Dionysianum hatte Meyer in München und Wien Philosophie, Germanistik und Kunstgeschichte studiert. 1938 promovierte er in Münster mit einer Arbeit über Altäre in Westfalen. Auch er war ein Schüler Peter Wusts.[449]

Bäckerei Meyer, ca. 1938
Quelle:Sammlung Stadtmuseum Ibbenbüren

KZ Neusustrum, 5. November 1933: Entlassungsschein für Ludwig Bitter,
unterzeichnet vom Lagerkommandanten Faust,
am 6. November 1933 abgestempelt und unterzeichnet von
Amtsinspektor Schöttler in Vertretung des Ibbenbürener Bürgermeisters.
Quelle: NLB

Zeitnah zu seiner Entlassung aus dem KZ verfasste Ludwig Bitter im August 1934 eine handschriftliche Darstellung seiner Erlebnisse von der Verhaftung bis zur Freilassung aus dem KZ Neusustrum. Sie umfasst ca. 40 Seiten, wobei er die Angaben an einigen wenigen Stellen verschlüsselte.

Realistische Darstellungen der Wirklichkeit in den frühen Emsland-KZs gelangten schon bald an die Öffentlichkeit - natürlich nicht in Deutschland selbst, sondern außerhalb des Deutschen Reiches: „Konzentrationslager. Ein Appell an das Gewissen der Welt. Ein Buch der Greuel. Die Opfer klagen an" war eine der frühesten Darstellungen dieser Art, erschienen im tschechoslowakischen Karlsbad.[450]

Ungefähr zur gleichen Zeit erschien in der Sowjetunion „Als sozialdemokratischer Arbeiter im Konzentrationslager Papenburg". Das Vorwort zu dieser anonymen

Darstellung hatte der kommunistische Schriftsteller Willi Bredel beigesteuert. Diese Schrift polemisierte streckenweise gegen sozialdemokratische Quellen zur Lage in den KZs.

1935 veröffentlichte der KPD-nahe Düsseldorfer Schauspieler Wolfgang Langhoff im Schweizer Exil einen mehr als 300 Seiten umfassenden „unpolitischen Tatsachenbericht" - hauptsächlich über seine Inhaftierung im Emsland-KZ Börgermoor 1933/34. „Die Moorsoldaten" Langhoffs erlebten schon im Erscheinungsjahr viele Auflagen.[451] Selbst Jahrzehnte später wurden sie immer wieder neu verlegt.[452] Bereits 1935 wurden fremdsprachige Ausgaben in diversen Fremdsprachen angekündigt [453]

Höchstwahrscheinlich kannte Bitter solche oder ähnliche Quellen nicht. Die spezifischen Verhältnisse in Neusustrum kamen in den genannten Publikationen nicht zur Sprache. Der naheliegende Vergleich von Langhoff und Bitter ergibt ein hohes Maß an Übereinstimmung beider Autoren. Einzig auf Fragen der Sexualität ging Bitter, der kaum mehr als zwei Wochen im Lager war, gar nicht ein. Langhoff thematisierte sie zwar, sah sie jedoch als absolut untergeordnet an: „Ich habe andere Kameraden darüber befragt, und sie haben es mir ebenfalls bestätigt. Der andauernde psychische Druck, unter dem wir standen, die Sorgen wegen der Familie, die schwere Arbeit im Moor ließen diese Fragen nicht aufkommen."[454] Langhoff wurde in Börgermoor Zeuge, wie sadistisch die Bewacher gerade mit „Prominenten" umsprangen.[455] In Bitters Gesichtskreis hingegen befand sich keine politische „Prominenz" - es sei denn, man rechnete Ludwig Pappenheim dazu. Er war zeitweilig u.a Vorsitzender der SPD im Kreis Schmalkalden, stellvertretender Landrat und Abgeordneter im Provinziallandtag von Hessen-Nassau.[456]

Bitters Erfahrungen und Eindrücke aus dem Konzentrationslager Neusustrum zeichnen allerdings nicht das ganze Schreckensbild der Lager nach. Erst Jahre nach der Zerschlagung der NS-Diktatur und der Gründung der Bundesrepublik Deutschland konnte eine Vielzahl von Zeuginnen und Zeugen vor Staatsanwaltschaften und Gerichten ihr Leid öffentlich bekunden. Die Prozesse gegen den Kommandanten Faust und Konsorten brachten weitere erschreckende Details der KZ-Wirklichkeit ans Tageslicht.[457]

Ludwig Bitter war einer von mindestens fünf Ibbenbürenern, die in den Jahren 1933/34 in den Emsland-KZs einsitzen mussten.[458] Unter ihnen befand sich auch der ehemalige Vorsitzende der Ibbenbürener KPD, Theodor Vorsthove.[459] Selbst wenn man die Gesamtzahl der 1933-1945 aus politischen, religiösen oder rassistischen Gründen verfolgten, gar ermordeten Ibbenbürener nimmt, kommt man – in Relation zur Einwohnerzahl Ibbenbürens - auf nur wenige Personen, die größeren Schaden an Leib und Leben erleiden mussten. Sie bildeten eine winzige Minderheit in der Masse.

Ende Juli 1933, in dem Monat der Festnahme und Inhaftierung Bitters, saßen reichsweit 27.000 tatsächliche oder mutmaßliche Gegner des Faschismus in sogenannter Schutzhaft.[460] Auch diese auf den ersten Blick hohe Zahl politischer Häftlinge relativiert sich angesichts der Bevölkerungszahl des Deutschen Reiches.

Personalausweis Ludwig Bitter, 1935
Quelle: NLB

Die sehr seltenen Tagebucheintragungen Bitters aus der Zeit nach dem KZ zeigen, dass er das politische Denken und Urteilen nicht verlernt hatte. Er kritisierte beispielsweise Terrorurteile der NS-Justiz gegen seine ehemaligen Parteigenossen von der KPD. Den als Reichstagsbrandstifter hingerichteten Marinus van der Lubbe bedauerte er als Opfer von Umständen, die van der Lubbe nicht zu verantworten gehabt habe. Schuld am Kommunismus, seinen fehlgeleiteten Anhängern und deren Anschlägen trage letztlich der seelen- und gnadenlose Kapitalismus.[461]

Die Lehrerlaufbahn blieb Bitter verschlossen; er warf er sich aufs „Stundengeben", den Nachhilfeunterricht. Damit hatte er schon nach dem Studium angefangen.[462] Rektor Ströhmer von der Amtsrektoratschule selbst hatte seine Autorität in die Waagschale geworfen und Bitters Dienste empfohlen. Der Ibbenbürener Textilkaufmann Georg Brüggen teilte u.a. mit: „Herr Ludwig Bitter entstammt einer guten Familie und war zu seiner Zeit von dem Rektor der hiesigen Amtsrektoratschule, Herrn Studienrat Ströhmer empfohlen worden und hat auch in der Rektoratschule unterrichtet."[463] Der Lehener Bauunternehmer Rieke bekundete „vollste Anerkennung" für Bitters Leistung und fügte hinzu: „[Ich] erwähne noch nebenbei, dass mir der Herr Rektor der [neuen] Schule [seines Sohnes] sagte, 'dass Herr Bitter nur so etwas fertig bringe.'"[464] Die Dankesschreiben und positiven Arbeitszeugnisse der Eltern lesen sich wie ein Who-is-who? der besseren Kreise Ibbenbürens. Auch Münsteraner Bürgerfamilien nahmen Bitters Nachhilfedienste in Anspruch.[465]

Zwar dürfte die Perspektive, sich als Nachhilfelehrer mit kostengünstigem Wohnsitz im Elternhaus[466] durchzuschlagen, Bitters Ambitionen nicht entsprochen haben. Doch war ein anderer Umstand viel bedrückender: Das Augenmerk des NS-Machtapparates und seiner örtlichen Helfershelfer, zu denen an erster Stelle wohl Amtsinspektor Schöttler gehörte, lastete in Ibbenbüren schwer auf seiner Person: „Nach seiner Entlassung aus dem K.-Z. wurde er von einer Stadt zur anderen gehetzt und verfolgt. Seine verschiedenen Anstellungen als Lehrer musste er stets aufgeben, sobald nationalsozialist. Kräfte hier vom Bürgermeisteramt sein[en] Tätigkeitsort entdeckt hatten. Jede Verdienstmöglichkeit wurde ihm somit genommen. Selbst das Stundengeben wurde ihm verboten."[467]

Von September 1936 bis August 1938 zog Ludwig Bitter achtmal um, hielt sich mal in Münster, mal in Lüdinghausen, dann wieder Ibbenbüren und Münster auf, zwischendurch auch länger in Marburg.[468] Dort erwarb das Sprachentalent Bitter nach einer Weiterbildung im Englischen das „Cambridge Certificate".[469] Vielleicht strebte er eine Tätigkeit im kaufmännischen Bereich an. Immerhin hatte er zum Zeitpunkt des Abiturs ja Interesse an Volkswirtschaft bekundet.

Dann aber verschlug es ihn doch als Lehrer nach Hamburg, wo ihn die katholische St.-Marien-Gemeinde zum 15. August 1938 für ihre „Knabenschule" an der Danziger Straße 60, die sogenannte Domschule, einstellte.[470]

Hier fand er ein recht weit von Ibbenbüren entferntes Schlupfloch, um an einer (nicht-staatlichen) Schule unterrichten zu können. Bitters Rückkehr in den Schoß der katholischen Kirche war natürlich seinem Vorhaben förderlich.

Außerhalb der Schule engagierte er sich sobald in der Arbeit der Vinzenzgemeinschaft.[471] Der Einsatz in dieser Gruppe ist typisch für Bitters Fühlen, Denken und Handeln. Vinzenz von Paul [Vincent de Paul], der Namensgeber der Gemeinschaft, hatte sich schon im 16. Jahrhundert für soziale Randgruppen und Kranke im Sinne christlicher Nächstenliebe eingesetzt.[472] Frédéric Ozanam gründete 1833 in seinem Geiste die bis heute weltweit aktive Vinzengemeinschaft, eine katholische Laienorganisation, als Antwort auf die sozialen Probleme der damaligen Pariser Arbeiterschaft.[473]

Auf welchen Wegen Bitters Verbindung zur Marien-Gemeinde zustande kam, lässt sich nicht mehr genauer feststellen. Damals gehörte die katholische Diaspora-Gemeinde Hamburgs noch zum Bistum Osnabrück. Bitters Heimatort Ibbenbüren war nah. Andererseits genoss die katholische Gemeinde Hamburgs innerhalb des Bistums eine starke Sonderstellung und konnte viele Entscheidungen selbständig treffen.[474]

Haus der Familie Hövel in Ibbenbüren
(links, heute Stadtmuseum), o. J.
Quelle: Sammlung Stadtmuseum Ibbenbüren

In Ibbenbüren scheinen sich Mitglieder der namhaften Familie Hövel für Bitters Beschäftigung in der Millionenstadt im Norden eingesetzt zu haben. Schon seit mehreren Jahren unterrichtete dort Maria Hövel im katholischen Schulsystem Hamburgs. Sie dürfte eine der treibenden Kräfte gewesen sein. Auffällig ist in diesem Zusammenhang auch, dass Marias jüngere Schwester Ida Hövel zur selben Zeit wie Ludwig Bitter dort ihren Dienst aufnehmen sollte. Bitter hatte eigentlich erwartet, sie schon bei seinem Dienstantritt in Hamburg anzutreffen.[475] Schließlich stand mit einiger Sicherheit auch ihr Vater, der Architekt Hövel, hinter dem Unternehmen.[476]

Obwohl der zuständige höchste katholische Geistliche Hamburgs, Dechant Wintermann, die Einheit von Rede und Tat an Bitters pädagogischer Leistung lobte[477], wechselte dieser schon zum 1. Mai 1939 das Aufgabenfeld bei seinem kirchlichen Arbeitgeber.[478]

Ein denkbarer Grund: Die privaten Schulen Hamburgs - mehrheitlich waren es konfessionell gebundene - sollten nach dem Willen der NSDAP und der Staatsorgane abgewickelt werden. Tatsächlich wurden sie zum 30. September 1939 geschlossen. Es mag aber auch sein, dass das Störfeuer der Ibbenbürener Verfolger das Seine getan hatte, um Bitter aus dem Schuldienst zu entfernen.

Rettender Hafen Hamburg – die katholische
Sankt-Mariengemeinde auf St. Georg
Quelle: Ortgies

Allerdings ließ Bitter noch am 23. September 1939 - nach Kriegsausbruch - seine Familie wissen: „Mir selbst geht es gut. Herbstferien gibt es diesmal nicht, weil der Unterricht in den letzten Wochen längere Zeit ausgefallen ist. Nächstens schreibe ich Euch mal einen Brief. Ja, das glaube ich, daß Ihr nun viel zu tun habt mit den Bezugsscheinen. Gut, daß ich jetzt in voller Pension bin."[479] Vielleicht blieb er doch inoffiziell als Lehrkraft tätig.

Ansonsten vertiefte er sich im Auftrag der St.-Marien-Gemeinde in historische Dokumente und Schriften aller Art, um die Geschichte der katholischen Schulen Hamburgs darzustellen.[480]

Doch kündigte die Gemeinde den Auftrag zum 30. September 1939.[481] Die Begründung lautete: „Da Herr Bitter über gute Kenntnisse in Stenographie und mehreren Fremdsprachen verfügt, bemüht er sich um eine gute Stellung in der Wirtschaft, wo er seine Sprachkenntnisse verwerten kann."[482] In Wirklichkeit aber blieb er weiter für die katholische Gemeinde tätig. Grund der Fortsetzung seiner Tätigkeit war nicht zuletzt die drohende Einberufung der beiden männlichen Mitarbeiter des Gemeindebüros.[483]

Sein unmittelbarer Vorgesetzter war nun Büroleiter Michael Pfuff sen. Er bekleidete mehrere wichtige Posten in Personalunion. Besonders wichtig war er als Finanzverwalter der Gemeinde.

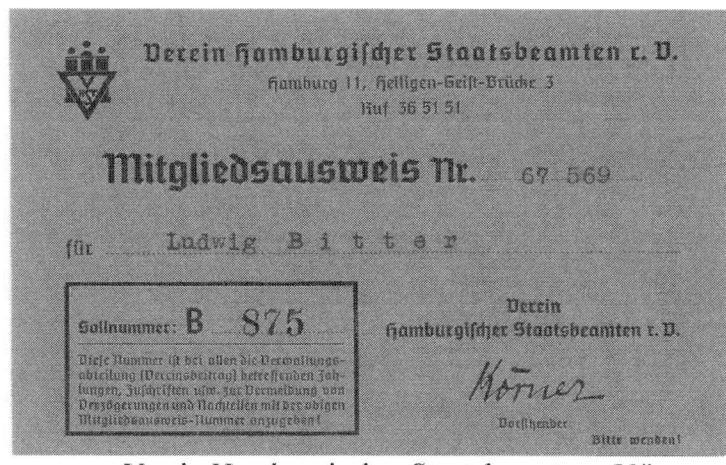

"Verein Hamburgischer Staatsbeamten r.V."
Mitgliedsausweis für Ludwig Bitter, o. J.
Quelle: NLB

Ob nun als Lehrer, Historiker oder als Büroangestellter – Bitter gelang es sogar, sicher dank tatkräftiger Unterstützung Pfuffs und Wintermanns, Mitglied im altehrwürdigen „Verein Hamburgischer Staatsbeamten r.V." zu werden.[484] Grundsätzlich hatte der Staat bei der Auflösung der katholischen Schulen Hamburgs den bisher der katholischen Gemeinde als Angestellte unterstehenden weltlichen Lehrern den Beamtenstatus zuerkannt.[485]

Eine bürgerliche Karriere im katholischen Milieu schien sich abzuzeichnen. Vor allem, nachdem Käthe (eigentlich: Katharina Paula) Blome aus Düsseldorf-Benrath Ende Mai 1939 nach Hamburg umgezogen war. Die damals sechsundzwanzigjährige Postbeamtin[486] und spätere Verlobte Bitters war engagierte Katholikin.[487] Er erwähnte sie erstmals 1936 in verklausulierter Form.[488] Ihre gemeinsame Perspektive in Hamburg wich bald trüberen Aussichten. Schon in der Zeit nach dem geglückten deutschen Überfall auf Polen am 1. September 1939 schrieb Bitter: „Mir geht es sonst gut, wenn man von gut in dieser fürchterl. Zeit überhaupt sprechen kann."[489]

Am 5. Januar 1940 allerdings erfasste die Hamburger „Wehrpflichtdienststelle" den „Dienstpflichtigen" Bitter unter seiner Hamburger Adresse.[490] Das Ende seiner bis April 1940 nachweisbaren Bürotätigkeit war nur noch eine Frage der Zeit. Die von Büroleiter Pfuff und Dechant Wintermann hinterlassenen Dokumente, die Bitter betreffen, erwecken den Eindruck, dass sie ihn mit aller Kraft in konzertierter Aktion vor den Nachstellungen des NS-Staates schützen wollten. Schon zu Beginn seiner Hamburger Zeit hatte Bitter übrigens von „Wach(t)hunde[n]" geschrieben, die ihm dort auflauerten.[491]

Seine Weiterbeschäftigung mit dem Auftrag, die Geschichte der katholischen Schulen Hamburgs vom Anfang bis zum Ende zu erforschen, dürfte weniger einem historischen Interesse als dem Wunsch geschuldet sein, ihn in der Gemeinde zu behalten. Über Dechant Wintermann urteilt der Historiker Bernd Nellessen: „ [..] in Wintermanns Brust schlagen zwei Herzen. Freudige Zustimmung zum nationalsozialistischen Staat schlägt um in Empörung, wenn eben dieser Staat antikatholische Aktionen ermöglicht. Gilt es, Menschen zu helfen, denen der Staat Hilfe verweigert, und fühlt Wintermann sich persönlich angesprochen, zieht er alle Register seiner Betriebsamkeit."[492]

Michael Pfuff sen., o.J.
Quelle:
Michael Pfuff jun., Hamburg

Dr. Michael Pfuff jun. bestätigt diese Hilfsbereitschaft in seinen Erinnerungen an den Vater und dessen Erzählungen. Mehr als einmal sollen Dechant Wintermann und Bürovorsteher Pfuff gefährdeten Personen geholfen haben. Michael Pfuff sen. sei zudem wegen schlimmer Erfahrungen als blutjunger Soldat im Ersten Weltkrieg zeitlebens überzeugter Pazifist gewesen.[493] Im Oktober 1939 kam es gar zu einer angedachten, dann verworfenen Hilfsaktion für Bitters Freund Hinterding. Dieser schlug sich wohl mehr schlecht als recht mit Musikstunden durch. Dechant Wintermann, vom dem die Initiative ausging, konnte sich durchaus Hinterdings Einsatz in der Hamburger Gemeinde vorstellen, da er Ersatz für einen ausscheidenden Organisten suchte. Doch zog Wintermann sich zurück, als er in einer Unterredung mit Bitter erfuhr, dass Hinterding zur „unsichtbaren Kirche" zähle.[494]

Bitters Ausarbeitungen zur Geschichte des katholischen Schulwesens in Hamburg waren sehr umfangreich. In ruhigeren Zeitläuften wäre es für ihn sicher ein Leichtes gewesen, aus ihnen eine Dissertationsschrift hervorgehen zu lassen.

So aber gerieten sie in den Wirren der Kriegs- und Nachkriegszeit nach dem Tod des Verfassers in Vergessenheit. Erst vierzig Jahre später griff eine Hamburger Dissertation sein Thema wieder auf, ohne anscheinend von Bitters Schrift Kenntnis zu haben.[495]

7. Auf der „Rollbahn" nach Osten. Als Pazifist im Weltanschauungskrieg gegen die Sowjetunion

Im Sommer 1940 durchlief Ludwig Bitter in einer Hamelner Kaserne eine achtwöchige Grundausbildung.[496] Seine Freundin Käthe Blome blieb vorerst in Hamburg, zog aber im April 1941 zurück zur Mutter nach Düsseldorf.[497]

Die während der Ausbildung angeordneten Schießübungen verweigerte Bitter nicht. Er entpuppte sich als treffsicherer Schütze.[498] Aber als es dann „losging", schrieb er nach Hause: „Natürlich wünsche ich jede Stunde, dem Militär den Rücken kehren zu können."[499]

Nach kurzem Zwischenaufenthalt in Hildesheim diente der Pazifist Bitter als Soldat im Hinterland der französischen Kanalküste.[500] Hauptsächlich war er als Dolmetscher tätig. Den Kasernenalltag empfand er als quälend langweilig.[501]

Frankreich, Rekrutenausbildung an der Kanalküste, 02.01.1941
Quelle: BArch, Bild 146-1978-036-37/Fotograf(in): Schmidt/Schaumburg

Seit seiner Einberufung zum Heer sah er sich auf ganz neue Weise unmittelbar mit den Konsequenzen einer pazifistischen Grundeinstellung konfrontiert. Alles lief auf einfach zu stellende, aber schwer beantwortbare Fragen hinaus: Soll man überhaupt bei dem Kriegseinsatz mitmachen? Und wie weit kann man mitmachen, wenn man sich der Einberufung eben nicht entzieht?

„Nie wieder Krieg". Käthe Kollwitz (1867-1945): Plakat
für den Mitteldeutschen Jugendtag 1924; Kreide- und
Pinsellithographie (Umdruck).
*Quelle:https://www.dhm.de/fileadmin/medien/lemo/ images/p62-
23.jpg, Bild-PD-alt, https://de.wikipedia.org/w/index.php?
curid=9140545/15.05.2020*

Der Pazifismus der Weimarer Republik - wie ihn Bitter kennenlernte und vertrat - hatte wohl wenig konkrete Handhabe geboten, wie man sich im militärischen Ernstfall verhalten sollte.

Schließlich gab es zu Weimarer Zeiten einen - trotz aller Schwächen - funktionierenden Rechtsstaat mit einer parlamentarischen Demokratie. Die allgemeine Wehrpflicht aus Kaisers Zeiten war abgeschafft. Die Siegermächte des Ersten Weltkrieges hatten dem besiegten Deutschen Reich nur eine Berufsarmee mit kaum mehr als 100.000 Mann zugestanden. Die Schrecken des Krieges steckten zunächst vielen Überlebenden noch in den Knochen; die Gefahren eines neuen Weltkrieges, den man sich oft als Gaskrieg ausmalte, standen vielen vor Augen. Die relativ schwache wirtschaftliche und politische Position Deutschlands im europäischen Machtgefüge schien keine militärischen Abenteuer zu erlauben - auch wenn der Ruf und Drang in diese Richtung seitens interessierter Kräfte in Staat und Gesellschaft nie verstummte, nie nachließ.

Vor diesem Hintergrund ging es eher um theoretische Fragen des Pazifismus - der Art, ob man trotz fehlender Wehrpflicht offiziell seine Wehrdienstverweigerung bekunden solle. Ob man grundsätzlich das Militär ablehne oder aber die Existenz von Militär zur Landesverteidigung zulässig sei. Ob der Generalstreik ein erlaubtes Mittel der Kriegsverhinderung sei.

Thrasolt und Ehlen, die älteren Vorbilder Erbs und Bitters, vertraten einen als radikal empfundenen Pazifismus, der aber schon im „Friedensbund deutscher Katholiken" als „Opposition" in der Minderheit blieb. In der Frage der Kriegsdienstverweigerung bestritt Ehlen, der selbst im Ersten Weltkrieg gedient hatte, dem Staat grundsätzlich das Recht, sich über die Gewissensentscheidung des Einzelnen hinwegzusetzen. Im weltpolitischen Rahmen lehnten er und Thrasolt jeden Krieg ab. Auch Verteidigungs- oder Sanktionskriege seien nicht zu rechtfertigen. Zwar sahen die radikalen Pazifisten die Notwendigkeit einer überstaatlichen Rechtsorganisation. Doch mochten sie den Genfer Völkerbund nicht als legitimes Organ zur Durchsetzung des Weltfriedens anerkennen. Der Anerkennung stehe im Wege, dass er eine Konstruktion der Siegermächte des Ersten Weltkriegs sei. Auch seine Satzung und die bisherige Tätigkeit berechtigten nicht zu Optimismus.

Man kümmerte sich aber durchaus ganz praktisch und nachdrücklich um die internationale Zusammenarbeit der Völker der ehemaligen Kriegsgegner, strebte ihre gegenseitige Annäherung an, setzte Zeichen. Nikolaus Ehlen half zum Beispiel unentgeltlich bei einem Arbeitseinsatz im Lande des „Erbfeindes" Frankreich. Und natürlich warnten die Pazifisten auf Veranstaltungen, in Büchern und Presseerzeugnissen vor der Gefahr eines neuen Großen Krieges, agitierten etwa gegen Tendenzen der Remilitarisierung Deutschlands - zum Beispiel in der sogenannten Panzerkreuzerfrage, bei der anvisierten sportlich-militärischen „Jugendertüchtigung" oder im Geschichtsunterricht.[502]

Der brutale Triumph des Nationalsozialismus jedoch hatte die Rahmenbedingungen innerhalb weniger Jahre völlig verändert. Als Bitter 1940 zur Wehrmacht eingezogen wurde, herrschte schon jahrelang Arbeits- und Wehrdienstpflicht. Deutschland war eine Diktatur, die einen spätimperialistischen Angriffs- und Raubkrieg führte. Im Inneren wurde jegliche politische Opposition schärfstens bekämpft und die Vernichtungspolitik gegenüber Juden und anderen Minderheitengruppen vorbereitet. An öffentliche, organisierte Friedensarbeit war längst nicht mehr zu denken.

Wer aus welchen Gründen auch immer der Einberufung keine Folge leistete, musste mit drakonischer Bestrafung rechnen. Allen sogenannten Wehrkraftzersetzern drohte die Todesstrafe.[503] Letztlich war jeder Eingezogene bzw. Kriegsteilnehmer auf sich selbst gestellt - ohne Rückhalt bei irgendeiner Bewegung und ohne Aussicht auf halbwegs objektive rechtliche Würdigung seiner Motive im Falle irgendeiner Verweigerungshandlung.

Von den ehedem aktiven Pazifisten, denen Bitter zugearbeitet hatte, stand nur Alfons Erb wie Ludwig Bitter vor der konkreten Entscheidung, wie er sich angesichts einer Einberufung verhalten sollte.[504]

1933 hatte er sich zunächst dem Zugriff der NS-Staatsmacht durch Flucht ins Ausland entzogen.[505] Diese Möglichkeit stand auch Ludwig Bitter vor Augen. Nach den Worten seines Bruders Bernhard konnte und wollte er sich jedoch nicht zur Emigration entschließen: „Daß L.[udwig] nicht emigrierte[,] ist meines E.[rachtens] nur verständlich, wenn man weiß, wie sehr er seine Heimat liebte + seine Eltern und wenn man weiß, wie er zu seinem 'Opfer'-Gedanken stand, der [...] in seinem Leben bestimmt eine große Rolle gespielt hat."[506]

1936 wurde Erb, als er sich wieder in Deutschland aufhielt, wegen angeblich staatsfeindlicher Betätigung inhaftiert, jedoch nach mehr als drei Monaten Haft freigelassen. Sein Verfahren war eingestellt worden. Wegen beruflicher Drangsalierungen war er mit Frau und vier Kindern „brotlos" - so Erbs Wortwahl.

Er wurde fast zeitgleich mit Bitter im Juni 1940 eingezogen. In einem offensichtlich kurz nach Kriegsende verfertigten Lebenslauf beschrieb er seine Strategie: „Als ich den Krieg kommen sah, liess ich mich beim Roten Kreuz ausbilden, um als Sanitäter eingezogen zu werden und auf diese Weise nicht aktiven Anteil an den Verbrechen des Hitlerkrieges nehmen zu müssen. Ich habe den ganzen Krieg dann als Sanitäter bzw. Krankenkraftwagenfahrer an der Front verbracht, ohne einen einzigen Schuss abzugeben."[507]

Ludwig Bitter, der sich mit ihm und seiner Gattin noch 1937 in Berlin getroffen hatte, fehlte die Ausbildung zum Sanitäter, um Erbs Beispiel folgen zu können. Mit Sicherheit kann nicht gesagt werden, warum er sie nicht einmal angestrebt hatte. Vielleicht ging Bitter sogar davon aus, dass einem ehemaligen KZ-Häftling wie ihm wegen fehlender „Wehrwürdigkeit" die Einberufung gar nicht drohte. Dem Wortlaut des einschlägigen NS-Gesetzes zufolge war das allerdings nicht der Fall, denn er war zwar wegen staatsfeindlicher Betätigung inhaftiert, jedoch nicht offiziell, d.h. gerichtlich bestraft worden.[508] Ohnehin konnte der Reichskriegsminister selbst bei solchen Vorbestraften aus eigener Machtvollkommenheit ihre Einberufung verfügen.[509]

Von der katholischen Kirche, die – nicht nur in Deutschland – bis 1945 an der Lehre vom gerechten Krieg festhielt, gingen keine positiven Impulse für Pazifisten aus. Militärische Gewalt war zulässig, wenn sie den Rahmen dieser Lehre nicht sprengte. Die meisten Bischöfe hatten sich sich schon zu Zeiten der Weimarer Republik gegenüber dem pazifistischen „Friedensbund Deutscher Katholiken" reserviert bis ablehnend verhalten.[510]

Hitlers Angriffskrieg gegen die Sowjetunion galt als gerechter Kampf gegen gottlose Bolschewisten. Geradezu erschreckend, aber eben auch zeittypisch in der Denkweise ist ein hektografierter Abschiedsbrief eines Iserlohner Theologiestudenten, der sich aus unbekannten Gründen in Bitters Nachlass befindet.[511]

Eigentlich hatte dieser Julius für die „Weißen Väter" Missionsarbeit in Afrika leisten wollen. Aber: „Gott hat es so gewollt, dass das Vaterland mich rief. Ich bin gerne Soldat, weil Gott es will, weil ich kämpfen kann für mein Vaterland, das für mich kein leerer Begriff ist. Als Infanterist stehe ich freiwillig vor dem Feind, denn freiwillig bin ich von Iserlohn gegangen. [...] Höhere Ideale waren es als persönliche Ehre! Ich kenne keine Furcht, ich kenne nur die Pflicht!"[512] Mit ihm gingen zwei andere junge „Weiße Väter" an die Front. Dort fiel der Verfasser des Briefes 1942, nachdem man ihm zuvor für seine Leistungen an der Ostfront das Eiserne Kreuz zweiter und erster Klasse zugesprochen hatte.[513]

Rückblickend auf die Jahre 1938/39, kritisierte Hubert Hinterding einen ihm neuen Zug im Charakter des einst so rebellischen Schulfreundes Bitter: eine Duldungsstarre, die sich aus der Rückbesinnung auf den christlichen Glauben gründete: „Als ich kurz nach der Sudetenkrise [Oktober 1938] bei seinem flüchtigen Besuch in Mesum die bange Frage aufwarf, ob das Regime wohl überhaupt jemals zu Ende gehen würde, antwortete er seelenruhig, einem Christen könne das überhaupt nichts ausmachen. Soviel Gefasstheit in der Hoffnung auf das Jenseits, nachdem Agitation für Frieden auf Erden erfolglos geblieben war, war natürlich nicht dazu angetan, meine Beklommenheit zu lindern."[514]

Schroffer, konkreter soll Bitter sich gegenüber Hinterding sogar in der Grundfrage eines christlich fundierten Pazifismus geäußert haben: „Manchmal schien Ludwigs Instinkt doch mehr zu wissen, als sein Verstand zugab, wenn er mit der Bosheit des Gesunden seine Unempfindlichkeit gegen meine Empfindlichkeit [gegenüber der Armee] hervorkehrte: ' ... von der Bergpredigt abgesehen, - warum nicht Soldat werden? ist ja nichts dabei! ...'."[515]

Ob Hinterding, der sich selbst und ebenso Bitter eine andauernde Feindschaft gegenüber Krieg und Diktatur attestierte, dessen Gedankengänge richtig wiedergab, kann mit einiger Berechtigung angezweifelt werden. Bitter ist zwar durchaus zuzutrauen, dass er angesichts der Ohnmacht der Opposition einem christlich geprägten Fatalismus zuneigte. Aber obendrein die Bergpredigt Jesu so nebenher und oberflächlich zu den Akten zu legen - dafür liefern alle sonst bekannten Quellen keinerlei Anhaltspunkte.

Nach dem deutschen Überfall auf Polen antwortete Bitter jedenfalls auf eine längere – nicht überlieferte – Schrift Hinterdings, die er in den höchsten Tönen lobte: Er habe „lange nicht so einen Gewinn gehabt [...] wie beim Lesen Deiner [Hinterdings] Epistel. Sie soll nicht verloren gehen. Vielleicht kommt einmal die Zeit, da andere Geschlechter versuchen werden, sich an Hand Deiner Zeilen ein auch nur annäherndes Bild zu machen von den chaotischen Zuständen vor der zweiten Sündflut. Vielleicht wird er [„der Brief"/Zusatz von LB] auch beim jüngsten Gericht vorgelesen. Wer kann es wissen! Ich gebe Dir recht in allem, nur in dem einen nicht, dass man sich jetzt Verzweiflungsstimmungen hingeben dürfe."[516]

Bitter fährt fort, ihn halte sein Glauben an Christus. Vor allem sein Jenseitsglaube sei die Wurzel seines immer wieder durchbrechenden Optimismus. Aber er gebe zu, dass dies nicht jedermanns Sache sei: „Gut, wenn man dann ohne diesen Glauben vielleicht nicht die Kraft aufbringt, an die Zukunft zu glauben, an die Kultur; die Kraft zum Trotz, die wird man auch dann noch haben können. Trotzend, allein, ohne Glauben als den an sich selbst lebend [unterstrichen von LB] zu grundegehen. Auch der Glaube an sich selbst ist eine Illusion! So bliebe denn nur der Trotz! Aber der bliebe [doppelt unterstrichen von LB]!!"[517]

So weit sei man aber in Deutschland nicht. Denn selbst wenn die breite Masse unvernünftig sei, bliebe immer noch die gar nicht so unansehnliche Minderheit, die durchaus Vernunft, Geschmack und Moral besitze. Er müsse allerdings eingestehen, dass ihn alles furchtbar erschüttere und fast zu viel sei. Und dennoch könne man, wenn auch „bis obenhin mit Leid gefüllt [...] leben und (für uns Christen) noch lieben.!!"[518]

In diesem Zusammenhang erwähnt Bitter ausdrücklich Theodor Haecker [auch: Häcker][519], einen kompromisslos antinazistischen katholischen Denker und Pazifisten. Er wirkte bis 1944 in München, wo er zum Mentor des Widerstandskreises der „Weißen Rose" wurde.[520] Auch Hinterding hatte sich vermutlich in seiner „Epistel" von 1939 auf Gedanken Haeckers bezogen.

Zutreffend ist, dass keine grundsätzlichen schriftlichen Erörterungen Bitters für oder gegen seine Kriegsteilnahme auffindbar sind. Die Brisanz des Themas Pazifismus lud nicht gerade zu schriftlichen Fixierungen ein. Wirklich Wichtiges wurde möglichst nur unter vier Augen mitgeteilt.

Der Hubert Hinterding aber, der ca. 15 Jahre danach den Gesprächsinhalt gegenüber Bernhard Bitter zusammenfasste, hatte sich mit zunehmendem Alter zu einer Person entwickelt, die zwischen Menschenscheu und Menschenfeindschaft schwankte. In dieser Grundstimmung verstieg Hinterding sich seinem persönlichen Umfeld gegenüber häufiger zu ungerechtfertigten Unterstellungen, Vorwürfen und Klagen. Selbst der verstorbene Bitter blieb hiervon nicht ganz verschont. Auch deshalb sind Zweifel angebracht an Hinterdings Sicht auf Bitter.[521]

Schließlich sollte nicht vergessen werden: In der gesamten Korrespondenz der Jahre vor und während des Krieges achteten die Beteiligten darauf, keinen Argwohn irgendwelcher Mitleser zu erwecken. So schrieb z.B. Bitters Bruder Hubert nicht einmal das Wort „Pazifist" aus, als es um Ludwig ging: „Ich persönlich nehme an, dass er als P. lieber sterben wollte, als ein anderer durch ihn."[522]

Viele Familienmitglieder, Freunde und Bekannte, die Hitlers Expansionskrieg ablehnten, wussten diese Meinung hinter kryptischen Formulierungen zu verbergen, die man Ihnen von Seiten der kriegslüsternen Diktatur nicht zum Vorwurf machen konnte.

Während eines Heimaturlaubs verlobte Bitter sich im Frühjahr 1942 mit Käthe Blome.[523] Ihm schien es trotz der bedrückenden Zeitumstände die endgültige Wende zum privaten Glück: „ […] dieser Urlaub hatte mir endlich die Freiheit geschenkt, mich einem Menschen ganz zu erschließen, die Starre aus Vergangenheit, Not, Stolz, Verkanntsein, Irren und Fehlen, zu lösen. Die Tage am Rhein, in der Heimat, waren Tage erquickender Freude, manchmal gewiß auch Grund tiefer Beklommenheit, banger Sorge um die Zukunft."[524]

Doch nur fünf Tage nach Rückkehr an seinen Einsatzort im Westen wurde er als einziger aus seiner Einheit[525] einer anderen Division, der 323. Infanteriedivision, zugeteilt und Richtung Osten in Marsch gesetzt[526]: „Warum soll ich es verschweigen? Als am Freitagabend, schon spät, ein Kamerad von der Schreibstube den Befehl brachte, ich müsse meine Sachen packen, ich käme fort, war ich eine Viertelstunde sehr betroffen. War es Furcht? War es Überraschung? Da ich geglaubt hatte, man wolle mich wegen meiner Dolmetschertätigkeit zurück behalten? Vielleicht war es Angst vor Rußland, hatte ich doch in den Briefen meiner Brüder furchtbare Dinge über Rußland gelesen. […] War nicht auch eine gewisse Scham dabei, zu lesen, zu wissen, daß die Kameraden, daß die Brüder in Rußland Strapazen, Tod, Verwundung, ertrugen, wir hingegen verhältnismäßig gut lebten."[527] Insbesondere wohl der letzte Gedanke ließ ihn zur Ruhe kommen und sein Schicksal annehmen.[528]

Stab 323. I. D. vor dem Abrücken in Charleroi (Belgien)

323. Infanteriedivision vor der Verlegung in die UdSSR, 1942
Quelle: Traditionsverband 1966, S. 55

Seine Familie jedoch sah hinter seinem Osteinsatz das Werk nimmermüder Quertreiber aus Ibbenbüren: „Dann wurde er Soldat und auch da ließ man man ihn nicht zur Ruhe kommen. Dieselben nat.-soz. Kräfte brachten es fertig, dass er von der West- zur Ostfront versetzt wurde."[529]

Von Charleroi wurde Bitter ab dem 2. Mai 1942 über Aachen, Warschau und Brest-Litowsk mit 45 Mann in einem Güterwaggon bis Rowno transportiert.[530] Nach zweitägigem Aufenthalt in einer Kaserne marschierte sein Trupp, das Infanterieregiment Nr. 594 [531], ab dem 11. Mai 1942 bei unzureichender Verpflegung bis in das Kampfgebiet in Zentralrussland – anfangs auf der sogenannten Rollbahn Nord.[532]

„Die Rollbahn: eine etwa 12 m breite Asphaltstrasse, schnurgerade. Dann folgen zu beiden Seiten die breiten Fahrwege für die Bauern, für die Panjewagen mit den kleinen, schnellen Panjepferden. Etwa 30 m breit ist dieser Streifen auf jeder Seite. Somit ist die Straße im ganzen etwa 70 bis 80 m breit. So ist das in ganz Russland. Jeder sucht sich eben seinen Weg. Ist er an der einen Stelle ausgefahren, probiert man es eben 5 m weiter links oder rechts. Das ist das weite, unbegrenzte Russland, das sich solch eine Landverschwendung erlauben konnte."[533]

Im Raum Dubno - Korzec, 14.05.1943
*Quelle: BArch, Bild 121-1573/Fotograf(in):
Zottmann, Maximilian v.*

Korec[534] an der ehemaligen polnisch-sowjetischen Grenze, Zwiahel[535] - die erste größere ukrainische Stadt, die vor dem deutschen Überfall zur Sowjetunion gehört hatte – und Schitomir (Shitomir) markierten den Weg nach Kiew, in die Hauptstadt der Ukraine. Die Infanterieregimenter wurden in Kasernen am Stadtrand und außerhalb der Stadt untergebracht.[536]

Am 3. Juni 1942 schrieb Bitter: „Wir liegen immer noch in der Nähe der großen Stadt. Aber in wenigen Tagen wird es weitergehen. Dann heißt es wieder marschieren. Mir geht es gut. Macht Euch keine Sorgen. Auch diese Zeit muß überwunden und ertragen werden. Sonntag hatten wir Feldgottesdienst und Grundabsolution und gem. Kommunion."[537]

Während die militärische Führung in Kiew die „Gelegenheit zum Besuch guter Opern- und Operettenaufführungen" wahrnahm, durften Soldaten wie Bitter ein einziges Mal in

Kiew, 1942
*Quelle: BArch, Bild 146-2005-0072/
Fotograf(in): Kress*

Kommandeurbesprechung Kiew Juni 1942
4. v. links: Oberst Latz, 5. v. links: Oberst Trompeter, 6. v. links: Genlt. Bergen, 7. v. links: Major Allmer, 8. v. links: Oberst Amann, 9. v. links: Oberstarzt Dr. Schütz

Kommandeursbesprechung in Kiew, Juni 1942 - mit dem Kommandeur der 323. Infanteriedivision, Generalleutnant Bergen, und u.a. dem Kommandeur des Infanterieregiments 594, Oberst Trompeter.
Quelle: Traditionsverband 1966, S. 56

die ukrainische Hauptstadt zum Besuch eines Fußballspiels: „Zuerst sahen wir in einem großen, schönen Stadion, das sicher 4000 Sitzplätze hat, ein Fußballspiel zwischen einer Mannschaft der ungarischen Truppen und der deutschen Luftwaffe, dann machten wir noch einen Spaziergang über die Hauptstraße der Stadt [den Chreschtschatyk]. Hier gibt es nichts zu essen und zu beißen. In einem kleinen russ. Lokal tranken wir eine Tasse Kaffee (keine Bohnen) 50 Pfg. [Pfennige]. [...] Dann kamen wir durch die (heutige) Horst-Wesselstrasse. Ein großer, riesiger und doch schöner Wohnungsneubau neben dem anderen. Aber wer mag darin gewohnt [haben]? Parteibonzen? Es gibt auch sehr großes Elend hier. Das sahen wir am Markt, wo Privatleute alle möglichen Sachen verkauften. 8-10 Kartoffeln 3 Mark. Später mehr."[538]

Über Zwischenstationen wie Konotop und Kursk ging es an die Front in der Nähe der von den Deutschen eroberten zentralrussischen Großstadt Woronesch.

An Gottesdienste war nicht mehr zu denken. Die Unterschiede zwischen den Tagen verwischten schon mit der zunehmenden Anstrengung der Märsche und der Heftigkeit der Kämpfe, die Bitters Trupp bestehen musste: „Daß heute Sonntag ist, habe ich erst heute mittag erfahren. So ist das im Krieg."[539]

Nachdem Bitter an einem Angriff auf ein Dorf teilgenommen hatte, erkrankte er an einer schweren Grippe und landete im Lazarett Kursk, ungefähr 200 Kilometer westlich von Woronesch. Kurz nach seiner mühseligen, gefährlichen Rückreise aus dem Kursker

Lazarett begann am 15. September 1942 der Sturm der Roten Armee auf die Stellungen der Deutschen und ihrer Verbündeten.

Russland, bei Woronesch, Behelfsbrücke, Juni-Juli 1942
Quelle: BArch, Bild 101I-216-0441-45A/Fotograf(in):Carl

Ein Kriegsbericht der deutschen Seite schreibt: „Russischer Großangriff mit 40. und Teilen 38. Armee (in vord. Linie: 6., 100. und 206. Schützendiv., unterstellt: 6 Panzerbrigaden) – mehr als 200 Panzer, 24 'Stalinorgeln', Schlachtfliegern, zahlreichen Batterien schwersten Kalibers und Hunderten von Granatwerfern auf **Inf.-Rgter 593** [Fettdruck wie im Original] und **594** [Fettdruck wie im Original].[540] Gefährlicher Einbruch im Abschnitt des **I.R. 593** [Infanterieregiment 593. - Fettdruck wie im Original] bei 'Russenschlucht', der jedoch zunächst wenigstens abgeriegelt werden kann. In den folgenden Tagen unablässige beiderseitige Angriffe mit schweren Verlusten. Auf deutscher Seite gelangen Stukas [Sturzkampfflugzeuge] zum Einsatz. Auch Teile der 75. und 387. I.D. [Infanteriedivision] müssen einspringen. Nach 1 Woche sind bereits 91 sowj. Panzer abgeschossen [...]. Bis Monatsende an fast allen Tagen deutsche Gegenangriffe zwecks Bereinigung der Einbruchstelle, die jedoch trotz stärkster Bemühungen nicht zum vollen Erfolg führen."[541] Alle drei Bataillonskommandeure aus Bitters Regiment wurden verwundet, zwei so schwer, dass sie sofort die Truppe verlassen mussten.[542]

Ludwig Bitter wurde bei dem Großangriff der Sowjets am 16. September durch einen Granatsplitter am rechten Schlüsselbein schwer verletzt.[543] Mit einem Verwundetentransport traf er nach wiederum beschwerlicher Fahrt im Kursker Lazarett ein. Von dort meldete er sich am 18. September 1942 bei seiner Verlobten und der Familie in Ibbenbüren. Er sei nur leicht verwundet.[544]

Über die Wucht des sowjetischen Angriffs und die Dramatik der Vorgänge ließ er sich mit keinem Wort aus.[545] Er verstarb am 27. September 1942 nach tagelangem hohen Fieber an einer schweren Lungenentzündung, die er sich zusätzlich zu seiner Verwundung zugezogen hatte. Die Lazarettmeldung vermerkt zudem eine Sepsis.[546] Die Ärzte hatten ihn in dem Glauben gelassen, er leide an Malaria.[547]

Sowjetunion, Kursk. - Deutsche Infanterie auf dem Vormarsch, an einem abgeschossenen / brennenden sowjetischen Panzer KW-1 vorbeigehend; PK 670, Sommer 1942
Quelle: BArch, Bild 1011-078-3080-38/Fotograf(in): Koch

Bis zuletzt hatte er Briefe nach daheim geschrieben, in denen er vor allem seine Mutter – der Vater war längst verstorben – bat, sich nicht um ihn zu sorgen. In der Familie keimte sogar mit dem zweiten Lazarettaufenthalt Ludwigs die Hoffnung auf, er könnte wegen seiner Verwundung nach Deutschland transportiert werden. Vorher sollte ihn sein Freund Leo Meyer, dessen Einheit in Kursk lag, noch im Lazarett besuchen.[548] Dazu kam es nicht mehr. Auch Bitters Onkel Josef Koldehoff, der ebenfalls in der Nähe war, traf ihn nicht mehr lebend an, als er ihn im Lazarett aufsuchen wollte.[549]

Ein ebenfalls etwas früher im selben Kampfgebiet wie Bitter eingesetzter, dort durch einen Splitter in der Lunge verwundeter Ibbenbürener Unteroffizier hatte mehr Glück. Nach der Ausheilung seiner Verletzung wurde er zur Belohnung trotz fehlender Mittlerer

Reife zum sogenannten Kriegsoffizieranwärter ernannt und vorübergehend zum Besuch der Kriegsschule von der Ostfront abgezogen.[550]

Die Familientradition überliefert, Ludwig Bitter sei es - ähnlich wie Alfons Erb - gelungen, keinen Menschen durch Schusswaffengebrauch zu töten.[551] Während seines Dienstes als Funker und Dolmetscher an der Front könnte er tatsächlich - ausweislich des Inhaltes seines Briefwechsels - keinen Schuss abgegeben haben, genauso wenig wie wohl zuvor an der französischen Kanalküste. Bei den Kämpfen um den Brückenkopf Woronesch wurde er als Mitglied der Nachrichtenstaffel mal direkt an der Kampflinie, mal beim Bataillonsstab[552] hinter der Linie eingesetzt.

Sowjetunion, Funker mit Tornisterfunkgerät, 1943
Quelle: BArch, Bild 1011-198-1395-24A/Fotograf(in): Henisch, Walter

Ludwig Bitters nachgelassener Kriegsbericht beschreibt Stationen, Beobachtungen und Gespräche von Frankreich, Belgien, über Deutschland und Polen bis in die Sowjetunion des Jahres 1942, enthält aber auch Erinnerungen an längst verflossene Zeiten wie z. B. das Zusammentreffen mit dem sowjetrussischen Dozenten Bogatyrev in Münster.[553]

Bitter nahm wie schon so oft zuvor eine Sonderstellung in seiner Umgebung ein. So empfand er es jedenfalls und wird sich darin kaum getäuscht haben: „Schwer hatte ich es, mich neu einzuleben. Ganz allein aus dem alten Haufen [an der Kanalküste] herausgerissen, unter ganz andere Menschen gesteckt. [...] Wie sollte ich mich da anschließen können? Und von neuem begann ich zu ringen um die Seele der anderen, des anderen, der vor, hinter mir, neben mir marschierte. Irgendwelche äußerlichen Gründe [...] zwingen nun Leute monatelang, Tag für Tag, nebeneinander zu marschieren, die sich nichts zu sagen haben. Meine große, immer gleichbleibende Qual, daß ich den Kameraden nichts sagen konnte. Ich wollte, wollte unter allen Umständen mit ihnen ins Gespräch kommen, fühlte eine eiserne Verpflichtung dazu. Und so sprachen wir dann von äußerlichen Dingen, vom Krieg, vom Wetter, von der Heimat, von Verpflegung, wie es sich gerade gab. Immer quälte mich der Gedanke, ich müsse die Kameraden unterhalten, müsse sie aufmuntern, und ich fühlte mich doch meistens in solch niedergeschlagener Verfassung. Andererseits habe ich oft darüber gestaunt, daß ich mich eigentlich auf dem Marsch immer am wohlsten gefühlt habe. So werden sicherlich manchmal die Kameraden den Eindruck gehabt haben, ich sei meistens in guter Stimmung. Und das ist gut so."[554]

Zwischen ihm und den anderen stand nach seinem Empfinden eine Barriere, die er aus mehreren Gründen nicht einfach überspringen konnte. Seine intellektuellen Interessen stachen von seiner Umgebung ab. Laut Familienüberlieferung lernte oder wiederholte er beispielsweise russische Vokabeln, indem er passende Zettel auf dem Rücken seines Vordermannes anbrachte. Während der Tagesmärsche konnte er so gleichzeitig Stoff pauken.[555] Er selbst schildert es etwas anders: „Mancher Kamerad wird anfangs gedacht haben: Ein komischer Heini! Hat der auf dem Marsch ein blaues Notizbuch in der Hand und lernt Wörter auswendig!"[556] Andererseits befähigten ihn seine Sprachkenntnisse zur Kommunikation mit der einheimischen Bevölkerung. Diesen Umstand machten sich seine Kameraden, von denen er einige selbst nach vier Monaten wegen ihres Dialektes nur schlecht verstand, gerne beim „Organisieren" von Proviant und anderen Dingen zunutze.[557]

Ein von ihm ausführlicher wiedergegebenes Gespräch mit einem alten ukrainischen Bauern aus der Nähe von Zwiahel über die Herrschaft der Zaren und der Sowjets konnte er auf deutsch führen. Der Ukrainer war Sohn deutscher Einwanderer, ein sogenannter Volksdeutscher, der die Ankunft der deutschen Besatzer wortreich begrüßte.[558]

Die Sowjetherrschaft lehnte der Alte zwar nicht in allem ab, dafür ließ er seiner Abneigung gegen die angeblich schlauen und faulen ukrainischen Juden freien Lauf. Während der Zwangskollektivierung der Landwirtschaft hätten sie allein es immer wieder verstanden, ihren Nutzen aus der Lage zu ziehen – zum Schaden der anderen. Bitter enthielt sich bei der Wiedergabe eines Kommentars. In seinen Augen hatte der alte Mann mit der zweimal drohenden Deportation nach Sibirien (im Ersten Weltkrieg gegen die Deutschen und nach dem deutschen Überfall 1941), der Zwangskollektivierung und der großen Hungersnot in der Ukraine während der 30-er Jahre ein schweres Schicksal durchlitten.

Zur Lage der Juden in den Besatzungsgebieten des Ostens äußerte sich Bitter hier nicht weiter. Wohl aber ging er an anderer Stelle auf die Juden ein, die sein Trupp seit Rowno auf den Märschen durch polnisch-ukrainisches Gebiet zu sehen bekam: „In den Städten fiel uns auf, daß alle Juden durch einen handtellergrossen, gelben, runden Flecken auf dem Rücken gekennzeichnet waren. Außerdem schienen sie Befehl zu haben, jeden deutschen Soldaten zu grüßen. Aber kein Soldat machte sich etwas daraus."[559]

Eine ähnliche Beobachtung hielt die junge deutsche Rotkreuzschwester Annette Schücking aus Sassenberg (Krs. Warendorf) in ihrem Tagebuch am 29. Oktober 1941 für Brest-Litowsk fest. „Viel Juden mit gelben Kreisen auf der Kleidung."[560] Sie sollte in den nächsten Monaten im Soldatenheim Zwiahel für das Wohlbefinden deutscher Soldaten Sorge tragen.

Eigentlich ist es schon erstaunlich, dass beide Augenzeugen meinten, die Kennzeichnung der Juden mit einem runden Flicken festhalten zu müssen. Schließlich war in den Tagen nach dem 1. September 1941 auch im „Altreich" die Kennzeichnungspflicht - wenn auch in anderer Form mit dem „Davidstern" - eingeführt worden. War es nur wegen des Unterschiedes in der Form?

Für Annette Schücking gilt, dass viele der kurzen Eintragungen in ihrem Tagebuch eher als Gedächtnisstütze für die Zeit gedacht waren, in der sie Zeugnis ablegen konnte und wollte von den ungeheuerlichen Verbrechen des Holocaust im Osten Europas – jenen, die schon vor ihrer Ankunft verübt worden waren, und jenen, die sie selbst noch aus relativer Nähe miterleben sollte: in Korec, Rowno, Zwiahel und benachbarten Orten.[561]

Schon wenige Tage nach dem Eintrag über die Juden in Brest-Litowsk hatten sie und eine junge Kollegin verstörende Informationen über den mörderischen Umgang der deutschen Besatzer mit den Juden erhalten. Danach war Annette Schücking mehr als einmal überwältigt, fast sprachlos von dem, was sie von anderen erfuhr oder selbst sah. Gleichwohl setzte sie in ihren Briefen ihre Eltern von der Ausrottung der Juden in Kenntnis.[562]

Bitter hingegen sprach das Thema Juden, geschweige denn des Massenmordes an ihnen, in seinen Briefen an die Familie gar nicht an. Und auch sein nur für ihn selbst und eventuell später noch andere - wie vielleicht die Verlobte Käthe Blome - gedachter Kriegsbericht geizt mit Ausführungen zum Thema.

Bitter richtet sein Augenmerk auf die detaillierte Beschreibung volkskundlicher Tatsachen. Auch das nahezu menschenleere Woronesch beschreibt er anschaulich. Die Sowjets hätten eine moderne - nun zerstörte - Großstadt hinterlassen, die den Vergleich mit einer westlichen Stadt nicht zu scheuen brauche.[563]

Hier zeigt sich eine Charakteristik des gesamten Berichtes über den Marsch: vorbehaltlose Neugierde und Präzision in der Beschreibung der Beobachtungen. Polen, Ukrainern und Russen begegnete Bitter ohne jeden nationalistischen, rassistischen Dünkel.

Zu fragen wäre also, ob Bitter den mit dem Überfall Nazi-Deutschlands auf die UdSSR in Gang gesetzten Völkermord in seinen schriftlichen Äußerungen verschwieg oder aber tatsächlich nichts - oder nur schemenhaft - von den Vorgängen erfuhr.

Seine erhaltenen Briefe und Karten gingen in erster Linie an die Mutter und die Geschwister. So mag man annehmen, dass er ihnen, nach allem was geschehen war, weitere Aufregungen, ersparen wollte. Sie sorgten sich so schon täglich um sein Leben.

Annette Schücking wusste ihre systemkritischen Eltern eindeutig hinter sich. Sie hatte Grund zu der Annahme, ihnen reinen Wein einschenken zu können. Ihre längeren Briefe konnte sie zur Ordnung ihrer Erfahrungen und Gedanken nach der Arbeit nutzen. Bitter war nach den Tagesmärschen meistens nur in der Lage, kürzere Texte anzufertigen. Vorrangig mussten er und seine Kameraden sich im jeweiligen Nachtquartier einrichten, für Verpflegung sorgen, ihre Ausrüstung und Kleidung in Ordnung halten. Hinzu kam die Müdigkeit nach den körperlichen Strapazen.

Denkbar ist allerdings auch, dass Bitters Regiment ohnehin wenig von den Vorgängen vor Ort mitbekam. Länger als zwei Nächte scheinen die Marschierer nie an einem Ort geblieben zu sein. Während der Märsche kam es zu keinem engeren, vertraulichen Kontakt mit den Einheimischen. Die freie Zeit diente primär dem Tauschhandel, nicht der Beschaffung von weitergehenden Informationen. Bitters längeres Gespräch mit dem volksdeutschen Bauern blieb wohl die Ausnahme von der Regel.

Andererseits zeigte er sich auf dem Marsch immer wissbegierig. In Briefen an seinen Bruder Hubert wurde er manchmal deutlicher, was die Lage vor Ort anging: „Ich stelle nach einiger Zeit immer die gleichen Fragen: Wie war es unter dem Sowjetregime? Antwort: Alles in allem genommen sehr schlecht. Man konnte nicht leben. [...] Die Ukrainer sind durchweg froh, daß die Deutschen kamen. Böses Blut macht anscheinend die Verschickung von ukrainischen Arbeitskräften ins Reich, die scheinbar nicht freiwillig ist, oder nur teilweise freiwillig."[564]

Immerhin wurde also das Zwangsarbeitersystem der Nazis angesprochen. Dass die nicht-jüdischen Ukrainer von sich aus das schreckliche Schicksal der Juden thematisierten, ist wenig wahrscheinlich. Ob Bitter nicht einmal diesbezüglich nachfragte, lässt sich nicht feststellen.

Wie dem auch sei, mit der Zensur der Feldpost war jedenfalls zu rechnen. Gerade im Falle Ludwig Bitters. Eine Stimmung allgegenwärtig lauernder Bedrohung durchzieht einen Brief der Schwester Maria aus jenen Tagen: „[...] Uns interessieren Deine Mitteilungen [...] sehr, aber lieber Ludwig, sei in diesem Punkt vorsichtig. Es ist doch wohl möglich, daß die Briefe durchgesehen werden und dann könnte es sein, daß Du auf Schwierigkeiten stößt. - Dann wollten sie diese Tage vom Wehrmeldeamt Tecklenb.[urg] wissen: Deine jetzige Adresse, Wohnsitz vor Deiner Einberufung und wann Du einberufen bist. Was die damit nun haben u. wollen, wissen wir nicht. Mama weiß nichts davon. Ich wollte Dir davon schreiben, damit Du Bescheid weißt. Es war ein vorgedrucktes Formular. Sie brauchten die Angaben für ihre Statistik stand drauf. Hoffentlich haben sie nichts damit vor. Man weiß eben nicht, was die damit wollen."[565]

Tatsächlich gab es im Zusammenhang mit Bitter bis zu seinem Tod weitere auffällige amtliche Ungereimtheiten, die so gar nicht zur vorgeblichen Ordnung im Lande passten. Insbesondere fällt auf, dass die früheste Mitteilung von Bitters Tod halbwegs genau nach Ibbenbüren, jedoch an die falsche Adresse ging.[566] Hingegen erfolgte die spätere standesamtliche Beurkundung seines Todes durch ein falsches Standesamt – das Standesamt Münster.[567] Dieses hielt sich wegen eines kurzfristigen Aufenthalts Bitters im Jahre 1938 für zuständig und befugt, der verwitweten Mutter die Sterbeurkunde an die richtige Ibbenbürener Adresse zu senden. Auch wenn diese Überlegung Spekulation bleibt: Vom Gestapos021tz in Münster aus ließen sich Verdächtige wie Bitter immer noch am effektivsten kontrollieren. Vielleicht hatte auch hier die Gestapo ihre Finger im Spiel.

Rowno, Parade zum Geburtstag des „Führers" mit NSDAP-Gauleiter Erich Koch, 20.04.1942
Quelle: BArch, B 162 Bild-04246/Fotograf(in):o. Ang.

Ludwig selbst kündigte mehr als einmal an, dass er vieles noch nicht niedergeschrieben bzw. berichtet habe. Dies werde er später einmal nachholen.[568] Kurz hinter der Front, wo Bitter immer öfter als Dolmetscher beim Bataillonsstab tätig war, und in den Gefechten kreisten die Gedanken meist um anderes. Seinen Bruder Hubert lässt Bitter wissen, ihm widerstrebe es, seinen Gefühlen auf einer Postkarte Ausdruck zu geben.[569] „Allerdings verspreche ich Euch, gelegentlich eine Schilderung meiner vorläufigen Eindrücke zu geben, meine bisherigen Beobachtungen und Erlebnisse, soweit ich darüber berichten darf."[570]

Annette Schücking hingegen, die standortgebunden in Zwiahel wirkte, traf in der Etappe von Anfang an auf Täter, die ihre Untaten nicht einmal verbargen.[571] Außerdem pflegte sie vor Ort Umgang mit volksdeutschen ukrainischen Hilfskräften, die ihr von der Ausrottung fast aller jüdischen Einwohner – 11.0000 bei insgesamt 18.000 Einwohnern – erzählt hatten.[572] Sie hatte noch die leeren Straßenzüge der jüdischen Wohnbezirke bei ihrer Ankunft mit eigenen Augen gesehen: Zwiahel lag „wie ausgestorben da. Die meisten Häuser standen leer, die Wohnungen waren geplündert, und auf den Fussböden in den leeren Häusern lagen überall jüdische Schriften."[573]

Sie wurde sogar später zur zufälligen Augenzeugin von Ereignissen im Nachgang der Ermordung der letzten 5.000 Juden Rownos am 13./14. Juli 1942: Deutsche Kommandos trieben die allerletzten, die sich bei Beginn des Pogroms noch verbergen konnten, aus ihren Verstecken heraus.[574]

Rowno, Juden auf dem Weg zur Sammelstelle, 06.11.1941
Quelle: BArch, B 162 Bild-04231/
Fotograf(in): o. Ang.

Während Bitters Briefe und Aufzeichnungen die Judenvernichtung im Osten nicht thematisieren, zeichnen sie ein zusehends schärferes Profil der Grausamkeiten des Krieges. Nach Beginn seines Kampfeinsatzes klingt der bis dahin noch erstaunlich optimistische Grundton der Mitteilungen dumpfer und düsterer – trotz der Briefzensur und der anhaltenden Bemühungen, die Lieben daheim nicht unnötig zu ängstigen.[575]

Bitter beschreibt das Grauen der dauernd brennenden, verwüsteten Großstadt Woronesch und das Elend der russischen Zivilbevölkerung – seien es Flüchtlinge oder dort verbliebene Einwohner.[576] Der Überdruss Bitters und seiner Kampfgefährten am Kriege spricht aus mancher Zeile, die er noch hinterlässt: „Wann wird dieser elende Krieg ein Ende nehmen? Hier sind es alle satt. An nichts anderes denken die meisten als an Frieden."[577] „Hier kann man ein Elend und einen Jammer sehen, daß man zu viel kriegen kann. Aber man wird allmählich von selbst hart."[578] „Manchmal ist man sehr niedergeschlagen. Aber dann muß man sich immer wieder aufraffen. Mir hilft der Gedanke an Käthe und Euch. Vor allem natürlich der Glaube. ... Was wird noch in den nächsten 2 Monaten geschehen? Werden noch bedrückende Entscheidungen fallen? Darüber unterhalten wir uns immer wieder."[579] „In den letzten Tagen habe ich den Krieg in all seinen Schrecken erlebt. Wie traurig, die Kameraden, die man noch eine Stunde vorher gesund gesehen hat, etwas später als Tote oder Schwerverwundete vorzufinden."[580] „Gott sei Dank, daß ich W.[oronesch] einige Zeit nicht sehen brauche. Es war in den letzten Tagen furchtbar. Wir mußten mit in der vordersten Front kämpfen. [...] Ja, dieser Krieg ist schrecklich."[581]

125

Swiahel [Zwiahel], August 1941/Fotograf: Fritz Heinze.

Quelle: Sammlung Peter Thiel, Berlin

„Sie warten auf ihren Tod. Jüdische, polnische, u. ukrainische Frauen und Kinder (vom Säugling bis zur Greisin) sind in einem Gewächshaus eingesperrt, weil die ausgeworfenen Gruben für die vielen Erschießungen nicht ausreichten. Sie kamen am anderen Tag dran."

Text der Beschriftung der Aufnahme auf der Rückseite, vermutlich nach dem Krieg hinzugefügt vom Fotografen Fritz Heinze. Heinze war zum Zeitpunkt der Aufnahme deutscher Soldat. Nach der Machtübertragung an die Nazis saß er als Kommunist vier Monate in Polizeihaft im KZ Colditz. Er galt deshalb als wehrunwürdig, stellte aber 1941 nach seiner Musterung einen Antrag auf Wiederzuerkennung der Wehrwürdigkeit, um für die spätere Revolution gegen den Nationalsozialismus im Waffengebrauch geschult zu sein. - An den Erschießungen in Zwiahel hatte nach seinen Angaben niemand aus seinem Bataillon teilgenommen.. -
Heinze, Walther Friedrich („Fritz"), (geb. 2.3.1904, gest. 2.1.1958): Kriegstagebuch. In: http://peterthiel.de/kriegstagebuch.htm/28.04.2020.

Die Nachricht von Ludwigs Tod traf die Familie unerwartet – trotz aller Sorgen, die man sich um ihn gemacht hatte. Mit seinem plötzlichen Tod war nach der Einlieferung ins Kursker Lazarett nicht zu rechnen gewesen. Sein Bruder Hubert beklagte kurz darauf, Ludwig sei schon vor seinem Tod nicht nur durch die vorherigen Strapazen[582], sondern auch „innerlich geschwächt gewesen"[583], weil er Überzeugungen vertreten habe, die dem dominierenden Militarismus ins Auge stachen: „Ich persönlich nehme an, dass er als P. [azifist] lieber sterben wollte, als ein anderer durch ihn. Seine Überzeugung und innere Veranlagung werden sich aufgebäumt haben bei dem Gedanken[,] irgend einem Menschen ein Leid zuzufügen. [...] Mir ist ganz klar, dass die Soldatenzeit für ihn die

126

schwerste Zeit seines Lebens war. Er wollte durch seinen Tod seiner Überzeugung treu bleiben. [...] Gerade in Russland musste er sein Leben dahingeben."[584]

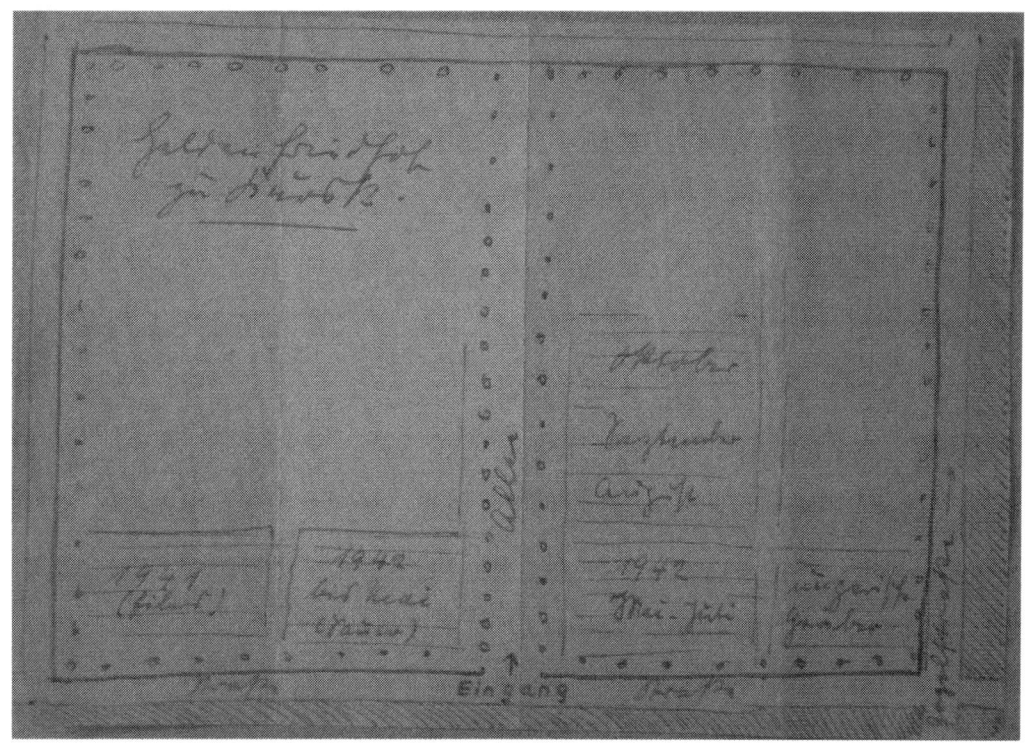

„Heldenfriedhof zu Kursk." Skizze der bis Oktober 1941
angelegten deutschen und ungarischen Grabstätten.
Quelle: Zeichnung von Leo Meyer, 1942
Aus einem Brief von Leo Meyer an Martha Bitter, 29.12.1942. In: NLB

Ein nur mit Vornamen bekannter Bernhard aus dem Freundes- und Bekanntenkreis sah Bitter ähnlich als Kämpfer für den Frieden unter den Völkern zu einer Zeit, wo doch selbst ein Teil seiner Bekannten und Freunde einen erneuten Krieg für unmöglich gehalten habe.[585]

Einen anderen Ton schlug Bitters Freund Hubert Hinterding, der selbst in sowjetische Kriegsgefangenschaft geraten war, an. Er sah Ludwig samt seinem Pazifismus als gescheitert an.[586] „Das größte Unglück, das dem Pazifisten begegnen konnte, bestand darin, an der falschen Front zu fallen, preisgegeben der Nivellierung der Totengedenkredner, für die es nur Soldaten gibt, die 'ihre Pflicht erfüllt haben', und sonst gar nichts."[587]

Auf den ersten Blick kann man kaum zu einem anderen Schluss gelangen. Die floskelhafte Rede vom „Heldentod", der auf dem „Felde der Ehre" gestorben werde, war Bitter ja seit Kindertagen zuwider gewesen. Und kein Pazifismus dieser Welt hatte die Hölle von Woronesch, Stalingrad und all den anderen Schauplätzen des Schreckens verhindern können. Ein Unheil, das nun einmal von Deutschland ausgegangen war.

Allein der am 25. Januar 1943 aufgegebene „Brückenkopf Woronesch" hatte einen unfassbar hohen Blutzoll gefordert: 320.000 deutsche Soldaten und Offiziere ließen hier in nicht mehr als einem halben Jahr ihr Leben. Mit 400.000 Opfern lagen die Verluste der siegreichen Roten Armee sogar noch höher.[588] Der bittere Beigeschmack des vorgeblichen Heldentodes so vieler Gefallener verschärft sich, wenn man erfährt, dass in der

Woronesch, Leninplatz, Lenindenkmal, Juni/Juli 1942
Quelle: BArch, Bild 1011-216-0441-12A/Fotograf(in): Carl

„Geheimen Kommandosache Unternehmen Heinrich" schon längst, nämlich seit dem 25. August 1942, die Räumung des Brückenkopfes Woronesch und der Rückzug der Deutschen auf das Westufer des Don geplant worden war.[589]

Dennoch übersieht man aus dieser Perspektive Wesentliches. Bitter war zwar gefallen, aber andere, die ähnlich wie er dachten, redeten und handelten, hatten den Krieg und die nationalsozialistische Gewaltherrschaft überlebt. Längst nicht alle gaben sich nur noch Gefühlen von Sinn- und Hoffnungslosigkeit hin. Zu ihnen gehörten Nikolaus Ehlen mit seinem Siedlungswerk und vor allem Alfons Erb mit dem Maximilian-Kolbe-Werk. Beide gaben der deutschen Gesellschaft und Politik nach der Zerschlagung des Faschismus wertvolle Anstöße auf dem Weg in eine demokratische, soziale und friedliche Zukunft.

Alfons Erb hatte seit einer Sühnewallfahrt nach Polen im Jahre 1964, damals als Vizepräsident von „Pax Christi", maßgeblich auf die Gründung eines christlichen Versöhnungswerkes zugunsten der Leidtragenden der Naziherrschaft über Mittel- und Osteuropa hingewirkt. Das Maximilian-Kolbe-Werk, das sich der Hilfe für ehemalige

Zwangsarbeiter und Überlebende der Ghettos und Konzentrationslager verschrieben hat, wurde 1973 ins Leben gerufen. Erb wurde sein erster Geschäftsführer.

Alfons Erb
(1907-1983),
o. J.
Quelle:
Maximilian-
Kolbe-Werk,
Freiburg

Die Aufgaben und Aktivitäten des Maximilian-Kolbe-Werks haben sich seitdem in manchem gewandelt. Der Ansatz der Versöhnung ohne Aufrechnung von Schuld ist geblieben. Hilfe, Begegnung und Erinnerung sind bis heute die tragenden Säulen der Tätigkeit dieses Versöhnungswerkes.[590]

Aus der Arbeit des Maximilian-Kolbe-Werks:
Zeitzeugengespräch im ukrainischen Lwiw (Lemberg), o. J.
Quelle: Maximilian-Kolbe-Werk, Freiburg

Abbildungen

Hinweis: Bei Fällen, in denen weder Rechtsinhaber/innen noch Rechtsnachfolger/innen ermittelt werden konnten, wird der Rechteinhaber/die Rechteinhaberin aufgefordert, gegebenenfalls mit dem Benutzer in Kontakt zu treten.

Zur Rechtschreibung

Russische und ukrainische Namen werden im Allgemeinen in der wissenschaftlichen Transkription wiedergegeben. Ausnahmen sind im Deutschen verbreitete Eigennamen wie z.B. Trotzki oder Kiew. Bei Unklarheiten können auch beide Formen zusammen angegeben werden.

Zitate aus Quellen werden in der überlieferten – manchmal schwankenden - Rechtschreibung übernommen. Abkürzungen werden ergänzt, wenn sich ihr Sinn anders nicht erschließen lassen lässt. Offensichtliche und/oder grobe Verstöße gegen die Rechtschreibung werden korrigiert. Ebenso werden fehlende Wörter gegebenenfalls sinngemäß ergänzt.

Änderungen, Auslassungen und/oder Ergänzungen stehen in eckigen Klammern.

Abkürzungen

KT = Kurztitel (im Quellenverzeichnis)
LB = Ludwig Bitter
KPD = Kommunistische Partei Deutschlands
SPD = Sozialdemokratische Partei Deutschlands
SAP(D) = Sozialistische Arbeiterpartei (Deutschlands)
RSB = Republikanischer Studentenbund
(F)SSB = (Freier) Sozialistischer Studentenbund
(F)SAG = (Freie) Sozialistische Arbeitsgemeinschaft
NS = Nationalsozialismus; nationalsozialistisch
NSDAP = Nationalsozialistische Arbeiterpartei Deutschlands
UdSSR = Union der Sozialistischen Sowjetrepubliken = Sowjetunion
WWU = Westfälische Wilhelms-Universität
OP = Oberpräsident/Oberpräsidium
RP = Regierungspräsident/Regierungspräsidium
MdR = Mitglied des Reichstags

Zu den Quellen

Das folgende Verzeichnis listet die Archivalien und die Literatur zum Thema im einzelnen auf. Bei dieser Gelegenheit möchte ich kurz auf einige Besonderheiten von Quellen aus dem Nachlass Ludwig Bitters hinweisen.

In seiner heutigen Gestalt speist sich der Nachlass aus verschiedenen Quellen, die sich früher im Besitz von Familienmitgliedern, aber wohl auch der Hamburger Vermieterin Bitters befanden. Längst nicht alle denkbaren Schriftzeugnisse sind vorhanden oder nur in wenigen Exemplaren erhalten geblieben (z. B. Briefwechsel mit der Freundin bzw. Verlobten Käthe Blome, mit Alfons Erb, Ernst Thrasolt; Briefe von Freunden). Andererseits ist die Kommunikation aus der KZ-Zeit und teilweise auch aus Kriegszeiten gut dokumentiert.

Ludwig Bitter hatte seinen Bruder Hubert Bitter schon als junger Mann schriftlich beauftragt, sein Tagebuch und alle anderen Schriftzeugnisse im Falle eines unvorhergesehenen Todes an sich zu nehmen. Und hinzugefügt: „Bendiek und Hinterding dürfen auf Wunsch alles lesen."[591]

Die Bezeichnung „Tagebuch" findet sich auch für Bitters Kriegsbericht von 1942 und auf dem Umschlag seiner handschriftlichen Erinnerungen an die Haftzeit 1933 („K.Z.-Tagebuch"). Jedoch sind alle drei Quellen nur mehr oder weniger eingeschränkt als klassische Tagebücher zusprechen.

1) Das allgemeine Tagebuch Bitters (15.04.1928-1936) besteht nur zum Teil aus fortgeführten handschriftlichen Tageseinträgen. Anfangs sind es eher längere Erinnerungen an Vergangenes, dann wird die Reihe der Eintragungen öfter – je nach Stimmung und Aktivitäten des Verfassers – länger unterbrochen. Herausgeschnitten sind sämtliche Seiten des Jahres 1927, die dem erhaltenen Text vorausgingen.

2) Das sogenannte KZ-Tagebuch besteht aus handschriftlichen Erinnerungen Bitters an Haftanstalten und KZs (Mitte bis Ende 1933), die seit dem 15. August 1934 niedergeschrieben wurden – allem Anschein zusammenhängend und in kurzer Zeit. Am Ende finden sich Ergänzungen zu einzelnen Aspekten des Geschehens. Im handschriftlichen Original sind die Seiten nicht nummeriert.

3) Der Kriegsbericht von 1942, die später so genannten Tagebuchaufzeichnungen, liegt nur als maschinenschriftliche Umschrift eines zusammenhängenden Berichtes aus der Feder Bitters vor. Nach einer einleitenden Bemerkung zu urteilen, hat Bitter ihn erst im August, eher noch September 1942 niedergeschrieben, wofür er vermutlich frühere Notizen nutzte. Wahrscheinlich hat Hubert Bitter sen. das Typoskript des Berichtes verfasst. Es liegt auch in einer zweiten Fassung vor, die sich inhaltlich von der ersten fast gar nicht unterscheidet, aber erstmals von Tagebuchaufzeichnungen spricht und handschriftliche Korrekturen und Anmerkungen beinhaltet. Briefe der Brüder Hubert und Ludwig sind in der zweiten Fassung auszugsweise von Hubert Bitter sen. maschinenschriftlich angefügt. Diese Fassung wird zitiert, da sie das auf sieben Seiten komprimierte erste Typoskript auf einige Dutzend Seiten auseinanderzieht und so leserfreundlicher ist.

In den vorliegenden maschinenschriftlichen Texten des Kriegsberichtes gibt es keine Datierungen oder Unterbrechungen des Textflusses in der Art wirklicher Tagebücher. Ludwig Bitter hatte wahrscheinlich vor, später einmal einen noch längeren Text über seine Kriegserlebnisse zu verfassen.

Quellen- und Literaturverzeichnis

1) Archivalien

Bistumsarchiv des Bistums Münster [BAMs]
Bestände
Generalvikariat – Neues Archiv: Nr. A 101-10R.
Kirchengemeinde Ibbenbüren, Depositum Pfarrarchiv Ibbenbüren, St. Mauritius et Soc. A 318.

Bundesarchiv Berlin etc. [BArch]
Bestände
NSDAP-Mitgliederkartei, NSDAP-Zentralkartei:
BArch, R 9361-VIII Kartei / 4980392. [digitalisiert]
BArch, R 9361-VIII Kartei / 8801393. [digitalisiert]
NSDAP-Mitgliederkartei, NSDAP-Gaukartei:
BArch, R 9361-IX Kartei / 5380062. [digitalisiert]
BArch, R 9361-IX Kartei/ 8701653. [digitalisiert]
BArch, R 9361-IX Kartei / 39241471. [digitalisiert]
BArch R 9361-IX Kartei / 44150881. [digitalisiert]
Zentrale Personenkartei der Deutschen Dienststelle (WASt):
BArch, B 563-1 KARTEI/B-2419/191 [Bitter, Ludwig, geb. 05.03.1908]. [digitalisiert]

Diözesanarchiv Berlin [DAB]
Bestände
V/212 [Nachlass Alfons Erb]: Nr.1, 3, 4-1, 13.
V/187 [Teilnachlass Ernst Thrasolt/Matthias Josef Franz Tressel]: Nr. 1.

Diözesanarchiv Hamburg [DAH]
Bestände
DBA:
hsiha 281 „Lehrer 1891 bis 1939". [Durchschlag] [Autor: evtl. Bitter, Ludwig].
DAH:
ksiha 376 „Chronik der katholischen Schulen in Hamburg nach der Reformation bzw. von der Reformation (1678) bis 1939". Verf.: Bitter.
ksiha 376 „Darstellungen und Dokumentenabschriften zur Geschichte der katholischen Schulen Hamburgs vom 17. Jahrhundert bis 1939." [Autor: vermutlich Bitter, Ludwig]

Geheimes Staatsarchiv Preußischer Kulturbesitz Berlin [GStA]
I. HA Rep. 76, Kultusministerium Va Nr. 10718

Landesarchiv NRW, Abteilung Rheinland, Duisburg [LAV NRW R]
Bestände
BR 2182: Nr. 4270.
RWN 0215: Nr. 11,34, 50. 50a, 87, 93.
Gerichte Rep. 146: Nr. 715. [digitalisiert]

Landesarchiv NRW, Abteilung Westfalen, Münster [LAV NRW W]
Bestände
K 201/Nr. 9017.
K 204/Nr. 625, 911.
K 350/Nr. 1273, 1468, 1499, 1731, 1800.
K 754/Nr. 391.
P 101/Nr. 7859.1.
Q 115a/Nr. 781, 847, 1050.
Q 225/Nr. 319.
R 001/Nr.655, 2875.
S 111/Nr. 1, 2, 3, 27.

Stadtarchiv Ibbenbüren [StAIbb]
Bestände
D, Nr. 1714.
D, Nr. 1839.
Meldekartei: 1) Bitter, Ludwig; 2) Tautz, Bernhard; 3) Caesar, Ewald; 4) Meyer, Leo.
[digitalisiert]
E.[rich] Weichel / W.[erner] Suer: Oral-History-Projekt. „Ibbenbürener erinnern sich." Bd.
01: Interviews, 1908-2002.
KT: **Weichel/Suer 2002**
Buchholz, Stefan: Ibbenbüren 1933 - 1939. Aspekte nationalsozialistischer Herrschaft in
einer Kleinstadt. Wissenschaftliche Hausarbeit zur Erlangung des akademischen Grades
des Magister Artium an der Universität Osnabrück, o.O. 2003.
KT: **Buchholz 2003**

Stadtarchiv Münster [StAMs]
Bestände
Polizeiregistratur: Nr. 76a, 108, 120, 128, 130.
Stadtregistratur: Fach 50, Nr. 96a; Fach 155, Nr. 84.
Stadtverordnetenkartei: Dok-P-4499 (Albrecht, Franz), Dok-P-4878 (Selle, Bruno), Dok-P-
4884 (Steiner, Josef). [digitalisiert]
Zeitungen:
„Münsterischer Anzeiger", Februar-März 1930. [MA]
„Münstersche Zeitung", Februar-März 1930. [MZ]

Stadtarchiv Rheine [StARh]
Bestände
Hinterding: Nr. 1, 2, 3, 6, 14, 16, 17, 18, 19.
Sammlung Rheiner Schulen: Nr. 319.

Universitätsarchiv Münster [UAMs]
Bestände
004: Nr. 20, 21, 24, 209, 685, 744, 767, 771, 773, 783, 792, 940, 989, 1016, 1017, 1033.
005: Nr. 16.
009: Nr. 114, 422, 805, 808, 925, 928, 938, 939, 2208.
010: Nr. 12662.
065: Nr. 3695.

Nachlass Ludwig Bitter jun., Hubert Bitter jun., Ibbenbüren [NLB]

Suer, Werner, Ibbenbüren
    Notizen eines Gespräches mit Bernhard Bitter, Ibbenbüren, März 2012
    Ludwig Bitter, Notizen zur Person, 11.07.2015.

2) Mitteilungen

Schriftliche:

Alexandra Otten, Carl-von-Ossietzky-Universität Oldenburg, 02.04.2019.
Annette Roesler, Stadtarchiv Rheda-Wiedenbrück, 25.11.2019/29.11.2019.
Astrid Friedrich, Bundesarchiv Berlin, Referat PA 2, Az.: PA 2 – 2019/G-18896, 06.07.2020.
Auste Wolff, Archiv der Humboldt-Universität Berlin, 13.04.2018.
Claudia Unger, Standesamt Alzey, 29.11.2019.
Patrick Fijalkowski, Stadtarchiv Düsseldorf, 26.11.2019/09.12.2019.
Ramona Weisenberger, Stadtarchiv Mainz, 30.04.2020.
Ute Aschwer, Stadtarchiv Münster, 19.06.2019.

Mündliche:

Hubert Bitter jun., Ibbenbüren, 16.04.2018.
Gespräch von Erich Weichel/Norbert Ortgies mit Herrn Freese, geb. 1921, Ibbenbüren, 24.05.2019.

3) Datenbanken

Bundesstiftung Aufarbeitung zur Aufarbeitung der SED-Diktatur Berlin: Biographische
Datenbanken: https://www.bundesstiftung-aufarbeitung.de/de/recherche/kataloge-
datenbanken/

Gedenkbuch der Gedenkstätte Esterwegen:
https://esterwegen.faust-hosting.de

Gedenkbuch Brauweiler:
https://abteibrauweiler.lvr.de/de/gedenkstaette_brauweiler/gedenkbuch/haeftlingsgru
ppen/fruehes_konzentrationslager/fruehes_konzentrationslager.html

Verein Alter Dionysianer e.V. Rheine 1927:
https://www.dionysianer.de/inc/3index.php

4) Literatur

„Als sozialdemokratischer Arbeiter im Konzentrationslager Papenburg." Mit einem Vorwort von Willi Bredel (Sept. 1934), Moskau-Leningrad 1935.

Bendiek, Hugo: Der Gegensatz von Seele und Geist. Grundlinien seiner philosophischen Systematik, **Diss.**, Münster 1935, Werl 1935.
KT: **Bendiek 1935**

Bergmann, Ulrich/Gertzen, Otto: Zum Gedenken an Werner Friedrich Bruck. In: Happ, Sabine/Jüttemann, Veronika (Hg.): „Es ist mit einem Schlag alles so restlos vernichtet." Opfer des Nationalsozialismus an der Universität Münster, Münster 2018 (Veröffentlichungen des Universitätsarchivs Münster, hg. von Sabine Happ, Bd. 12), S. 323-329.
KT: **Bergmann/Gertzen 2018**

Bickhove-Swiderski, Ortwin: Albert Funk. Bergarbeiter und Kommunist, Dülmen (Westf.) 2017.

Boesenberg, Lars/Düttmann, Jürgen/Ortgies, Norbert: Machtsicherung. Ausgrenzung. Verfolgung. Nationalsozialismus und Judenverfolgung in Ibbenbüren. Mit einem Beitrag von Marlene Klatt und Rita Schlautmann-Overmeyer, hg. vom Historischen Verein Ibbenbüren e.V., 1. Aufl., Ibbenbüren 2010 (Ibbenbürener Studien, Bd. 6).

Bogatyrev, Petr: Puppentheater in Münster. In: „Zeitschrift für Volkskunde". Halbjahresschrift der Deutschen Gesellschaft für Volkskunde, 94.1998/I, S. 1-5.

Brei, Alois: Das Schuldbekenntnis des Dr. Heinrich Bernds. In: Die Grafschaft Bentheim in der Geschichte. Copyright: Hamsterkiste-Verlag Neuenhaus. In: https://www.grafschafter-geschichte.de/bernds/03.05.2020.

Braunbuch über Reichstagsbrand und Hitler-Terror. Vorwort von Lord Marley, 3. Aufl., Basel [1933]. In: https://archive.org/details/BraunbuchÜberReichstagsbrandUndHitlerterror/ [pdf]/27.05.2020.
KT: **Braunbuch 1933**

Buck, Kurt: Auf der Suche nach den Moorsoldaten. Emslandlager 1933-1945 und die historischen Orte heute, 6., erw. Aufl., Papenburg 2008.

Brüne, Rolf: Das familiengerechte Heim. Nikolaus Ehlen (1886-1965). Person, Kreis, Hintergrund, Frankfurt/M., Berlin, Bern, Bruxelles, New York, Oxford, Wien 2002 (Beiträge zur Kirchen- und Kulturgeschichte, Bd. 14).
KT: **Brüne 2002**

Brunstein, Reinhard: Der Widerstand der SPD und der Freien Gewerkschaften gegen den Nationalsozialismus in Münster, Münster 1981 [Maschinenschr., vervielf.].

Bührmann-Peters, Frank: Ziviler Strafvollzug für die Wehrmacht. Militärgerichtlich Verurteilte in den Emslandlagern 1939-1945, Diss, Osnabrück 2002.[digitalisiert]

Chronik der Rektoratsschule [sic!] zu Ibbenbüren [Transkription der handschriftlichen Teile des Originals in Maschinenschrift, 1819-1929; 1941-1953. Ergänzt aus den Beständen des Stadtmuseums durch eine maschinenschriftliche Zusammenfassung von Notizen August Ströhmers, 1929-1941]. In: http://www.stadtmuseum-ibbenbueren.de/grafik_archiv_nachlaesse/rektoratschule-chronik-1.pdf

Daners, Hermann/Wißkirchen, Josef: Die Arbeitsanstalt Brauweiler bei Köln in nationalsozialistischer Zeit, 1. Aufl., Essen 2013 (Rheinprovinz. Dokumente und Darstellungen zur Geschichte der rheinischen Provinzialverwaltung und des Landschaftsverbandes Rheinland, hg. vom Landschaftsverband Rheinland. LVR-Archivberatungs- und Fortbildungszentrum, Red. Wolfgang Schaffer, Bd. 22 (Schriften zur Gedenkstätte Brauweiler, Bd. 2, Red. Christine Hartmann).
KT: **Daners/Wißkirchen 2013**

Daners, Hermann: Konzentrationslager in der Arbeitsanstalt Brauweiler. In: Wißkirchen, Josef (Hg.): „Verlorene Freiheit". Nationalsozialistische Schutzhaft 1933/34 im heutigen Rhein-Erft-Kreis, Berlin 2019, S. 176-228 (Rheinprovinz. Dokumente und Darstellungen zur Geschichte der rheinischen Provinzialverwaltung und des Landschaftsverbandes Rheinland, hg. vom Landschaftsverband Rheinland. LVR-Archivberatungs- und Fortbildungszentrum, Red. Wolfgang Schaffer, Bd. 28 / Schriften zur Gedenkstätte Brauweiler, Bd. 3, Red. Christine Hartmann).
KT: **Daners 2019**

Daners, Hermann/Wißkirchen, Josef: „Was in Brauweiler geschah." Die NS-Zeit und ihre Folgen in der Rheinischen Provinzial-Arbeitsanstalt. Dokumentation, Pulheim 2006.
KT: **Daners/Wißkirchen 2006**

„Dat is 'nen Verbrecher. Ich bringe dich um." In: „Der Spiegel", 1/1949, S. 7-8. [https://magazin.spiegel.de/EpubDelivery/spiegel/pdf/44435315]
Die Lager im Emsland 1933-1945. Vorträge und Texte zusammengestellt aus Anlaß der Kulturpreisverleihung 1999 an Erich Kosthorst und Bernd Walter, hg. vom Landkreis Emsland, Meppen 1999.

Dörnte, Günter: Katholische Schulen in Hamburg 1832 bis 1939, Diss., Hamburg 1984.
Ehlen, Nikolaus: „Für das deutsche Volk. Für die Ärmsten zuerst!", Würzburg 1928. [Flugblatt der Christlich-Sozialen Reichspartei zur Reichstagswahl 1928]

Ehlers, Klaas-Hinrich: Petr Bogatyrev am Slavischen Seminar der Universität Münster (1931-1933). In: „Zeitschrift für Slawistik", 44.1999/2, S. 218-227.
KT: **Ehlers 1999**

Ehlers, Klaas-Hinrich: Petr Bogatyrev in Münster. Funktional-strukturale Ethnographie und deutsche Volkskunde im Kontakt. In: „Zeitschrift für Volkskunde". Halbjahresschrift der Deutschen Gesellschaft für Volkskunde, 94.1998/I, S. 7-24.
KT: **Ehlers 1998**

Ehlers, Klaas-Hinrich: Strukturalismus in der deutschen Sprachwissenschaft. Die Rezeption der Prager Schule zwischen 1926 und 1945, Berlin/New York 2005 (Studia Linguistica Germanica, hg. von Stefan Sonderegger und Oskar Reichmann, Bd. 77).
KT: **Ehlers 2005**

Faulenbach, Bernd/Kaltofen, Andrea (Hgg.): Hölle im Moor. Die Emslandlager 1933-1945, hg. im Auftrag der Stiftung Gedenkstätte Esterwegen, 2., durchgesehene Aufl., Göttingen 2017.

Feidel-Mertz, Hildegard/Schnorbach, Hermann: Lehrer in der Emigration. Der Verband deutscher Lehreremigranten (1933-39) im Traditionszusammenhang der demokratischen Lehrerbewegung, Weinheim, Basel 1981.
KT: **Feidel-Mertz/Schnorbach 1981**

Felz, Sebastian: „Albert Derichsweiler (1909-1997) – Die Karriere eines Brandstifters, S. 21-37. Hier: S. 21-23. In: Gussek/Schmidt/Spieker: Öffentliche Zensur und Bücherverbrennungin Münster. Eine Dokumentation herausgegeben aus Anlass der Enthüllung einer Gedenktafel am 6. Mai 2009 (Villa ten Hompel Aktuell 12) pdf

Fütterer, Friedrich: Nachforschungen über Frühgeborene. Inaugural-Dissertation zur Erlangung der medizinischen Doktorwürde einer Hohen Medizinischen Fakultät der Bayerischen Ludwig-Maximilians-Universität München, Düsseldorf 1936.
KT: **Fütterer 1936**

„Die Hölle von Recklinghausen". Gestapo-Terror im Polizeipräsidium. In: Geck, Helmut/ Möllers, Georg/Pohl, Jürgen: „Wo du gehst und stehst ...". Stätten der Herrschaft, der Verfolgung und des Widerstandes in Recklinghausen 1933 bis 1945, hg. vom Verein für Orts- und Heimatkunde und der Volkshochschule Recklinghausen, Recklinghausen 2002, S. 18-20.
KT: **Geck/Möllers/Pohl 2002**

Gertzen, Otto: Zum Gedenken an Georg Stefansky. In: Happ, Sabine/Jüttemann, Veronika (Hgg.): „Es ist mit einem Schlag alles so restlos vernichtet." Opfer des Nationalsozialismus an der Universität Münster, Münster 2018 (Veröffentlichungen des Universitätsarchivs Münster, hg. von Sabine Happ, Bd. 12), S. 858-870.
KT: **Gertzen 2018a**

Gertzen, Otto: Zum Gedenken an Heinrich Weber. In: Happ, Sabine/Jüttemann, Veronika (Hgg.): „Es ist mit einem Schlag alles so restlos vernichtet." Opfer des Nationalsozialismus an der Universität Münster, Münster 2018 (Veröffentlichungen des Universitätsarchivs Münster, hg. von Sabine Happ, Bd. 12), S.191-213.
KT: **Gertzen 2018b**

Gertzen, Otto: Zum Gedenken an Josef Niehues: In: Happ, Sabine/Jüttemann, Veronika (Hgg.): „Es ist mit einem Schlag alles so restlos vernichtet." Opfer des Nationalsozialismus an der Universität Münster, Münster 2018 (Veröffentlichungen des Universitätsarchivs Münster, hg. von Sabine Happ, Bd. 12), S. 549-556.
KT: **Gertzen 2018c**

Göding, Lars: Zum Gedenken an Otto Zielke. In: Happ, Sabine/Jüttemann, Veronika (Hg.): „Es ist mit einem Schlag alles so restlos vernichtet." Opfer des Nationalsozialismus an der Universität Münster, Münster 2018 (Veröffentlichungen des Universitätsarchivs Münster, hg. von Sabine Happ, Bd. 12), S. 871-878.
KT: **Göding 2018**

Gröne, Elisabeth: Kurzbiografie von Hans Eigner. In: Happ, Sabine/Jüttemann, Veronika (Hgg.): „Es ist mit einem Schlag alles so restlos vernichtet." Opfer des Nationalsozialismus an der Universität Münster, Münster 2018 (Veröffentlichungen des Universitätsarchivs Münster, hg. von Sabine Happ, Bd. 12), S. 233-243.
KT: **Gröne 2018**

Michael Grüttner: Die „Säuberung" der Universitäten. In: Scholtyseck, Joachim/Studt, Christoph (Hgg.): Universitäten und Studenten im Dritten Reich. Bejahung, Anpassung, Widerstand. XIX. Königswinterer Tagung vom 17.-19. Februar 2006, Berlin 2008 (Schriftenreihe der Forschungsgemeinschaft 20. Juli 1944 e.V. , Bd. 9), S. 23-40.
KT: **Grüttner 2008**

Hammerschmidt, Bernd: Zum Gedenken an Karl Barth. In: Happ, Sabine/Jüttemann, Veronika (Hgg.): „Es ist mit einem Schlag alles so restlos vernichtet." Opfer des Nationalsozialismus an der Universität Münster, Münster 2018 (Veröffentlichungen des Universitätsarchivs Münster, hg. von Sabine Happ, Bd. 12), S. 49-58.
KT: **Hammerschmidt 2018**

Hammerschmidt, Bernd/Diekmann, Joel: Zum Gedenken an Franz Ballhorn. In: Happ, Sabine/Jüttemann, Veronika (Hgg.): „Es ist mit einem Schlag alles so restlos vernichtet." Opfer des Nationalsozialismus an der Universität Münster, Münster 2018 (Veröffentlichungen des Universitätsarchivs Münster, hg. von Sabine Happ, Bd. 12), S. 657-663.
KT: **Hammerschmidt/Diekmann 2018**

Happ, Sabine/Jüttemann, Veronika: Einleitung. In: Happ, Sabine/Jüttemann, Veronika (Hgg.): „Es ist mit einem Schlag alles so restlos vernichtet." Opfer des Nationalsozialismus an der Universität Münster, Münster 2018 (Veröffentlichungen des Universitätsarchivs Münster, hg. von Sabine Happ, Bd. 12), S. 15-47.
KT: **Happ/Jüttemann 2018**

Heinze, Walther Friedrich („Fritz"), (geb. 2.3.1904, gest. 2.1.1958): Kriegstagebuch. In: http://peterthiel.de/kriegstagebuch.htm/28.04.2020

[Herzfeld, Irene (Hg.):] Konzentrationslager: ein Appell an das Gewissen der Welt; ein Buch der Greuel. Die Opfer klagen an: Dachau – Brandenburg - Papenburg – Königstein - Lichtenburg - Colditz - Sachsenburg – Moringen – Hohnstein – Reichenbach - Sonnenburg, Karlsbad 1934 (Probleme des Sozialismus, Sozialdemokratische Schriftenreihe, Nr. 9).

Herzog, Wilhelm: Von Potempa bis zum Rombergpark. Nüchterner u. sachl. Bericht vom Beginn d. Barbarei in Deutschland bis zu d. Massenmorden d. Gestapo ... vom 7. März - 12. April 1945 im Rombergpark u. in d. Bittermark ... , Dortmund [ca. 1970].

Hinterding, Hubert: Tanz-Fantasie für kleinen Chor und kleines Orchester nach Versen aus den „Sonetten an Orpheus" von R.M. Rilke, [Münster] o.J. [(02377). Bibliothek des Musikwissenschaftlichen Seminars der Universität Münster/W. (K Hin 8000)]

Institut für Slavistik (Hg.): Zur Geschichte des Instituts für Slavistik [vormals Slavisch-Baltisches Seminar], Münster 2017. In: https://www.unimuenster.de/SlavBaltSeminar/forschen/index.html/25.04.2019.
KT: **Institut für Slavistik 2017**

Jäger, Lucinda: Zum Gedenken an Willy Horst. In: Happ, Sabine/Jüttemann, Veronika (Hgg.): „Es ist mit einem Schlag alles so restlos vernichtet." Opfer des Nationalsozialismus an der Universität Münster, Münster 2018 (Veröffentlichungen des Universitätsarchivs Münster, hg. von Sabine Happ, Bd. 12), S. 337-346.
KT: **Jäger 2018**

Jordan, Andreas (Projektgruppe Stolpersteine Gelsenkirchen: Gemeinsam gegen das Vergessen), August 2017. In: http://www.stolpersteine-gelsenkirchen.de/11.04.2019.

Kosthorst, Erich / Walter, Bernd: Konzentrations- und Strafgefangenenlager im Dritten Reich. Beispiel Emsland. Zusatzteil: Kriegsgefangenenlager. Dokumentation und Analyse zum Verhältnis von NS-Regime und Justiz. Mit historisch-kritischen Einführungstexten sowie statistisch-quantitativen Erhebungen und Auswertungen zum Strafvollzug in Arbeitslagern, 3 Bde., Düsseldorf 1983.
KT: **Kosthorst/Walter 1983**

Klausch, Hans-Peter: Jakob de Jonge. Aus deutschen Konzentrationslagern in den niederländischen Untergrund, Bremen 2002 (DIZ-Schriften, hg. vom Dokumentations- und Informationszentrum Emslandlager, Papenburg, Bd. 12).
KT: **Klausch 2002**

Klausch, Hans-Peter: Tätergeschichten. Die SS-Kommandanten der frühen Konzentrationslager im Emsland, Bremen 2005 (DIZ-Schriften, hg. vom Dokumentations- und Informationszentrum Emslandlager, Papenburg, Bd. 13).
KT: **Klausch 2005**

Klein, Herbert: Der Weg zur Macht. Nationalsozialisten in Münster. In: Horstmann, Iris / Junker, Ulrike / Klusmann, Katrin / Ostendorf, Bernd (Hg.): „Wer seine Geschichte nicht kennt … ." Nationalsozialismus und Münster, 2., unveränd. Aufl., Münster 1993 (Agenda Geschichte, Bd. 2), S. 13-25.

Klein, Herbert: „Haltet zusammen!" Münsteraner Arbeiter gegen den Faschismus. In: Horstmann, Iris/Junker, Ulrike/Klusmann, Katrin/Ostendorf, Bernd (Hg.): „Wer seine Geschichte nicht kennt … ." Nationalsozialismus und Münster, 2., unveränd. Aufl., Münster 1993 (Agenda Geschichte, Bd. 2), S. 61-86.

Knoch, Habbo: Die Emslandlager 1933-1945. In: „Der Ort des Terrors". Geschichte der nationalsozialistischen Konzentrationslager, hg. von Wolfgang Benz/Barbara Distel, Bd. 2: Frühe Lager - Dachau - Emslandlager, München 2005, S. 531-570.

Koch, Karl: Kohlbrüggianer in der Grafschaft Bentheim. Eine Studie zur reformierten Kirchengeschichte der Grafschaft Bentheim zwischen 1880 und 1950. In: Schriftenreihe Emsland/Bentheim. Beiträge zur Geschichte, hg. von der Emsländischen Landschaft, Landkreise Emsland und Grafschaft Bentheim e.V. Schriftleitung: Gerd Steinwascher, Bd. 12 (1996), S. 355-419.
KT: **Koch 1996**

König, York-Egbert/Krause-Vilmar, Dietfrid/Simon, Ute: Ludwig Pappenheim. Redakteur – Sozialdemokrat - Menschenfreund, 1. Aufl., Berlin 2004 ((Jüdische Miniaturen, hg. von Hermann Simon, Bd. 140).
KT: **König/Krause-Vilmar/Simon 2004**

Kordes, Matthias/Ordelheide, Wilfried/Pohl, Jürgen: „Mit Sicherheit in Ordnung?" Anspruch und Selbstverständnis von Polizisten. Das Polizeipräsidium Recklinghausen 1923-1953. Darstellungen, Bilder und Dokumente, hg. vom Polizeipräsidium Recklinghausen, [Recklinghausen] 2003 (Begleitheft zur gleichnamigen Ausstellung im Vestischen Museum Recklinghausen, 11. Oktober 2003-11. Januar 2004).
KT: **Kordes/Ordelheide/Pohl 2003**

Krause-Vilmar (Prof. Dr.), Dietfrid: Ludwig Pappenheim (1887 – 1934). Vortrag in der Gedenkstätte Breitenau am 11. Juni 2002. In: https://kobra.uni-kassel.de/bitstream/handle/123456789/2006120416046/ansprache_vortrag_pappenheim_2002.pdf;jsessionid=32757971CAD0A76322ECF9F0CC5F9E94?sequence=1/31.03.2020.
KT: **Krause-Vilmar 2002**

„Kriegsdienstverweigerung_in_Deutschland". In: https://de.wikipedia.org/wiki/27.04.2020

Kuropka, Joachim: Auf dem Weg in die Diktatur. Zu Politik und Gesellschaft in der Provinzialhauptstadt Münster 1929-1934. In: „Westfälische Zeitschrift", 134/1984, S. 157-199. Quelle: https://www.lwl.org/westfaelische-geschichte/txt/wz-9311.pdf.
KT: **Kuropka 1984**

Kuropka, Joachim (Bearb.): Meldungen aus Münster 1924-1944. Geheime und vertrauliche Berichte von Polizei, Gestapo, NSDAP und ihren Gliederungen, staatlicher Verwaltung Gerichtsbarkeit und Wehrmacht über die politische und gesellschaftliche Situation in Münster, Münster 1992.
KT: **Kuropka 1992**

Kuropka, Joachim : Widerstand gegen den Nationalsozialismus in Münster. Neuere Forschungen zu einigen Problemfeldern. In: „Westfälische Zeitschrift", 137/1987, S. 159-182. Quelle: https://www.lwl.org/westfaelische-geschichte/txt/wz-9355.pdf.
KT: **Kuropka 1987**

Langhoff, Wolfgang: Die Moorsoldaten, 22. Aufl., Zürich 1935.

Langhoff, Wolfgang: Die Moorsoldaten. Mit einem Vorwort von Werner Heiduczek, 3. Aufl., Halle/Leipzig 1985.

Langhoff, Wolfgang: Die Moorsoldaten. 13 Monate Konzentrationslager. Mit einem Vorwort von Willi Dickhut, 11. Aufl., Essen 2014.

Lindenberg, Wladimir: Himmel in der Hölle. Wolodja als Arzt in unseliger Zeit, München 1983.

Martin Löning: Die Durchsetzung nationalsozialistischer Herrschaft im Emsland (1933-1935). In: Schriftenreihe Emsland/Bentheim. Beiträge zur Geschichte, hg. von der Emsländischen Landschaft, Landkreise Emsland und Grafschaft Bentheim e.V. Schriftleitung: Gerd Steinwascher, Bd. 12 (1996), S. 7-354.
KT: **Löning 1996**

Lüerssen [Lüerßen], Dirk: „Moorsoldaten" in Esterwegen, Börgermoor, Neusustrum: Die frühen Konzentrationslager im Emsland 1933 bis 1936. In: Benz, Wolfgang/Distel, Barbara (Hg.): Herrschaft und Gewalt. Frühe Konzentrationslager 1933-1939, Berlin 2002, S. 157-210.
KT: **Lüerßen 2002**

Lüerßen, Dirk: „Wir sind die Moorsoldaten." Die Insassen der frühen Konzentrationslager im Emsland 1933 bis 1936. Biographische Untersuchungen zum Zusammenhang zwischen kategorialer Zuordnung der Verhafteten, deren jeweiligen Verhaltensformen im Lager und den Auswirkungen der Haft auf die weitere Lebensgeschichte. Dissertation zur Erlangung des Grades Doktor der Wirtschafts- und Sozialwissenschaften (Dr. rer. pol.) am Fachbereich Sozialwissenschaften der Universität Osnabrück, vorgelegt am 25. Mai 2001. https://repositorium.ub.uniosnabrueck.de/bitstream/urn:nbn:de:gbv:700-2006033114/2/E- Diss529_thesis.pdf.
KT: **Lüerßen 2001**

„Man riecht bei vielen Blut." Die Juristin und frühere Rot-Kreuz-Helferin Annette Schücking-Homeyer, 89, über den Russlandfeldzug 1941 und das Wissen der deutschen Soldaten um den Holocaust. Interview: Martin Doerry, Klaus Wiegrefe. In: „Der Spiegel", 4/2010, S. 42-44. [http://magazin.spiegel.de/EpubDelivery/spiegel/pdf/68785421] Mende,Gerhard von: Rußlandkunde. In: „Vergessener Osten", Heft 2, Göttingen 1952, H.2, S. 24-30.

Meyer, Leo: Der westfälische Altar in seiner Entwicklung 1650-1780. Inaugural-Dissertation zur Erlangung des Doktorgrades der Philosophischen und Naturwissenschaftlichen Fakultät der Westfälischen Wilhelms-Universität zu Münster, Münster 1938.
KT: **Meyer 1938**

Nachruf „Johannes Karl H. Bendiek". In: „Mitteilungen der Sächsischen Franziskanerprovinz vom heiligen Kreuz", 1/2005, S. 59-62.
KT: **Nachruf 2005**

Nellessen, Bernd: Das mühsame Zeugnis. Die katholische Kirche in Hamburg im zwanzigsten Jahrhundert, Hamburg 1992 (Hamburger Beiträge zur Sozial- und Zeitgeschichte, hg, von Werner Jochmann/Werner Johe/Ursula Büttner, Bd. 26). https://www.zeitgeschichte-hamburg.de/contao/files/fzh/Digitalisate/Bernd Nellessen Das muehsame Zeugnis.pdf
KT: **Nellessen 1992**

Paulus, Julia/Röwekamp, Marion (Hgg.): Eine Soldatenheimschwester an der Ostfront. Briefwechsel von Annete Schücking mit ihrer Familie (1941-1943). Mit einem Beitrag von Ulf Morgenstern, Paderborn/München/Wien/Zürich 2015 (LWL-Institut für westfälische Regionalgeschichte, Landschaftsverband Westfalen-Lippe, Münster - Forschungen zur Regionalgeschichte, hg. von Bernd Walter, Bd. 76).
KT: **Paulus/Röwekamp 2015**

Peters, Carsten: Zerschlagung der Gewerkschaften vor 83 Jahren. Redebeitrag zum Gedenken an den 2. Mai 2016, 11.05.2016. In: https: / /muenster.vvn-bda.de/2016/05/11/zerschlagung-der-gewerkschaften-vor-83-jahren/14.07.2020.
Kurztitel: Peters 2016

Pöppinghege, Rainer: Absage an die Republik. Das politische Verhalten der Studentenschaft der Westfälischen Wilhelms-Universität Münster 1918 – 1935, Münster 1994 (Agenda Geschichte, Bd. 4).
KT: **Pöppinghege 1994**

Pöppinghege, Rainer: „Ein herrliches Sommersemester 1933!" Die Gleichschaltung der Studentenschaft in Münster. In: „Westfälische Zeitschrift", 145/1995, S. 195-217. https://www.lwl.org/westfaelische-geschichte/txt/wz-9149.pdf.
KT: **Pöppinghege 1995**

Pries, Angelika: Zum Gedenken an Hans Kluge. In: Happ, Sabine/Jüttemann, Veronika (Hg.): „Es ist mit einem Schlag alles so restlos vernichtet." Opfer des Nationalsozialismus an der Universität Münster, Münster 2018 (Veröffentlichungen des Universitätsarchivs Münster, hg. von Sabine Happ, Bd. 12), S. 739-749.
KT: **Pries 2018**

Raem, Heinz-Albert: Katholischer Gesellenverein und Deutsche Kolpingsfamilie in der Ära des Nationalsozialismus, Mainz 1982 (Veröffentlichungen der Kommission für Zeitgeschichte: Reihe B, Forschungen; Bd. 35).
KT: **Raem 1982**

Riesenberger, Dieter: „Friedensbund Deutscher Katholiken, 1919-1933." Publiziert am 12.06.2006. In:„Historisches Lexikon Bayerns." https://www.historisches-lexikon-bayerns.de/Lexikon/Friedensbund_Deutscher_Katholiken,_1919-1933/04.03.2020.
Schaller, Helmut Wilhelm: Geschichte der slawischen und baltischen Philologie an der Universität Königsberg, Frankfurt/M. 2009.
KT: **Schaller 2009**

Rösel, Hubert: Das Slavisch-Baltische Seminar in Vergangenheit und Gegenwart. In: Ressel, Gerhard/Rösel, Hubert/Scholz, Friedrich (Hgg.): Jubiläumsschrift zum fünfzigjährigen Bestehen des Slavisch-Baltischen Seminars der Westfälischen Wilhelms-Universität zu Münster, Münster 1980, S. 97-138 (**Studia slavica et baltica**, Bd. 1).
KT: **Rösel 1980**

Schlautmann-Overmeyer, Rita / Klatt, Marlene: „Ibbenbüren" in: „Historisches Handbuch der jüdischen Gemeinschaften in Westfalen und Lippe. Die Ortschaften und Territorien im heutigen Regierungsbezirk Münster." Münster 2008, S. 412-429 (Veröffentlichungen der Historischen Kommission für Westfalen, Bd. XLV. Quellen und Forschungen zur jüdischen Geschichte in Westfalen, hg. von Susanne Freund/Franz-Josef Jakobi/Peter Johanek, Bd. 2).
KT: **Schlautmann-Overmeyer/Klatt 2008**

Schneider, Michael: Verfolgt, unterdrückt und aus dem Landgetrieben. Das Ende der Arbeiterbewegung im Frühjahr 1933. In: Wachsmann, Nikolaus/Steinbacher, Sybille: Die Linke im Visier. Zur Errichtung der Konzentrationslager 1933, Göttingen 2014, S. 31-51.

Schönfelder, Bärbel: Zum Gedenken an Otto Piper. In: Happ, Sabine/Jüttemann, Veronika (Hgg.): „Es ist mit einem Schlag alles so restlos vernichtet." Opfer des Nationalsozialismus an der Universität Münster, Münster 2018 (Veröffentlichungen des Universitätsarchivs Münster, hg. von Sabine Happ, Bd. 12), S. 85-91.
KT: **Schönfelder 2018**

Scholz, Friedrich: Zur Geschichte der slavistischen und baltistischen Lehre und Forschung an der Westfälischen Wilhelms-Universität Münster. In: „Materialien zur Geschichte der Slavistik in Deutschland", Teil 2, Wiesbaden 1985, S. 231-260.
KT: **Scholz 1985**

Schulte, Jan Erik: Das KZ-System in der Region. Konzentrationslager im Rheinland und in Westfalen 1933 – 1945. In: Schulte, Jan Erik (Hg.): Konzentrationslager im Rheinland und in Westfalen, Paderborn [u.a.] 2005, S. [XI]-XLI.

Schwarz, Andreas/Bittermann, Heinrich (Hgg.): Datentafel 323. Infanteriedivision/Das Ski-Bataillon 323 (31. Oktober 1942 bis 20. Februar 1943), hg. vom Traditionsverband 88. Infanterie-Division e.V. anläßlich des 8. Verbandstreffens Landshut/Niederbayern, 14./15. Mai 1966, [Bayreuth] 1966.
KT: **Traditionsverband 1966**

Schwarzenberg, Heribert: Zum Gedenken an Rudolf Quast. In: Happ, Sabine/Jüttemann, Veronika (Hg.): „Es ist mit einem Schlag alles so restlos vernichtet." Opfer des Nationalsozialismus an der Universität Münster, Münster 2018 (Veröffentlichungen des Universitätsarchivs Münster, hg. von Sabine Happ, Bd. 12), S. 830-837.
KT: **Schwarzenberg 2018**

Solnceva, S. P. (Hg.): Petr Grigor'evič Bogatyrev. Vospominanija. Dokumenty. Stat'i, Sankt-Peterburg 2002.

Suhr, Elke/Boldt, Werner: Lager im Emsland 1933-1945. Geschichte und Gedenken, Oldenburg 1985.
KT: **Suhr/Boldt 1985**

Traditionsverband 88. u. 323. I.D. e.V (Hg.): „Woronesch. Don-Stellung." Dokumente über die ostwärtigsten Einsatzpunkte der 88. und 323. Inf.-Division (Sommer-Herbst 1942/Januar 1943), Bayreuth/Bad Windsheim/Ansbach [1976].
KT: **Traditionsverband 1976**

Thrasolt, Ernst: „Nicht Krieg! Friede! Christi Friede!" Ein Sprechchor, Berlin 1931.

Thrasolt, Ernst: Die versäumte Arbeit. In den Jahren 1923 bis 1932 geschriebene kritische Bemerkungen, offene Antworten und Anregungen des Herausgebers der Zeitschrift „Vom frohen Leben", Meitingen bei Augsburg [1948] (Werkstunden-Schriftenreihe, hg. von Albert Burgmaier, Nr. 82).
KT: **Thrasolt 1948**

Triem, Jakob: Im Schein der Grubenlampe. Aus dem Tagebuch eines Bergmannes, Minden [ca. 1948].

Vieten, Bernward: Medizinstudenten in Münster. Universität, Studentenschaft und Medizin 1905 bis 1945, Diss., Münster 1979.
KT: **Vieten 1979**

Volkshochschule Saarburg (Hg.): Ernst Thrasolt 1878-1945. Erinnerungsgabe zum 100. Geburtstag am 12. Mai 1978, [Saarburg1978].

„Vom frohen Leben". Der wesentliche Mensch. Monatsschrift zur deutschen Lebens- und Volksaufartung durch Wahrhaftigkeit, Einfachheit und Liebe, hg. von der Großdeutschen Volksgemeinschaft, 9. Jg/Oktober 1929 bis September 1930, Berlin-Weissensee.

„Vom frohen Leben". Der wesentliche Mensch. Der Menschheitskämpfer. Monatsschrift zur deutschen Lebens- und Volksaufartung durch Wahrhaftigkeit, Einfachheit und Liebe, hg. von der Großdeutschen Volksgemeinschaft, 9. Jg/Oktober 1930 bis September 1931, Berlin-Weissensee.

Wachsmann, Nikolaus: Kl. A History of the Nazi Concentration Camps, New York 2015 [digital]
Walbaum, Irmgard: Kurzbiographie von Peter Grotjahn. In: Happ, Sabine/Jüttemann, Veronika (Hg.): „Es ist mit einem Schlag alles so restlos vernichtet." Opfer des Nationalsozialismus an der Universität Münster, Münster 2018 (Veröffentlichungen des Universitätsarchivs Münster, hg. von Sabine Happ, Bd. 12), S. 705-710.
KT: **Walbaum 2018a**

Walbaum, Irmgard: Zum Gedenken an Bernhard Rülander. In: Happ, Sabine/Jüttemann, Veronika (Hg.): „Es ist mit einem Schlag alles so restlos vernichtet." Opfer des Nationalsozialismus an der Universität Münster, Münster 2018 (Veröffentlichungen des Universitätsarchivs Münster, hg. von Sabine Happ, Bd. 12), S. 933-943.
KT: **Walbaum 2018b**

Wever, Dieter: Zum Gedenken an Arnold Münster. In: Happ, Sabine/Jüttemann, Veronika (Hg.): „Es ist mit einem Schlag alles so restlos vernichtet." Opfer des Nationalsozialismus an der Universität Münster, Münster 2018 (Veröffentlichungen des Universitätsarchivs Münster, hg. von Sabine Happ, Bd. 12), S. 903-932.
KT: **Wever 2018**

Wißkirchen, Josef: Brauweiler bei Köln. Frühes Konzentrationslager in der Provinzial-Arbeitsanstalt 1933-34. In: Schulte, Jan Erik (Hg.): Konzentrationslager im Rheinland und in Westfalen, Paderborn [u.a.] 2005, S. [65]-85.

Wisskirchen [Wißkirchen], Josef: Schutzhaft in der Rheinprovinz: Das Konzentrationslager Brauweiler 1933-1934. In: Benz, Wolfgang/Distel, Barbara (Hgg.): Herrschaft und Gewalt. Frühe Konzentrationslager 1933-1939, Berlin 2002, S. 129-156.
KT: **Wißkirchen 2002**

Wißkirchen, Josef: Tabellen und Dokumente. In: Wißkirchen, Josef (Hg.): „Verlorene Freiheit". Nationalsozialistische Schutzhaft 1933/34 im heutigen Rhein-Erft-Kreis, Berlin 2019, S. 579-631 (Rheinprovinz. Dokumente und Darstellungen zur Geschichte der rheinischen Provinzialverwaltung und des Landschaftsverbandes Rheinland, hg. vom Landschaftsverband Rheinland. LVR-Archivberatungs- und Fortbildungszentrum, Red. Wolfgang Schaffer, Bd. 28/Schriften zur Gedenkstätte Brauweiler, Bd. 3, Red. Christine Hartmann).

Wittenius, Charlotte: Kurzbiografie von Otto Wolff. In: Happ, Sabine/Jüttemann, Veronika (Hg.): „Es ist mit einem Schlag alles so restlos vernichtet." Opfer des Nationalsozialismus an der Universität Münster, Münster 2018 (Veröffentlichungen des Universitätsarchivs Münster, hg. von Sabine Happ, Bd. 12), S. 316-321.
KT: **Wittenius 2018**

Wolandt, Barbara/Wolandt, Gerd: Nikolaus Ehlen - ein Leben für den Nächsten, o. O. 1986 (Historische Beiträge, hg. von der Stadt Velbert in Verbindung mit der Abteilung des Bergischen Geschichtsvereins Velbert-Hardenberg e.V., Heft 7).
KT: **Wolandt/Wolandt 1986**

Wust, Peter: Ein Abschiedswort [Münster, den 18. Dezember 1939], Münster o.J.

75 Jahre Paddelclub Emsstern Rheine 1933-2008. In: https://www.emsstern-rheine.de/fileadmin/media/festzeitschrift75jahrepce7.0.pdf/23.04.2020.

http://www.documentarchiv.de/ns/1935/wehrgesetz.html/27.06.2020.

http://www.rheinische-art.de/cms/topics/august-sanders-unbeugsamer-sohn-eine-ausstellung-zum-gefaengnisfotografen-erich-sander.php/30.06.2020.

https://cs.wikipedia.org/wiki/Petr_Bogatyrev/22.03.2020.

https://de.wikipedia.org/wiki/323._Infanterie-Division_(Wehrmacht)/03.07.2020.

https://de.wikipedia.org/wiki/Albert_Maring/03.07.2020.

https://de.wikipedia.org/wiki/Alfons_Erb/03.07.2020.

https://de.wikipedia.org/wiki/Alfred_Hugenberg/25.06.2020.

https://de.wikipedia.org/wiki/Braunbuch_1933/02.06.2020.

https://de.wikipedia.org/wiki/Die_Moorsoldaten/03.07.2020.

https://de.wikipedia.org/wiki/Ernst_Thrasolt/12.05.2020.

https://de.wikipedia.org/wiki/Friedrich_Muckermann/03.07.2020.

https://de.wikipedia.org/wiki/Gustav_Staebe/23.04.2020.

https://de.wikipedia.org/wiki/Gustav_Wilhelm_Schübbe/03.07.2020.

https://de.wikipedia.org/wiki/Heinrich_Bernds/22.03.2020.

https://de.wikipedia.org/wiki/Jemeljan_Michailowitsch_Jaroslawski/03.07.2020.

https://de.wikipedia.org/wiki/Josef_Schepers/12.03.2020.

https://de.wikipedia.org/wiki/Kriegsdienstverweigerung_in_Deutschland/27.04.2020.

https://de.wikipedia.org/wiki/KZ_Neusustrum/03.06.2020.

https://de.wikipedia.org/wiki/Martin_Eduard_Winkler/03.07.2020.

https://de.wikipedia.org/wiki/Nanda_Herbermann/03.07.2020.

https://de.wikipedia.org/wiki/Nikolaus_Ehlen/03.07.2020.

https://de.wikipedia.org/wiki/Nikolaus_von_Arseniew/22.03.2020.

https://de.wikipedia.org/wiki/Peter_Wust/03.07.2020.

https://de.wikipedia.org/wiki/Theodor_Haecker/21.02.2020.

https://de.wikipedia.org/wiki/Vinzenzgemeinschaft/03.07.2020.

https://ikonen-museum.com/27.05.2020.

https://infovzor.ru/bitva-za-voronezh-velikaya-otechestvennaya-vojna//25.06.2020

https://pl.wikipedia.org/wiki/Nikołaj_Arsienjew/22.03.2020.

https://pl.wikipedia.org/wiki/Piotr_Bogatyriow_(folklorysta/22.03.2020.

https://ru.wikipedia.org/wiki/Arsen'ev,_Nikolaj_Sergeevič_(filosof)/22.03.2020.

https://ru.wikipedia.org/wiki/Bogatyrev,_Konstantin_Petrovič /23.06.2020.

https://ru.wikipedia.org/wiki/Bogatyrev,_Petr_Grigor'evič/22.03.2020.

https://ru.wikipedia.org/wiki/Jaroslavskij,_Emel'jan_Michajlovič/03.07.2020.

Ludwig Bitter, o.J.
Quelle: NLB

1 [Ludwig Bitter:] Chronik der katholischen Schulen in Hamburg nach der Reformation. [Typoskript], [1939/40], S. 1 [DAH]

2 Beier, Gerhard: Arbeiterbewegung in Hessen. Zur Geschichte der hessischen Arbeiterbewegung durch einhundertfünfzig Jahre (1834-1984), Frankfurt/M. 1985, S. 37. Zitiert nach: Lüerßen 2001, S.10

3 Im Deutschen öfter auch Woronesh geschrieben. - Zur Umschrift russischer Eigennamen vgl. den Anhang.

4 Etwa die von dem französischen Kommunisten und Philosophen Garaudy zeitweilig vertretene Synthese beider Richtungen. - Für Deutschland sei hier stellvertretend das „Christkommunistische Manifest" (1949) von Pater Joseph Cornelius Rossaint und Samuel Cramer genannt. In: LAV NRW R, RWN 0215, Nr. 93.

5 Ein Beispiel sind auch die Dokumente, die vom Traditionsverband der 323. Infanteriedivision, zu der Ludwig Bitter gehörte, herausgegeben worden sind. Die Herausgeber schreckten nicht einmal davor zurück, eine 16-seitige antisemitische Propagandaschrift des SS-Obersturmführers und NS-Ideologen Gustav Staebe in ihre Sammlung aufzunehmen: „Feldpost-Nr. 30 952 /Karlheinz Apking" (Hg.) „Offensive und Abwehr um Woronesh." Von Kriegsberichterstatter Gustav Staebe, o.O. ca. 1942. In: Traditionsverband 1976, o.S. Vgl. „ Gustav_Staebe". In: https://de.wikipedia.org/wiki//23.04.2020

6 Happ, Sabine/Jüttemann, Veronika (Hg.): „Es ist mit einem Schlag alles so restlos vernichtet." Opfer des Nationalsozialismus an der Universität Münster, Münster 2018 (Veröffentlichungen des Universitätsarchivs Münster, hg. von Sabine Happ, Bd. 12).

7 Beide Daten finden sich in offiziellen Dokumenten. Der Widerspruch hielt bis zu seinem Tode an. Der 5. März 1908 steht im Auszug aus dem Geburts- und Taufregister der katholischen Kirchengemeinde, Ibbenbüren, 26.03.1924. In: NLB. Der 4. März 1908 hingegen ist in der Meldekartei der Stadt Ibbenbüren als Geburtsdatum eingetragen. In: StA Ibb. Seine Verlobte Käthe Blome geht noch in einem Brief an Familie Bitter vom 10.12.1942 auf dieses Problem ein. Sie wollte das Geburtsdatum auf seinem Kreuz ändern lassen.

8 Vgl. Tagebuch, 15.04.1928. In: NLB

9 Tagebuch, 15.04.1928. In: NLB

10 Tagebuch, 15.04.1928. In: NLB

11 Tagebuch, 15.04.1928. In: NLB

12 Tagebuch, 15.04.1928. In: NLB

13 Vgl. Tagebuch, 15.04.1928. In: NLB

14 Vgl. die entsprechenden Zeugnisse. In: NLB

15 Vgl. Tagebuch, 15.04.1928. In: NLB

16 Vgl. Brief LB an Eltern, 26.06.1926. In: NLB

17 Tagebuch, 15.04.1928. In: NLB

18 Josef Schepers (9. März 1908 Mesum - 17. Januar 1989 in Münster),Volkskundler, Hausforscher, Museumsleiter und Hochschullehrer. Vgl. „Josef Schepers". In: https://de.wikipedia.org/wiki/12.03.2020

19 Tagebuch, 15.04.1928. In: NLB

20 Vgl. Tagebuch, 27.03.1928; 15.04.1928; 01.05.1928. In: NLB

21 Tagebuch, 22.03.1929. In: NLB. Dem Direktor [Prof. Wibbe] attestierte er in diesem Zusammenhang, wie üblich pädagogisch völlig versagt zu haben. Vgl. auch Tagebuch, 11.04.1929 [wohl eher 11.03.1929]. In: NLB

22 Tagebuch, 11.04.1929 [wohl eher 11.03.1929]. In: NLB

23 Tagebuch [undatierter Text: „Ich glaube an Gott". Zusatz: „In Tagebuchform"]. In: NLB

24 Vgl. Tagebuch [undatierter Text: „Ich glaube an Gott". Zusatz: „In Tagebuchform"]. In: NLB

25 Vgl. Tagebuch, 06.12.1928. In: NLB. Was wohl noch nicht bedeutete, dass er schon in die KPD eingetreten war. - Hier beklagt er auch die ablehnende Haltung seiner Umwelt: „Ich bin mit allen im Kampf [...]." In: NLB

26 Von 62 Abiturienten aus drei Abiturklassen hatten nur drei einen Arbeiter zum Vater. Vgl. Jahresbericht Gymnasium Dionysianum 1928-1929. In: StARH, Bestand Sammlung Rheiner Schulen, Nr. 319, S. 24

27 Vgl. Spottgedicht auf Bitter und Zeichnungen im „Klassenspiegel" 1929. In: NLB

28 So Bendieks rückblickende Einschätzung. In: Nachruf 2005, S. 59

29 Vgl. Spottgedicht auf Bendiek und Zeichnung im „Klassenspiegel" 1929. In: NLB

30 Vgl. Spottgedicht auf Hinterding und Zeichnung im „Klassenspiegel" 1929. In: NLB

31 „Klassenspiegel", 1929. In: NLB

32 Vgl. Brief von Johannes [Hugo] Bendiek an Hubert Hinterding, 20.12.1962. In: StARh, Bestand Hinterding, Nr. 14

33 Brief Hubert Hinterdings an Bernhard Bitter [Durchschlag], ca. 1955. In: StARh, Bestand Hinterding, Nr. 17

34 Vgl. Tagebuch, 30.04.1929. In: NLB

35 Brief von Johannes [Hugo] Bendiek an Hubert Hinterding, 20.12.1962. In: StARh, Bestand Hinterding, Nr. 14

36 Tagebuch, undatierter Eintrag zwischen 28.05. und 23.06.1929 [Einschub am Ende des Tagebuches]. In: NLB

37 Notizbuch, undatierter Eintrag. In: NLB

38 Nachruf 2005, S. 59

39 Vgl. Nachruf 2005, S. 59

40 Vgl. Studierendenkarte: Hubert Franz Hinterding, geb. 24.01.1910; Deutsche Studentenschaft, Kreis V, Universität Münster. In: UAMs, 004, Bestand 209

41 Hinterding, Hubert: Tanz-Fantasie für kleinen Chor und kleines Orchester nach Versen aus den „Sonetten an Orpheus" von R.M. Rilke, [Münster] o.J. In: Bibliothek des Musikwissenschaftlichen Seminars der Universität Münster/W. (K Hin 8000)]. Das Werk, eine Handschrift, ist nicht veröffentlicht worden.

42 Studierendenkarte: Hubert Franz Hinterding, geb. 24.01.1910; Deutsche Studentenschaft, Kreis V, Universität Münster. In: UAMs, 004, Bestand 209. Vgl. Brief Hubert Hinterding an Johannes (Hugo) Bendiek [Durchschlag], o.D. In: StARh, Bestand Hinterding, Nr. 14

43 Er verschwieg die Mitgliedschaft später nicht. In diesem Zusammenhang bekundete er nach 1945 eine „tiefe Niedergeschlagenheit in SA-Uniform"für den Sommer 1934. - Schreiben Hubert Hinterdings an Dr. Josef Schepers13.11.1963. In StARh, Bestand Hinterding, Nr. 18

44 Studierendenkarte: Hubert Franz Hinterding, geb. 24.01.1910; Deutsche Studentenschaft, Kreis V, Universität Münster. In: UAMs, 004, Bestand 209

45 Vgl. allgemein StARh, Bestand Hinterding

46 Reifezeugnis des Städtischen Gymnasiums Dionysianum zu Rheine i.W. für Ludwig Bitter vom 20.03.1929. In: NLB

47 In seinem Notizbuch findet sich auf einem Dutzend Seiten der Versuch einer Erzählung. Der Anfang seines Tagebuches beinhaltet einige Gedichte.Am Ende beginnt er ein fiktives Tagebuch. In: NLB

48 Meldekarte Ludwig Bitter. In: StA Ibbenbüren, Meldekartei

49 Vgl. Eintrag auf dem Entwurf seines Abiturzeugnisses. In: Stadtarchiv Mainz, Bestand 201, 651: Zeugnis Fütterer

50 Vgl. schriftliche Mitteilung Auste Wolff, Archiv der Humboldt-Universität Berlin, 13.04.2018

51 Meldekarte Ludwig Bitter. In. StA Ibbenbüren; Erstes Studienbuch Münster. In: NLB

52 Tagebuch, 21.04.1929. In: NLB

53 Bericht OP Westfalen an preußischen Innenminister, 16.11.1929 [Abschrift]. In: Geheimes Staatsarchiv Preußischer Kulturbesitz Berlin, I. HA Rep. 76, Kultusministerium Va Nr. 10718, S. 329

54 Brief LB an Eltern, 26.06.1929. In: NLB

55 Vgl. Brief LB an Eltern, 26.06.1929. In: NLB

56 Von 1919 bis 1921 hatte es einen Vorläufer gegeben, die „Sozialistische Hochschulgruppe ". Vgl. UAMs, Bestand 004, Nr. 685; Vieten 1979, S. 81

57 Vgl. Schreiben des Schriftführers des „Freien Sozialistischen Studentenbundes", Rudolf Dannenbaum, an den Rektor der Universität Münster, 12.07.1929. In: UAMs, Bestand 004, Nr. 773. - Zu den Mitgliederzahlen vgl. allgemein UAMs, Bestand 004, Nr. 773

58 Vgl. Brei, Alois: Das Schuldbekenntnis des Dr. Heinrich Bernds. In: Die Grafschaft Bentheim in der Geschichte, Copyright:Hamsterkiste-Verlag Neuenhaus. In: https://www.grafschafter-geschichte.de/bernds/03.05.2020; „Heinrich_Bernds". In: https://de.wikipedia.org/wiki/22.03.2020; Koch 1996, S. 414-418

59 Vieten 1979, S. 195 rechnet den RSB zu den Gruppen der Linken. Der FSSB habe der SPD nahe gestanden.

60 Vgl. allgemein die Mitgliederlisten. In: UAMs Bestand 004, Nr. 773. Im April 1932 hatte sich der „Freie Sozialistische Studentenbund" noch in „Freie Sozialistische Arbeitsgemeinschaft" bzw. „Sozialistische Arbeitsgemeinschaft" (FSAG/SAG) umbenannt, um Namensverwechslungen mit anderen Gruppierungen auszuschließen. Vgl. Schreiben von Hans Eigner an Sekretariat der WWU Münster [Matrizenabzug], 06. [durchgestr.]/15.04.1932. In: UAMs, Bestand 004, Nr. 773, Bl. 24; Mitgliederliste vom 13.05.1932 mit durchgestrichenem Begriff „Freie". In: UAMs; Bestand 004, Nr. 773 , Bl. 25

61 Vgl. die Mitgliederlisten. In: UAMs, Bestand 004, Nr. 773

62 Vgl. Mitgliederliste 01.12.1930. In: UAMs, Bestand 004, Nr. 773

63 § 3 der Statuten des FSSB. In: UAMs, Bestand 004, Nr.773

64 Vieten 1979, S. 195 sieht ihn als einen der SPD nahestehenden Studentenbund, was dem Charakter des FSSB nicht ganz gerecht wird.

65 Jedoch wohl nicht Vorsitzender, wie es in seinen Lebensdaten im Nachlass steht. Vgl. Schwarzenberg 2018, S.833/Anm. 25 und demgegenüber die Mitgliederlisten von (F)SSB/(F)SAG. In: UAMs, Bestand 004, Nr.773

66 Vgl. Schwarzenberg 2018, S. 830-837

67 So Otto Zielke im Protokoll seiner Vernehmung durch die Stapoleitstelle Recklinghausen. In: UAMs, Bestand 004, Nr. 1033, Bl. 179

68 Pöppinghege 1995, S. 196

69 Pöppinghege 1995, S. 196-197

70 Grüttner 2008, S. 23

71 Vgl. allgemein UAMs, Bestand 004, Nr. 773. - Ein Studentenparlament und/oder Allgemeiner Studentenausschuss als Betätigungsfeld für studentische Gruppen existierte seit 1927 in Münster nicht mehr.

72 Schreiben des FSSB an Rektor Schenk, 07.03.1930. In: UAMs, Bestand 004, Nr. 773

73 Von 1931 bis 1933 sollte sie, die auch friedenspolitisch engagiert war, der linkssozialistischen SAP(D) angehören,. Vgl. zu Siemsen: Feidel-Mertz/Schnorbach 1981, S. 234

74 Schreiben von Rektor Schenk an FSSB [Durchschlag], 20.03.1930. In: UAMs Bestand 004, Nr. 773

75 Schreiben des stellvertretenden Universitätskurators Dr. Paul Krause an den preußischen Kultusminister

[Durchschlag] 19.03.1931; Schreiben des preußischen Kultusministers an Rektor und stellvertretenden Universitätskurator, 30.03.1931. In: UAMs, Bestand 004, Nr. 773

76 Vieten 1979, S. 165

77 Vieten 1979, S. 165-166

78 Vieten, S. 160

79 Vgl. allgemein UAMs, Bestand 004, Nr. 771

80 Vgl. hierzu allgemein UAMs, Bestand 004, Nr. 771

81 Tagebuch, 03.10.1930. In: NLB

82 Vgl. Artikel „Aus der Stadt Münster – Der Strafrichter urteilt", 28.02.1930. In: „Münsterischer Anzeiger", 01.03.1930. In: StA MS Zeitungsarchiv

83 Vieten 1979, S. 165. Vgl. auch Vieten 1979, S. 163

84 Vgl. Vieten 1979, S. 163-166

85 Vieten 1979, S. 166

86 Vgl. Berichte OP Westfalen an preußischen Innenminister, 22.10.1929; 16.11.1929, 02.01.1930 [Abschriften]. In: Geheimes Staatsarchiv Preußischer Kulturbesitz Berlin, I. HA Rep. 76, Kultusministerium Va Nr. 10718, S. 326; S. 328-329; S. 336

87 Vgl. Mitgliederliste, 01.12.1930. In: UAMs, Bestand 004, Nr. 773, Bl. 10

88 Vgl. Bericht OP Westfalen an preußischen Innenminister, 30.11.1929 [Abschrift]. In: Geheimes Staatsarchiv Preußischer Kulturbesitz Berlin, I. HA Rep. 76, Kultusministerium Va Nr. 10718, S. 334

89 Vgl. Göding 2018, S. 873 unter Rückgriff auf eine eidesstattliche Erklärung Christian Spehrs vom 08.09.1946

90 Vgl. „Strukturberichtsbogen über Mitgliederbewegung in den Ortsgruppen [Unterbezirk Rheine]", KPD-Ortsgruppe Münster, Monat Januar 1933. In LAV NRW W, K754/Nr. 391.

91 Vgl. Berichte OP Westfalen an preußischen Innenminister, 16.11.1929, 02.01.1930 [Abschriften]. In: Geheimes Staatsarchiv Preußischer Kulturbesitz Berlin, I. HA Rep. 76, Kultusministerium Va Nr. 10718, S. 328-329; S. 336-337

92 Schriftliche Mitteilung, Annette Roesler, Stadtarchiv Rheda-Wiedenbrück, 29.11.2019

93 Vgl. Mitgliederlisten des FSSB. In: UAMs Bestand 004, Nr. 773.

94 Vgl. Brief LB an Hubert Bitter, 06.08.1933. In: NLB

95 Vgl. Berichte OP Westfalen an preußischen Innenminister, 22.10.1929; 16.11.1929 [Abschriften]. In: Geheimes Staatsarchiv Preußischer Kulturbesitz Berlin, I. HA Rep. 76, Kultusministerium Va Nr. 10718., S. 325, S. 329

96 Sein Klassenlehrer Dr. Anton Volbert soll sich Jahre später unrühmlich hervorgetan haben, als er im Novemberpogrom 1938 den Davidstern"unter Gegröle" von der Rheinenser Synagoge herunterholte. Er galt als „aktiver Nazi". Vgl. Gespräch mit Ehepaar Karola/Carola und Dr. Fritz Scholmeyer, 2001. In: Weichel/Suer 2002. Vgl. auch seine Personalakten: Bernhard Anton Volbert, Signatur: 655 + 2875. In: LAV NRW W, R 001

97 Tagebuch, 13.07.1934. In: NLB

98 Vgl. Tagebuch, 09.05.1929; 27.05.1931. In: NLB

99 Vgl. Kuropka 1984, S. 163 für Münster; für Ibbenbüren das Gespräch mit dem Zeitzeugen Dr. Heukamp (Jg. 1915). In: Weichel/Suer 2002

100 Die KPD-Ortsgruppe Münster unterstand dementsprechend der KPD-Unterbezirksleitung im kleineren, aber stärker gewerblich-industriell geprägten Rheine.

101 Kuropka 1984, S. 163

102 Vgl. „Strukturberichtsbogen über Mitgliederbewegung in den Ortsgruppen"[Unterbezirk Rheine]. KPD-Ortsgruppe Münster, Monat Januar 1933. In: LAV NRW W. K 754/ Nr. 391

103 Aussage von Otto Zielke. In: UAMs 004, Nr. 1033, Bl. 179. Vgl. Göding 2018, S. 873-874

104 Vgl. für die Endphase der Weimarer Republik: Bericht des Unterbezirks Rheine an die Bezirksleitung Ruhrgebiet, 18.02.1933. In: LAV NRW W, S 111/Nr.3

105 „Strukturberichtsbogen über Mitgliederbewegung in den Ortsgruppen [Unterbezirk Rheine]", KPD-Ortsgruppe Münster, Monat Januar 1933. In LAV NRW W, K754/Nr. 391. Demgegenüber kommt die Abrechnung der KPD-Ortsgruppe Münster für Januar 1933, 08.02.1933, auf nur 80 Mitglieder. In: LAV NRW W, S 111/Nr. 3. Beide Quellen differieren auch bei den Zahlen von Neuaufnahmen und Mitgliederverlusten.

106 Im Universitätsarchiv Münster finden sich keine derartigen Unterlagen.

107 Grüttner 2008, S. 23

108 Ein Brief Hugo Bendieks an Ludwig Bitter vom 26.08.1933 datiert das der Gestapo vorliegende Flugblatt auf 1930. In: NLB. - Fütterer kam nach knapp drei Monaten Medizinstudium in Berlin (Mitte Mai bis Anfang August 1929) wieder nach Münster zurück, wo er 1930 das Physikum ablegte. Vgl. seinen Lebenslauf. In: Fütterer, Friedrich: Nachforschungen über Frühgeborene. Inaugural-Dissertation zur Erlangung der medizinischen Doktorwürde einer Hohen Medizinischen Fakultät der Bayerischen Ludwig-Maximilians-Universität München, Düsseldorf 1936, o.S.: Schriftliche Mitteilung, Auste Wolff, Archiv der Humboldt-Universität Berlin, 13.04.2018. - Der Inhalt des KPD-Flugblatts und die Namen der Autoren Bitter und Fütterer finden sich auch in einer schriftlichen Auswertung von Archivalien im Rahmen eines Ibbenbürener Schulprojektes zur Vorbereitung

einer Ausstellung zum 9. November 1938 im Jahre 2008, die dem Verfasser vorliegt (Schreiben Stapoleitstelle Recklinghausen an RP Münster, Schulabteilung„ 25.07.1933. In: LAV NRW W, P 101/Nr. 7859). Doch ist nach diesen Angaben das entsprechende Aktenstück leider nicht auffindbar.

109 Vieten 1979, S. 157

110 Brief LB an ungenannten Freund vom 17.11.1929. In: NLB. Unterstreichungen von LB

111 Vgl. Brief LB an ungenannten Freund vom 17.11.1929. In: NLB

112 Brief LB an ungenannten Freund vom 17.11.1929. In: NLB

113 Brief LB an ungenannten Freund vom 17.11.1929. In: NLB. Unterstreichungen von LB

114 Vgl. Brief LB an ungenannten Freund vom 17.11.1929. In: NLB

115 Brief LB an ungenannten Freund vom 17.11.1929. In: NLB

116 Vgl. Bericht OP Westfalen an preußischen Innenminister, 08.01.1930 [Abschrift]. In: Geheimes Staatsarchiv Preußischer Kulturbesitz Berlin, I. HA Rep. 76, Kultusministerium Va Nr. 10718, S. 337-338

117 Konzept eines Schreibens von LB an das Polizeipräsidium Recklinghausen, 07.08.1933. In: NLB

118 Vgl. zu Otto Piper: Schönfelder 2018; zu Karl Barth: Hammerschmidt 2018

119 Vgl. Tagebuch, 23.11.1930. In: NL Bitter

120 Flugblatt, der KPD, verantwortlich: „Müller", mit Aufruf zur Demonstration auf dem Domplatz, Mittwochabend, 8 Uhr. In: StA Münster, Polizeiregistratur , Bestand Polizeiregistratur, Nr. 128, Bl. 009. - Der Sohn Niemeyers, das SPD-Mitglied Fritz Niemeyer jun., war Gründungsmitglied des Freien Sozialistischen Studentenbundes.

121 Vgl. „Münstersche Zeitung" und „Münsterischer Anzeiger", Februar/März 1930. In: StAMs, Zeitungsarchiv

122 Tagebuch, 28.11.1930. In: NLB

123 Tagebuch, 25.02.1930. In: NLB

124 Gespräch mit Helmut Pieper, 30.01.1995. H.elmut Pieper, geb. 1920, war nach eigenem Bekunden zeitweilig stellvertretender Vorsitzender der FDP im Kreis Tecklenburg. In: Weichel/Suer 2002

125 Vgl. Gespräch mit Helmut Pieper, 30.01.1995. H.elmut Pieper, geb. 1920, war nach eigenem Bekunden zeitweilig stellvertretender Vorsitzender der FDP im Kreis Tecklenburg. In: Weichel/Suer 2002

126 Tagebuch, 20.02.1930. In: NLB

127 Vgl. Flugblatt der KPD „Hunger! Hunger!" zu Weihnachten 1930 sowie Schreiben des Stadtpolizeidirektors an den Oberbürgermeister wegen Aktionen der KPD am Arbeitsamt und anderen Plätzen an Heiligabend 1930, 29.12.1930. In: StAMs, Polizeiregistratur: Nr. 128; Zeitungsausschnitte „Unruhen in Münster" und „Unsinnige Demonstrationen der Kommunisten. Mehrere Verhaftungen"aus der „Münsterschen Morgenpost", 15.07.1931. In: StAMs, Polizeiregistratur: Nr. 128, Bl. 060-061; „Aufhebung einer kommunistischen Versammlung durch die Polizei. In: „Münsterischer Anzeiger", Abendausgabe, 14.08.1931. In: StAMs, Zeitungsarchiv; Kuropka 1984, S. 173. Nach: WLZ v. 5. 6., 11. 6. 1932

128 Der 1. Mai und der 6. Dezember 1932 markierten die Höhepunkte der Aktionen. Vgl. den Schriftwechsel des Landrates, die Resolutionen der Erwerbsloseninitiative sowie Lageskizze und Zeitungsausschnitte, November/Dezember 1932. In: LAV NRW W, K350/ Nr. 1800

129 „Münster hatte seinen Rosenmontagszug". In: „Münstersche Zeitung", 05.03.1930. In: StAMs, Zeitungsarchiv. (Auch als Ausriss ohne Quellenangabe im Nachlass Bitters.)

130 Vgl. Einladung des Komitees der Münsterischen Karnevalsvereine 1927 e.V. an den Oberbürgermeister, weitergereicht an den Magistrat der Stadt, 05.02.1930. Ausdrücklich werden auch die Karnevalsskeptiker in der Politik zur Gala-Damensitzung des Komitees eingeladen. In: StAMs, Stadtregistratur; Fach 155, Nr. 84, Bl. 64

131 Vgl. „Der Rosenmontagszug in Münster. Starker Fremdenzustrom – Glänzender Verlauf des Zuges." In: „Münsterischer Anzeiger", Morgenausgabe, 04.03.1933. In: StAMs, Zeitungsarchiv

132 Vgl. „Der Rosenmontagszug in Münster. Starker Fremdenzustrom – Glänzender Verlauf des Zuges." In: „Münsterischer Anzeiger", Morgenausgabe, 04.03.1933. In: StAMs, Zeitungsarchiv; „Münster hatte seinen Rosenmontagszug". In: „Münstersche Zeitung", 05.03.1930. In: StAMs., Zeitungsarchiv. (Auch als Ausriss ohne Quellenangabe im Nachlass Bitters.)

133 „Münster hatte seinen Rosenmontagszug". In: „Münstersche Zeitung", 05.03.1930. In: StAMs., Zeitungsarchiv. (Auch als Ausriss ohne Quellenangabe im Nachlass Bitters.)

134 „Der Rosenmontagszug in Münster. Starker Fremdenzustrom – Glänzender Verlauf des Zuges." In: „Münsterischer Anzeiger", Morgenausgabe, 04.03.1933. In: StAMs

135 Vgl. „Der Rosenmontagszug in Münster. Starker Fremdenzustrom – Glänzender Verlauf des Zuges." In: „Münsterischer Anzeiger", 04.03.1933, Morgenausgabe: „Der Rosenmontagszug in Münster". In: StAMs

136 Tagebuch, 05.03.1930. In: NLB

137 Allerdings erfolgte zwei Jahre später eine polizeiliche Anzeige gegen Bitter, die Eingang in die Universitätsakten fand. Diese Akte ist rot überschrieben als „Neue Akte". Der Verbleib der alten Akte zu den Vorgängen 1930 ist unbekannt. Auch Bitters Studierendenkarte ist nicht auffindbar.

138 Tagebuch, 03.10.1930. In: NLB

139 Tagebuch, 03.10.1930. In: NLB

140 Am Horstmarer Landweg, wo auch der Münsteraner KPD-Führer Franz Albrecht gemeldet war, gab es eine

Barackensiedlung, deren Bewohner/innen fast alle KPD-Anhänger oder Parteimitglieder waren. Dort bestand so etwas wie eine Agitationszentrale der KPD. Vgl. zu dem Milieu Göding 2018, S. 874

141 Tagebuch, 03.10.1930. In: NLB. Der Begriff „Prolet/en" war damals in KPD-Kreisen nicht abschätzig gemeint. - Die Münsteraner empfanden das Ergebnis von 7,7 Prozent für die KPD, die sonst zwischen drei und sechs Prozent gelegen hatte ebenfalls als Überraschung. Man sah hier „unbelehrbare Arbeitslose als Wählerpotential. Im Reichsdurchschnitt kam die KPD sogar über 13 Prozent. Vgl. Kuropka 1984, S. 174-175; S. 163

142 Vgl. Tagebuch, 23.11.1930. In: NLB

143 Vgl. Kriegsbericht, S. 13. In: NLB. Gemeint ist bestimmt der Dozent Dr. Petr Bogatyrev. - Falls die Übertragung aus dem vermutlich handschriftlichen, nicht vorhandenen Original fehlerhaft sein sollte, käme noch Dr. Rübel in Frage. Der Burgsteinfurter Studienrat leitete Russischkurse an der WWU. Auch seine Veranstaltungen hatte Bitter belegt. Vgl. Zweites Studienbuch Münster. In: NLB; Rösel 1980, S. 103-107

144 Kriegsbericht, S. 12-13. In: NLB

145 Kriegsbericht, S. 12-13. In: NLB

146 Vgl. Studienbuch Universität Königsberg. In: NLB

147 Vgl. „Arsen'ev_Nikolaj_Sergeevič_(filosof)". In: https://ru.wikipedia.org/wiki/22.03.2020. Quelle hierfür ist ein Brief Nikolaus' von Arseniew an den polnischen Gelehrten Marian Zdziechowski, 05.07.1935.

148 Vgl. https://ru.wikipedia.org/wiki/22.03.2020; „Nikołaj _Arsienjew". In: https://pl.wikipedia.org/wiki/Nikołaj _Arsienjew/22.03.2020.

149 Vgl. „Arsen'ev_Nikolaj_Sergeevič_(filosof)". In: https://ru.wikipedia.org/wiki/22.03.2020.

150 Vgl. Schaller 2009, S. 123. Es wurde 1935 mit dem Slavischen und Baltischen Seminar vereinigt. So Gerhard von Mende: Rußlandkunde. In: „Vergessener Osten", Heft 2, Göttingen 1952, S. 24-30

151 Kriegsbericht, S. 15

152 https://ikonen-museum.com/ikonen-museum/gruendung/27.05.2020

153 Tagebuch, 12.11.1930. In: NLB

154 Tagebuch, 12.11.1930. In: NLB

155 Vgl. z.B. Tagebuch, 03.10.1930, 07.11.1930. In: NLB

156 Vgl. Tagebuch, 25.01.1929. In: NLB

157 Tagebuch, 16.11.1930. In: NLB

158 Vgl. Bitters genauere Auseinandersetzung mit Jaroslavskij - sechs eng beschriebene Zettel. In: NLB

159 Tagebuch, 16.11.1930

160 Tagebuch, 27[?].11.1930. In: NLB

161 Dies zeigt u.a. auch später sein Kriegsbericht. In: NLB

162 So zum Beispiel an einem seiner Tiefpunkte in Königsberg. Vgl. Tagebuch, 07.11.1930. In: NLB

163 Vgl. Tagebuch, 08.04.1931. In: NLB

164 Vgl. Kriegsbericht S. 15. In: NLB

165 Vgl. Suer, Werner, Ibbenbüren: Notizen, Bernie Bitter, Gespräch März 2012; mündliche Mitteilung, Hubert Bitter jun., 16.04.2018

166 Vgl. Tagebuch, 23.11.1930. In: NLB

167 Vgl. Tagebuch, 23.11.1930. In: NLB

168 Tagebuch, 08.04.1931. In: NLB

169 Der Tischler Steiner war vom 14.01.1925 bis 1933 Ratsmitglied der Stadt Münster. Vgl. StA Münster, Stadtverordnetenkartei, Dok-P-4884

170 Konzept eines Schreibens von LB an Polizeipräsidium Recklinghausen, 07.08.1933. In: NLB

171 Vgl. z.B. Tagebuch, 28.11. u. 30.11.1931; KZ-Tagebuch, 15.08.1934; Studienbuch Königsberg. Alle in: NLB

172 Konzept eines Schreibens von LB an Polizeipräsidium Recklinghausen, 07.08.1933. In: NLB

173 Notizbuch. In: NLB

174 Vgl. z. B. Tagebuch, 27.05.1931. In: NLB.

175 „Bolschewismus" soll hier als diejenige sozialistisch-kommunistische Richtung verstanden werden, die die Interpretation der Lehren von Marx und Engels durch W. I. Lenin als maßgeblich ansah und die Führungsrolle der von Moskau aus gesteuerten Kommunistischen Internationale (Komintern) akzeptierte.

176 Vgl. Tagebuch, 16.11.1930. In: NLB

177 Tagebuch, 28.11.1930. In: NLB . Alle Unterstreichungen von LB

178 Vgl. Tagebuch, Weihnachten 1930. In: NLB

179 Nachruf 2005, S. 59

180 Vgl. Nachruf 2005, S. 60

181 Zeitschrift

182 Brief Hubert Hinterdings an Dr. Josef Schepers [Durchschlag], 13.11.1963. In StARh, Bestand Hinterding, Nr. 18

183 Vgl. allgemein hierzu Raem 1982

184 Konzept eines Schreibens von LB an Polizeipräsidium Recklinghausen, 07.08.1933. Vgl. auch Brief Hubert Bitters an LB, 06.08.1933; Brief Ludwig Bitters sen. an Polizeipräsidium Recklinghausen, 11.09.1933. Alle in: NLB

185 Vgl. Löning 1996, S. 94 - 107

186 Raem 1982, S. 25

187 Vgl. Raem 1982, S. 26-37

188 Vgl. Tagebuch, 30.11.1930. In: NLB

189 Tagebuch, 30.09.1931. In: NLB

190 Vgl. Tagebuch, [7./6. ?].10.1931. In: NLB

191 Tagebuch, 30.11.1930. In: NLB

192 „ Ernst_Thrasolt". In: https://de.wikipedia.org/wiki/12.05.2020

193 Vgl. Tagebuch (undatierter Text: „Ich glaube an Gott". Zusatz: „In Tagebuchform"). In: NLB

194 Tagebuch, 15.04.1928. In: NLB

195 Vgl. Tagebuch (undatierter Text: „Ich glaube an Gott". Zusatz: „In Tagebuchform"). In: NLB

196 Vgl. Tagebuch (undatierter Text: „Ich glaube an Gott". Zusatz: „In Tagebuchform").In: NLB

197 Vgl. Tagebuch, 08.04.1931. In: NLB. Sieht man seine Aussage vor der münsterschen Kriminalpolizei 1932 als sachlich richtig an, hatte er er schon 1930 die Zeitschrift vor der WWU verkauft. Vgl. „Abschrift der Verhandlung der hies. Polizeibehörde gegen den Studenten Ludwig Bitter am 1.2.1932". In: UAMs, Bestand 004, Nr. 940, Bl. 4

198 Schon der Bericht OP Westfalen an den preußischen Innenminister, 16.11.1929 bezeichnet Bitter als Studenten, der eine Promotion in Zeitungswissenschaft anstrebe und beabsichtige, Journalist zu werden. In: Geheimes Staatsarchiv Preußischer Kulturbesitz Berlin, I. HA Rep. 76, Kultusministerium Va Nr. 10718

199 Tatsächlich bildete sich 1924 noch eine andere Großdeutsche Volksgemeinschaft aus dem rechtsradikalen Milieu, auf die sich Adolf Hitler nach seiner Haftentlassung beim Wiederaufbau der NSDAP stützte. Die heutige Verwirrung geht so weit, dass in Wikipedia einerseits die Großdeutsche Volksgemeinschaft Thrasolts u.a. im Artikel „Kriegsdienstverweigerung" als radikal pazifistisch dargestellt wird, der Link zum Artikel „Großdeutsche Volksgemeinschaft" jedoch direkt zur Hitler-Bewegung führt.

200 Vgl. RP Münster an Großdeutsche Volksgemeinschaft, z. Hd. Ludwig Bitter, 19.10.1931 wg. Abrechnung. In: NLB; Brief von Hubert Bitter an LB, 06.08.1933, LB an Hubert Bitter, 10.08.1933, 22./29. [?] 08.1933. In: NLB

201 Vgl. Brief LB an Familie, 11.09.1933. In: NLB; KZ-Tagebuch, S. 1. In: NLB

202 Der Windhorstbund war der Jugendverband der demokratisch-katholischen Zentrumspartei.

203 Vgl. Rektor Prof. Dr. Herrmann und Oberinspektor Meyer, Protokoll der Besprechung mit Bertram und Spehr [Durchschlag], 24.11.1931 UAMs, Bestand 004, Nr. 773.

204 Vgl. Mitgliederliste. In: UAMs, Bestand 004, Nr. 767

205 Vgl. Mitgliederliste. In: UAMs, Bestand 004, Nr. 744

206 Vgl. Protokoll der Besprechung von Rektor Herrmann, Universitätsrat Wentrup mit den Studentinnen/Studenten Lange, Eilert und Jerrentrup [Durchschlag], 01.12.1931. In: UAMs, Bestand 004, 744, Bl. 34

207 Vgl. Anzeige Polizeikommissar Niggemann gegen Ludwig Bitter, 01.02.1933. In: UAMs, Bestand 004, Nr. 940, Bl. 3; „Abschrift der Verhandlung der hies. Polizeibehörde gegen den Studenten Ludwig Bitter vom 1.2.1932". In: UAMs, Bestand 004, Nr. 940, Bl. 4

208 Vgl. Amtsgericht Münster an Rektor der WWU Münster, 15.03.1932. In: UAMs, Bestand 004, Nr. 940, Bl. 1; Anzeige Polizeikommissar Niggemann gegen Ludwig Bitter, 01.02.1933. In: UAMs, Bestand 004, Nr. 940, Bl. 3

209 Vgl. „Abschrift der Verhandlung der hies. Polizeibehörde gegen den Studenten Ludwig Bitter vom 1.2.1932". In: UAMs, Bestand 004, Nr. 940, Bl. 4

210 Protokoll vom Termin Universitätsrat und Rektor der WWU Münster mit Ludwig Bitter, 27.04.1932UAMs, Bestand 004, Nr. 940, Bl. 7

211 Kommissar Niggemann allerdings konnte auch anders: Am 14. Oktober 1934 warnte er den führenden Münsteraner Kommunisten Emil Dahlmann vor dessen für den nächsten Tag geplanten erneuten Verhaftung. Schreiben von Rechtsanwalt Karl Schwerter an das Landgericht Münster [beglaubigte Abschrift], 18.12.1956. In: LAV NRW W, K 204/Nr. 625, Bl. 25

212 Vermerk von Krim.Sekr. Assies, 03.02.1932. In: UAMs, Bestand 004, Nr. 940, Bl. 4

213 Stand vom Sommersemester 1936. Rösel 1980, S. 136

214 Kriegsbericht, S. 15-16. In: NLB

215 Vgl. Ehlers 1999, S. 224-225. Auch Professor K.H. Meyer, der erste Leiter des Slavischen Seminars lobte die echte Forschernatur Bogatyrevs ebenso wie dessen Fähigkeit, seine Zuhörer zu fesseln. Vgl. Rösel 1980, S. 107

216 Vgl. zur Ehefrau und dem in Prag geborenen Sohn Konstantin: „Personalnachrichten über den außerplanmäßigen Lektor der russischen Sprache Dr. Bogatyrev", 28.10.1932. In: UAMs, Bestand 010, Nr. 12662

217 Chenrik Baran: O P. G. Bogatyreve. Po materialam archiva P. O. Jakobsona. In: Vospominamija 2002, S. 137-153. Hier: S. 137-138

218 Vgl. Rösel 1980, S. 104-105

219 Ehlers 1999, S. 225; Milan Leščak/Svetozar Švedlik: Razgovor na proščanie. In: Vospominanija 2002, S. 43-51. Vgl. „Bogatyrev,_Petr_Grigor'evič". In: https://ru.wikipedia.org/wiki/22.03.2020 ; „Petr_Bogatyrev". In: https://cs.wikipedia.org/wiki/22.03.2020; „Piotr_Bogatyriow_(folklorysta)". In: https://pl.wikipedia.org/wiki/22.03.2020.

220 Ehlers 1998, S. 16 geht von 1940 als Rückkehrjahr aus. - Vgl. „Bogatyrev,_Petr_Grigor'evič". In: https://ru.wikipedia.org/wiki/22.03.2020 ; „Petr_Bogatyrev". In: https://cs.wikipedia.org/wiki/22.03.2020; „Piotr_Bogatyriow_(folklorysta)". In: https://pl.wikipedia.org/wiki/22.03.2020. Auch laut der tschechischen Fassung des biografischen Artikels über Bogatyrev kehrte er Anfang 1940 in die UdSSR zurück; die russische Fassung lässt offen, ob schon 1939 oder erst 1940. Die polnische Fassung spricht von 1939. - 1939 nennt auch Bogatyrev selbst in einem Interview anlässlich des 6. Sozialistenkongresses in Bratislava: Milan Leščak/Svetozar Švedlik: Razgovor na proščanie. In: Vospominanija 2002, S. 43-51. Hier: S. 51

221 Vgl. Ehlers 1998, S. 8; Institut für Slavistik 2017, o. S.; Rösel 1980, S. 104; Scholz 1985, S.234;

222 Vgl. Kriegsbericht, S.16. In: NLB; Ehlers 1999, S. 226. Beide Verfasser attestieren dem plötzlichen Abschied Bogatyrevs Fluchtcharakter, obwohl sie als Zeitgenosse bzw. Forscher auf einer ganz unterschiedlichen Quellenbasis aufbauen.

223 Ehlers 1999, S. 225

224 Vgl. Ehlers 1999, S. 225: Am 24. Oktober wies der Universitätskurator der WWU die Universitätskasse an, die Zahlung von Bogatyrevs Vergütung mit Ablauf des Monats einzustellen.

225 Vgl. Ehlers 1999, S. 225-226

226 Vgl. Kriegsbericht, S. 16. In NLB

227 Bogatyrev,_Konstantin_Petrovič. In: https://ru.wikipedia.org/wiki/12.05.2020. Vgl. Chenrik Baran: O P. G. Bogatyreve. Po materialam archiva P. O. Jakobsona. In: Vospominamija 2002, S. 137-153. Hier: S. 137-138

228 Vgl. „Arsen'ev,_Nikolaj_Sergeevič_(filosof)". In: https://ru.wikipedia.org/wiki/22.03.2020. Quelle hierfür ist ein Brief von Nikolaus von Arseniew an den polnischen Gelehrten Marian Zdziechowski, 05.07.1935.

229 In: NLB

230 Vgl. Nachruf 2005

231 Vgl. Wever 2018, S. 211-213

232 Rest, Walter: „In der Kaffeewirtschaft wurden philosophische Themen diskutiert." Erinnerungen von Prof. Rest zum 100. Geburtstag von Peter Wust. In: „Nachrichten und Berichte", Juni/Juli 1984, S. 13. Zit. nach: Wever 2018, S. 912

233 Rest, Walter. Zit. nach: Wever 2018, S. 912.

234 Ich stütze mich hier auf die Ausführungen von Wever, 2018, S. 912-13

235 https://de.wikipedia.org/wiki/Peter_Wust

236 Wust, Peter: Ein Abschiedswort [Münster, den 18. Dezember 1939], Münster o.J., o.S. In: NLB

237 Vgl. Brief LB an Hubert Hinterding, 16.Oktober 1939, StARh, Nachlass Hinterding, Nr. 18

238 Vgl. Zweites Studienbuch Münster. In: NLB

239 Konzept eines Schreibens von LB an den Polizeipräsidenten in Recklinghausen, 07.08.1933. In: NLB

240 Tagebuch, 19.08.1932. In: NLB

241 Vgl. KZ-Tagebuch, S. 1-2. In: NLB

242 Brief LB an Familie, 11.09.1933. In: NLB

243 Tagebuch, 01.02.1933. In: NLB

244 Zwei Tage später, am 8. Februar, wurde Bitter nach Bestehen der Mittelschullehrerprüfung exmatrikuliert. Vgl. Zweites Studienbuch Münster. In: NLB

245 Vgl. Ausriss aus der „Münsterschen Zeitung", 09.02.1933. In: UAMs, Bestand 004, Nr. 773

246 Ausriss aus der „National Zeitung", 08.02.1933. In: UAMs, Bestand 004, Nr. 773

247 Ausriss aus der „National Zeitung", 08.02.1933. In: UAMs, Bestand 004, Nr. 773

248 Schreiben von Prof. Dr. Otto Piper an Rektor Prof. Dr. Keller , 08.02.1933. In: UAMs Bestand 004, Nr. 773

249 Vgl. Schreiben des letzten Vorsitzenden der (F)SAG, Willy Dickel, aus seinem Heimatort Rheinhausen an den Oberinspektor der WWU, 18.04.1933. In: UAMs Bestand 004, Nr. 773

250 Vgl. Schreiben Willy Dickels an Universitäts-Rat Wentrup, 17.02.1933; Schreiben des Rektors Prof. Dr. Keller an die SAG, 27.02.1933. In: UAMs Bestand 004, Nr. 773

251 In Ibbenbüren traf es zunächst bis zum 1. März sechs, in Münster sechzehn KPD-Führer/innen. Vgl. Buchholz 2003, S. 54-55; Wever 2018 , S. 910

252 Verfügung von „Schutzhaft" [Durchschlag] für drei Gewerkschafter, 02.05.1933; darunter Nr. 2: Fritz Niemeyer. In: StAMs, Polizeiregistratur, Nr. 108, Bl. 24. Zu den weiteren Daten vgl. Peters 2016, o.S.

253 Vgl. Zeugnis des Provinzialschulkollegiums Münster über die Befähigung als Mittelschullehrer vom 25.11.1932 in Kombination mit Zuerkennung der einstweiligen Anstellungsfähigkeit als Mittel- oder Volksschullehrer vom 05.12.1932. In: NLB; Schreiben des RP Münster, Abtl. für Kirchen und Schulen an Bürgermeister Ibbenbüren vom 14.09.1933. In: StA Ibbenbüren, D 1714. - Die Unterrichtserlaubnis datierte vom 28.03.1933.

254 Felz, Sebastian: „Albert Derichsweiler (1909-1997) – Die Karriere eines Brandstifters, S. 21-37. Hier: S. 21-23. In: Gussek/Schmidt/ Spieker: Öffentliche Zensur und Bücherverbrennung in Münster. Eine Dokumentation herausgegeben aus Anlass der Enthüllung einer Gedenktafel am 6. Mai 2009 (Villa ten Hompel Aktuell 12) pdf

255 Tagebuch, 26.03.1933. In: NLB

256 Vgl. Schreiben von Martha Bitter an Bürgermeister Schotten [Durchschlag], 12.11.1945. In: NLB

257 Vgl. KZ-Tagebuch, S. 1. In: NLB.

258 Dr. Heukamp (Jg.1915) berichtet von einem Zusammenstoß mit Schöttler, der ihm Drückebergerei vor dem Wehrdienst vorwarf. In: Weichel/Suer 2002. - Im selben Jahr – 1935 – kam es wegen Baracken auf dem Schulhof zu einer heftigen Auseinandersetzung zwischen dem Schulleiter Ströhmer und dem „allmächtige[n] Amtssekretär [sic!]", wie Ströhmer in der Chronik der ((Amts-)Rektoratschule Ibbenbüren vermeldet.

259 Vgl. Schlautmann-Overmeyer/Klatt 2008 S. 419-423

260 Mündliche Mitteilung, Hubert Bitter jun., 16.04.2018

261 Vgl. z.B. entsprechende Ausführungen von Dr. Graf von Stosch, dem Chef der Stapoleitstelle Recklinghausen, 13.04 1933. In: Geck/Möllers/Pohl 2002, S. 33

262 Vgl. Jäger 2018, S. 341; Göding 2018, S. 872.Vgl. auch Ausschluss Otto Zielkes vom Universitätsstudium am 26.07.1933 gemäß Ministererlass vom 29.06.1933. In: UAMs 004, Nr. 1017, Bl. 60

263 Vgl. Göding 2018, S. 873

264 Vgl. Göding, 2018, S. 874; Vernehmungsprotokoll [Abschrift] als Anlage zu Schreiben von Dr. Graf von Stosch an Rektor der Universität Münster [Durchschlag], 25.07.1933. In: UAMs 004, Nr. 1033, Bl. 178-182. Vgl. Vieten 1979, S. 225: Theodor Bumiller (med), Donald Degenhardt (phil), Robert Ganse (med), Rudolf Quast (rer.pol) Gerhard Welter (med), Wilhelm Brockhaus (phil), Otto Wolff (iur), Christian Spehr (rer.nat), Hans Eigner (iur.). - Nach den Mitgliederlisten (UAMs 004, Nr. 773) zu urteilen, hatte Zielke damit nur acht offizielle Mitglieder benannt, die vom WS 1931 bis WS 1932/33 zum (F)SSB bzw. zur (F)SAG gehört hatten. (Gerhard Welter steht nicht in den Listen.) Immerhin fehlen fünfzehn weitere Namen

265 Vgl. mündliche Mitteilung von Hubert Bitter jun., 16.04.2018.

266 Vgl. Schreiben von Dr. Graf von Stosch an Rektor der Universität Münster, 10.07.1933. In: UAMs 004, Nr. 1033, Bl. 174. Vgl. auch Gröne 2018, S. 236, wo nur von 12 Studierenden die Rede ist. Hier liegt wohl eine Verwechslung mit der Mitgliederliste der (F)SAG vom Wintersemester 1932/33 vor, die der Rektor an die Gestapo gesandt hatte.

267 Schreiben von Dr. Graf von Stosch an Rektor der Universität Münster, 10.07.1933. In: UAMs Bestand 004, Nr. 1033, Bl. 174

268 Vgl. Schreiben von Dr. Graf von Stosch an Rektor der Universität Münster, 10.07.1933. In: UAMs 004, Nr. 1033, Bl. 174

269 Vgl. Notiz Rektor Naendrups vom 13.07.1933 auf der Rückseite des Schreiben von Dr. Graf von Stosch an Rektor der Universität Münster, 10.07.1933. In: UAMs Bestand 004, Nr. 1033, Bl. 174

270 Naendrup nahm ausdrücklich Bezug auf die Liste vom 10. Juli 1933 und ein Schreiben von Polizeipräsident Klemm vom 18. Juli 1933, in dem u.a. von der Überstellung Zielkes in ein KZ sowie von anstehenden weiteren Verhaftungen die Rede war. Vgl. UAMs 004, Nr. 1033, Bl. 175

271 Schreiben des Rektors der Universität Münster an Staatspolizeileitstelle Recklinghausen, z. Hd. Dr. Graf von Stosch [Durchschlag], 25.07.1933. In: UAMs 004, Nr. 1033 Bl. 176

272 Grotjahn war schon seit dem Wintersemester 1931/32 nicht mehr Mitglied. Vgl. die Mitgliederlisten. In: UAMs 004, Nr. 773

273 Vgl. Walbaum 2018, S. 707-709

274 Schreiben von Polizeipräsident Recklinghausen – Staatspolizeileitstelle - an den Rektor der WWU, 18.07.1933. In: UAMs 004, Nr. 1033. Vgl. Göding 2018, S. 874-875 (allgemeiner); Gröne 2018, S. 237

275 Somit ergibt sich eine Korrektur an der vorsichtig formulierten Annahme von Göding 2018, S. 872, die auf einer Erklärung Hans Eigners vom 8. August 1946 fußt: „[...] scheint Zielke allerdings als einziger dieser Gruppe in ein Konzentrationslager überführt worden zu sein". Im KZ Brauweiler saßen beide über mehrere Wochen gleichzeitig.

276 Vgl. Schreiben des Rektors der Philipps-Universität Marburg an die Rektoren sämtlicher deutscher Hochschulen, 01.08.1933. Der Ausschluss erfolgte mit sofortiger Wirkung. In: UAMs 004, Nr. 783, Bl. 334

277 In seinem Lebenslauf vom 08.01.1946 behauptet Eigner, während seiner ganzen Studienzeit Mitglied des Freien Sozialistischen Studentenbundes gewesen zu sein. In: Gröne 2018, S. 233. In den Mitgliederlisten taucht er aber nur für das Wintersemester 1931/32 und das Sommersemester 1932 auf. Vgl. UAMs 004, Nr. 733

278 Liste 10.07.1933. In: UAMs 004, Nr. 1033, Bl. 174

279 Stadtarchiv Essen, 140/11060, Lebenslauf, 08.01.1946. Zitiert nach: Gröne 2018, S.235

280 Gröne 2018, S. 237

281 Vgl. seinen Lebenslauf. In: Fütterer, Friedrich: Nachforschungen über Frühgeborene. Inaugural-Dissertation zur Erlangung der medizinischen Doktorwürde einer Hohen Medizinischen Fakultät der Bayerischen Ludwig-Maximilians-Universität München, Düsseldorf 1936, o.S.

282 Verhängung der Schutzhaft für Fritz Niemeyer sen. [Durchschlag], 02.05.1933. In: StAMs, Polizeiregistratur, Nr. 108, Bl. 24

283 Brei, Alois: Das Schuldbekenntnis des Dr. Heinrich Bernds. In: Die Grafschaft Bentheim in der Geschichte. Copyright: Hamsterkiste-Verlag Neuenhaus. In: https://www.grafschafter-geschichte.de/bernds/03.05.2020; Koch 1996, S. 414-415

284 Brief Hugo Bendieks an Ludwig Bitter, 16.08.1933. In: NLB

285 Vgl. Göding 2018, S. 873-874

286 Grüttner 2008, S. 23-24

287 Er bekämpfte den Nationalsozialismus z.B. als Redakteur des „Deutschen Weges", einer von Friedrich Muckermann gegründeten Zeitschrift. 1934 heiratete er eine Deutsche;1938 wurde dem Paar ein Sohn geboren. Doch schon 1940 musste er unter der NS-Besatzungsmacht seinen Leidensweg antreten. Die längste Zeit - bis in die letzten Kriegstage - saß er im KZ Sachsenhausen. Vgl. Hammerschmidt/Diekmann 2018

288 Brief LB an Familie, 24.07.1933. In: NLB

289 KZ-Tagebuch, S. 3. In: NLB

290 Vgl. KZ-Tagebuch, S. 3. In: NLB

291 Vgl. KZ-Tagebuch, S. 5. In: NLB

292 Vgl. KZ-Tagebuch, S. 5. In: NLB

293 Brief LB an Familie, 25.07.1933. In: NLB

294 Schreiben der Stapoleitstelle Recklinghausen an RP Münster, Abtl. für Kirchen und Schulen, 25.07.1933. In: LAV NRW W, P 101, Nr. 7859. Als auszugsweise Abschrift, 12.08.2008/Bearbeiter: Jürgen Düttmann. Das – gar nicht zuständige - Kreisschulamt Tecklenburg wurde aufgefordert zu berichten, weshalb eine politisch so belastete Persönlichkeit wie Bitter überhaupt noch unterrichten durfte. (Man vermutete ihn allerdings fälschlicherweise an der katholischen Volksschule Ibbenbüren.)

295 KZ-Tagebuch, S.7. In: NLB

296 Vgl. Geck/Möllers/Pohl 2002. S. 18-20; Kordes/Ordelheide/Pohl 2003, S. 21, 24. - Tenholts direkter Vorgesetzter war Graf von Stosch,. der Leiter der Staatspolizeistelle Recklinghausen. Er gab sich in seinem Bochumer Nachkriegsprozess unwissend, was Gewalttaten seiner Untergebenen anbelangte und wurde 1949 freigesprochen. Tenholt, Sohn eines Wettringer Bürgermeisters,erhielt eine 12-jährige Haftstrafe, kam aber schon 1955 wieder frei. Vgl. Bickhove-Swiderski. 2017, S. 146. - Tenholt war schon bei der Untersuchung eines Mordes in Magdeburg zur Zeit der Weimarer Republik als Antisemit unangenehm aufgefallen. Die Tat wollte er damals unbedingt einem unschuldigen Juden in die Schuhe schieben. Nach Aufdeckung seiner Machenschaften wurde er nach Bochum-Gelsenkirchen strafversetzt. 1931 trat er insgeheim der NSDAP bei. Vgl. „Dat is 'nen Verbrecher. Ich bringe dich um." In: „Der Spiegel", 1/1949, S. 7-8. [https://magazin.spiegel.de/EpubDelivery/spiegel/pdf/44435315]. Vgl. Bickhove-Swiderski 2017, S. 146-147

297 https://de.wikipedia.org/wiki/Braunbuch_1933/02.06.2020

298 Braunbuch, S. 311-312. Damals ging man noch vom 26. April 1933 als Todestag aus. Vgl. Funk, Albert, 15.10.1894 - 16.4.1933. Vgl. zu Funk allgemein Bickhove-Swiderski 2017

299 Braunbuch, S. 312; Jordan, Andreas (Projektgruppe Stolpersteine Gelsenkirchen: Gemeinsam gegen das Vergessen), August 201, o.S. In: http://www.stolpersteine-gelsenkirchen.de/11.04.2019

300 Braunbuch, S. 311-312 und S. 345. Vgl.

301 Vgl. Brief LB an Familie. 22.08.1933 oder 29.08.1933 [unleserlich]. In: NLB

302 Vgl. KZ-Tagebuch, S. 9-10. In: NLB

303 KZ-Tagebuch, S. 10. In: NLB

304 Von dieser Möglichkeit machte nach Bitters Schätzung nur eine Minderheit von weniger als 20 „Politischen" Gebrauch. Vgl. KZ-Tagebuch, S. 11. In: NLB

305 KZ-Tagebuch, S. 11. In: NLB; Vgl. Brief LB an Familie, 22./29. [?]08.1933. In: NLB

306 Brief LB an Familie, 28.07.1933;

307 Undatierte Antwort Bendieks auf Abschrift einer Eingabe von LB an das Polizeipräsidium Recklinghausen vom 07.08.1933. In: NLB

308 Vgl. Daners/Wißkirchen 2013, S. 144; Anm. 109. Dort finden sich auch die Zitate aus Görings Erlass.

309 Vgl. Brief Hugo Bendieks an LB, 26.08.1933. In: NLB

310 Brief LB an Familie, 28.07.1933 (mit Notizen von anderer Hand). In: NLB

311 Vgl. Buchholz 2003, S. 47-49

312 Boesenberg,Lars/Düttmann,Jürgen/Ortgies,Norbert: Machtsicherung. Ausgrenzung. Verfolgung. Nationalsozialismus und Judenverfolgung in Ibbenbüren. Mit einem Beitrag von Marlene Klatt und Rita Schlautmann-Overmeyer, hg. vom Historischen Verein Ibbenbüren e.V., 1. Aufl., Ibbenbüren 2010 (Ibbenbürener Studien, Bd. 6), S. 11

313 Vgl. Buchholz 2003, S. 48

314 Vgl. Schreiben des Ibbenbürener Bürgermeisters Dr. Müller an Landrat Dr. Schultz, 18.04.1933; Schreiben von Landrat Dr. Schultz an Bürgermeister Dr. Müller, 20.04.1933; Schreiben von Robert W. an den Tecklenburger Landrat, 30.04.1933; Schreiben des Tecklenburger Landrats an Robert W., 05.05.1933. In: LAV NRW W, K 350/ Nr. 1468

315 Undatierte Antwort Bendieks auf Abschrift einer Eingabe von LB an das Polizeipräsidium Recklinghausen, 07.08.1933. In: NLB

316 Undatierte Antwort Bendieks auf Abschrift einer Eingabe von LB an das Polizeipräsidium Recklinghausen, 07.08.1933. In: NLB

317 Undatierte Antwort Bendieks auf Abschrift einer Eingabe von LB an das Polizeipräsidium Recklinghausen ,

07.08.1933. In: NLB

318 Vgl. Brief LB an Familie, 28.07.33. In: NLB

319 Albert Maring und Nanda Herbermann, Muckermanns Sekretärin und Autorin des „Grals" hielten sich noch länger am Redaktionssitz in Münster. Maring wurde jedoch 1942 im KZ ermordet, Herbermann überlebte Gefängnis- und KZ-Haft in Ravensbrück. Muckermann verstarb kurz nach dem Untergang des NS-Regimes im Schweizer Exil. Vgl. https://de.wikipedia.org/wiki/Nanda_Herbermann/25.06.2020; https://de.wikipedia.org/wiki/Albert_Maring/25.06.2020; https://de.wikipedia.org/wiki/Friedrich_Muckermann/25.06.2020

320 Vgl. KZ-Tagebuch, S. 30. In: NLB

321 Vgl. KZ-Tagebuch, S. 10-12, 30-32. In: NLB

322 Vgl. KZ-Tagebuch, S. 12. In: NLB

323 Vgl. zu Brauweiler als KZ allgemein Daners/Wißkirchen 2013; Daners, Hermann: Konzentrationslager in der Arbeitsanstalt Brauweiler. In: Wißkirchen, Josef (Hg.), Verlorene Freiheit, Berlin 2019, S. 177-228.

324 KZ-Tagebuch, S.13. In: NLB

325 Vgl. Daners/Wißkirchen 2013, S. 132; Anm.70. Zitat aus: ArhKN, C-2827

326 Vgl. Daners 2019, S. 190 und S. 207-208

327 KZ-Tagebuch, S. 65

328 Vgl. Brief LB an Familie, 11.09.1933. In: NLB

329 So der häufiger von Bitter verwendete Ausdruck für seine „Leidensgenossen" - ein Begriff, den sein Freund Bendiek bevorzugte.

330 Vgl. KZ-Tagebuch, S. 16. In: NLB. Herzog war zudem Redakteur des „Ruhr-Echo", einer KPD-Zeitung. Sein Weg führte wie der vieler anderer über Recklinghausen, Siegburg und Brauweiler nach Börgermoor. Er überlebte. Vgl. Lüerßen 2001, S. 308. Feidel-Mertz/Schnorbach 1981, S. 230. Nach 1945 veröffentlichte er ein Buch über Nazimorde in seiner Heimatregion (s. Literaturverzeichnis). Über seine Haftzeit hat er anscheinend nichts veröffentlicht.

331 Vgl. Brief LB an Familie vom 11.09.1933. In: NLB;

332 „[...] als Werkstudent als Kommunist unter Proleten, als Fußballspieler unter Arbeitern hat man vieles anhören müssen". Tagebuch, 27.05.1931. In: NLB. Vgl. auch: 50 Jahre DJK Arminia Ibbenbüren e.V. 1929-1979, Ibbenbüren 1979, S.15. Bitter und Bendiek werden hier – allerdings ohne Vornamen - neben anderen als Namen genannt, „die im Ibbenbürener Fußball viele Jahre etwas gegolten haben". Einen Arbeitersportverein im eigentlichen Sinne gab es jedoch nur im benachbarten Rheine mit dem ATSB (Arbeiter-Turn-und-Sportbund). Vgl. 75 Jahre Paddelclub Emsstern Rheine 1933-2008, S.9. In: https://www.emsstern-rheine.de/fileadmin/media/festzeitschrift75jahrepce7.0.pdf/23.04.2020

333 Insbesondere das Schachspiel erfreute sich größerer Beliebtheit. Vgl. KZ-Tagebuch, S. 15-16. In: NLB

334 Vgl. auch Daners/Wißkirchen 2013, S. 125

335 KZ-Tagebuch, S.19. In: NLB

336 KZ-Tagebuch, S. 20. In: NLB

337 Es dürfte sich um einen von LB verwendeten Decknamen handeln. - Im Nachlass Bitters findet sich ein Zettel, in dem ein Apotheker aus Frankreich namens Todor Todorovitch [Todorović] die Adresse seines Bruders Radoslav Todorovitch [Todorović] in Belgrad mitteilt. Der Adresse nach kann der Zettel erst nach der deutschen Besetzung Jugoslawiens geschrieben worden sein. In: NLB

338 KZ-Tagebuch, S. 21. In: NLB. - In einem der beiden anderen Säle war es Wilhelm Herzog. So sah es jedenfalls der Häftling Johannes Holler. In : Daners/Wißkirchen 2013, S. 133-134

339 Hoffmann, Martin, *18.10.1901, †1945. - Biographische Angaben nach: Bundesstiftung Aufarbeitung zur Aufarbeitung der SED-Diktatur Berlin. Biographische Datenbanken: https://www.bundesstiftung-aufarbeitung.de/de/recherche/kataloge-datenbanken

340 KZ-Tagebuch, S. 21. In: NLB

341 Vgl. KZ.Tagebuch, S. 63-64. In: NLB

342 https://de.wikipedia.org/wiki/Braunbuch_1933/02.06.2020

343 Vgl. KZ-Tagebuch, S. 26. In: NLB

344 Vgl. Wolandt/Wolandt 1986, S. 33-34. Vgl. Brüne 2001, S. 54-64; https://de.wikipedia.org/wiki/Christlich-Soziale_Reichspartei/25.06.2020

345 Wolandt/Wolandt 1986, S. 40

346 Vgl. KZ-Tagebuch, S. 23. In: NLB

347 Vgl. Daners/Wißkirchen 2013, S. 133-134. Dem stand eine Stimme aus den Deutschland-Berichten der Exil-SPD entgegen: Deutschland-Berichte 1935, S. 430 nach Daners/Wißkirchen 2013, S. 133

348 Daners/Wißkirchen 2013, S. 138. Zahlenangaben nach Dams, Carsten/Stolle,Michael: Die Gestapo. Herrschaft und Terror im Dritten Reich, München 2008, S. 107

349 So z.B. die Aussage von Heinrich Abels aus Jüchen-Hackhausen aus dem Jahre 1945. Abels war vom 15.03.1933 bis 17.02.1934 in Brauweiler inhaftiert und außerhalb der Anstalt Ende 1933 halb totgeschlagen worden. Vgl.

Daners/Wißkirchen 2013, S. 142. Nach: ARhKN, C-2717

350 Vgl. Daners/Wißkirchen 2013, S. 134-136

351 Es handelte sich um einen gewissen Leufke. Vgl. „Die Hölle von Recklinghausen". Gestapo-Terror im Polizeipräsidium, in: Geck/Möllers/Pohl 2002, S. 18-20

352 Holler, Johannes: Lebenserinnerungen. Undatiertes Typoskript, NS-Dokumentationszentrum Köln. Zit. nach Daners/Wißkirchen 2013, S. 135

353 Vgl. KZ-Tagebuch, S. 29. In: NLB. - Es könnte sich um den Kölner KPD-Funktionär Karl Sattler (29.01.1896-08.05.1945) gehandelt haben. Vgl. Biographische Angaben in: Bundesstiftung Aufarbeitung zur Aufarbeitung der SED-Diktatur Berlin: Biographische Datenbanken: https://www.bundesstiftung-aufarbeitung.de/de/recherche/kataloge-datenbanken/

354 Vgl. KZ-Tagebuch, S. 32. In: NLB

355 KZ-Tagebuch, S. 32. In: NLB

356 KZ-Tagebuch, S. 32. In: NLB

357 Entschädigungsantrag von Emil Dahlmann, Rubrik B: Haftzeiten, Stempel: 28.01.1950. In: LAV NRW W, K 204/ Nr. 625

358 KZ-Tagebuch, S. 34. In: NLB

359 KZ-Tagebuch, S. 35. In: NLB

360 KZ-Tagebuch, S. 37. In: NLB

361 KZ-Tagebuch, S. 37-38. In: NLB

362 Lüerßen 2001, S. 167

363 KZ-Tagebuch, S. 41. In: NLB

364 KZ-Tagebuch, S. 44. In: NLB

365 Bitter nennt nur den Nachnamen. Der ungefähr gleichaltrige, in Ibbenbüren wohnhafte Bernard Tautz (nach seinen Parteiakten Kaufmann, nach der Meldekartei im StAIbb Arbeiter) nahm laut Meldekartei am 08.08.1933 seinen zweiten Wohnsitz in Papenburg. Am 02.09.1933 gab er diesen offiziell wieder auf. Im Februar 1934 verzog er nach Münster. Vgl. Meldekarte Bernard Tautz. In: StA Ibbenbüren; BA Berlin: NSDAP-Mitgliederkartei, NSDAP-Gaukartei: Nr. BArch R 9361-IX Kartei / 44150881. Vgl. auch die folgende Anm. zu Ewald Cäsar/Caesar

366 KZ-Tagebuch, S. 44. In: NLB

367 Der einundzwanzigjährige Maurer Ewald Cäsar [Schreibvariante: Caesar] aus Ibbenbüren hatte am selben Tag wie Bernard Tautz einen zweiten Wohnsitz in Papenburg angemeldet und war wie Tautz am 02.09.1933 wieder nach Ibbenbüren zurückgemeldet worden. Am 31.01.1934, also nur wenige Tage vor Tautz, meldete er sich von dort ebenfalls nach Münster ab. Vgl. StA Ibbenbüren, Meldekarten; BA Berlin: NSDAP-Mitgliederkartei, NSDAP-Gaukartei: Nr. BArch, R 9361-IX Kartei / 5380062, BA Berlin: NSDAP-Mitgliederkartei, NSDAP-Zentralkartei: Nr. BArch, R 9361-VIII Kartei / 4980392

368 Buchholz 2003, S. 54-55

369 Buchholz 2003, S. 54-55

370 Vgl. Buchholz 2003, S. 55, insbesondere auch Anm. 98

371 KZ-Tagebuch, S. 62. In: NLB

372 Vgl. die Liste der Pfarrer, Kapläne und Vikare im Pfarrarchiv Ibbenbüren. Brinkmann aus Gimbte war von 1926 bis 1934 Kaplan in Ibbenbüren. In: BAMs, A 318

373 Vgl. KZ-Tagebuch, S. 63. In: NLB

374 Vgl. KZ-Tagebuch, S. 63. In: NLB

375 Dreyer, Hermann Karl Elisabeth, geb. 14.12.1911 in Münster, gest. 19.05.1943 KZ Brual-Rhede. In: https://www.gedenkstaette-esterwegen.de/geschichte/gedenkbuch.;schriftliche Mitteilung, Ute Aschwer, StAMs, 19.06.2019: Dreyer war Kraftfahrer, verheiratet, ein Sohn (geb. 1937). Lebensdaten wie im Gedenkbuch, aber: „verstorben im Emslandlager Neusustrum".

376 Besondere Standhaftigkeit bewies in einer ähnlichen Situation Karl Ebert, Sohn des ersten Reichspräsidenten der Weimarer Republik, Friedrich Ebert (SPD). Trotz Bedrohung mit dem Tod weigerte er sich, Mithäftlinge im KZ Börgermoor zu schlagen.

377 KZ-Tagebuch, S. 48. In: NLB

378 KZ-Tagebuch, S. 47-48. In: NLB

379 Lüerßen 2001, S. 139, insbesondere Anm. 621.

380 Vgl. KZ-Tagebuch, S. 53-54. In. NLB

381 Vgl. KZ-Tagebuch, S. 59. In. NLB

382 KZ-Tagebuch, S. 60. In. NLB

383 Vgl. KZ-Tagebuch, S. 55. In. NLB

384 Vgl. KZ-Tagebuch, S. 57-58. In. NLB

385 Vgl. „Urteil gegen Emil Faust vor dem Schwurgericht des Landgerichts Osnabrück" vom 30.11.1950. In: Kosthorst /Walter, Bd. 1, S. 300

386 Vgl. „Urteil gegen Emil Faust vor dem Schwurgericht des Landgerichts Osnabrück" vom 30.11.1950. In:

Kosthorst /Walter 1983, Bd. 1, S. 284-285

387 Vgl. allgemein zu Faust: Klausch 2005, S. 215-264. Darin zu Thiel S. 237-243

388 KZ-Tagebuch, S. 62. In: NLB

389 KZ-Tagebuch, S. 44-45. In: NLB

390 In der Literatur schwankt die Namensform: Wiede[n], Wiede[r]

391 Vgl. Lüerßen 2001, Kurzbiografien aller namentlich bekannten Insassen, S. 227-464; https://www.gedenkstaette-esterwegen.de/geschichte/gedenkbuch

392 Lüerßen 2001, S. 78

393 KZ-Tagebuch, S. 61. In: NLB

394 König/Krause-Vilmar/Simon 2014, S. 65

395 König/Krause-Vilmar/Simon 2014, S. 65

396 König/Krause-Vilmar/Simon 2014, S. 66-67

397 König/Krause-Vilmar/Simon 2014, S. 65

398 KZ-Tagebuch, S. 45-46. In: NLB

399 Vgl. zu Stefansky: Gertzen 2018a

400 Goebbels' Drohungen gegen den Wiener Kardinal Innitzer und andere „rote Kardinäle" sowie Freimaurer und Marxisten wurden ebenfalls von Bitter festgehalten. Vgl. Notizbuch. In: NLB

401 Siehe letztes Kapitel; Kriegsbericht, S. 16-18. In: NLB

402 KZ-Tagebuch, S.6. In: NLB

403 Wie allerdings u.a. die Ermordung Ludwig Pappenheims und des KPD-Funktionärs August Henni(n)g am 4. Januar 1934 (siehe Lüerßen 200, S. 306 und S. 65) zeigte, brachte die Durchsetzung dieser Maßnahme auf Dauer keine Wende zum Besseren: Nach baldigem Abzug der Polizeikräfte bestand die neue Wachmannschaft zu 80 Prozent aus SA-Männern, zu 20 Prozent aus SS-Angehörigen. https://de.wikipedia.org/wiki/KZ_Neusustrum/03.06.2020

404 KZ-Tagebuch, S. 62. In: NLB; Vgl. Klausch 2005, 230-231

405 Vgl. Klausch 2005, S. 230-232.

406 Vgl. KZ-Tagebuch, S. 62. In: NLB

407 Richterliche Zeugenvernehmung von Arnold Jantz in Stolberg, 09.08.1948. Zitiert nach: Klausch 2005, S. 231.

408 Vgl. Klausch 2005, S. 230-231

409 KZ-Tagebuch, S. 61. In: NLB

410 KZ-Tagebuch, S. 63. In: NLB

411 KZ-Tagebuch, S. 62. In: NLB

412 KZ-Tagebuch, S. 64. In: NLB

413 KZ-Tagebuch, S. 37; S. 61; S. 64. In: NLB. Die Regierung in Münster hatte den Landrat des Kreises Tecklenburg, dieser wiederum den Ibbenbürener Bürgermeister vorab über die anstehende Entlassung Bitters informiert. Vgl. Schreiben des Tecklenburger Landrats Dr. Schultz an den Ibbenbürener Bürgermeister Dr. Müller, 04.11.1933. In: LAV NRW W, K 350//Nr. 1499

414 KZ-Tagebuch, S. 61-62. In: NLB

415 Vgl. Suer, Werner: Ludwig Bitter, Notizen zur Person, 11.07.2015, Bl. 2

416 KZ-Tagebuch, S. 7. In: NLB

417 Vgl. KZ-Tagebuch, S. 7-8. In: NLB

418 KZ-Tagebuch, S. 2. In: NLB

419 KZ-Tagebuch, S. 57. In: NLB

420 Vgl. Schreiben des Regierungspräsidenten Münster, Abtl. für Kirchen und Schulen an LB, 28.12.1933. Abschrift an Schulrat Rheine mit Zusatztext. In: StA IBB, D 1714

421 Schreiben des Tecklenburger Landrats Dr. Schultz an den Ibbenbürener Bürgermeister Dr. Müller, 04.11.1933. In: LAV NRW W, K 350//Nr. 1499

422 Schreiben des Ibbenbürener Bürgermeisters Dr. Müller an den Tecklenburger Landrat Dr. Schultz, 06.11.1933. In: LAV NRW W, K 350/Nr. 1499. Diese Darstellung Dr. Müllers ging dann auf dem Dienstweg wieder nach oben zum RP Münster.

423 Brief LB an die Familie, 25.07.1933. In: NLB

424 Brief LB an die Familie, 25.07.1933. In: NLB

425 Brief LB an Familie, 25.07.1933. In: NLB

426 Ludwig Bitter sen. an Hubert Bitter. Text auf: Weitergeleiteter Brief von LB an Familie, 25.07.1933. In: NLB

427 Maria Bitter an Hubert Bitter. Text auf: Weitergeleiteter Brief Ludwig Bitters an Familie, 25.07.1933. In: NLB

428 Brief Hubert Bitters an Ludwig Bitter vom 06.08.1933. In: NLB

429 Brief LB an Familie, 22.(?)/29.(?).08.1933. In: NLB

430 Vgl. Brief LB an Familie vom 22.(?)/29.(?).08.1933; undatierte Abschrift einer Eingabe von LB an Polizeipräsidium Recklinghausen; Brief LB an Hubert Bitter vom 10.08.1933. Auf Brief Hubert Bitters an LB vom 06.08.1933. Alle drei Quellen in: NLB

431 Alfred Hugenberg, Medienmogul in der Weimarer Republik, Vorsitzender der rechtsextremen DNVP und Förderer

Hitlers stand für die offen kapitalistisch orientierten Kräfte des ersten Kabinetts Hitler. Vgl. https://de.wikipedia.org/wiki/Alfred_Hugenberg/25.06.2020

432 Konzept eines Schreibens von LB an Polizeipräsidium Recklinghausen, 07.08.1933. In: NLB

433 Eine Antwort auf seine – vielleicht nicht einmal abgesandte - Eingabe vom 7. August 1933 war ohnehin nicht zu erwarten, scheint auch nie erteilt worden zu sein.

434 Vgl. zu Ibbenbüren Buchholz 2003, S. 52-54.

435 Vgl. zu Emil Dahlmann LAV NRW W, K 204/Nr. 625; Q 115a/Nr. 781, 847, 1050; LAV NRW R, BR 2182: Nr. 4270. Zu Martin Hoffmann vgl. LAV NRW R, RW 58: Nr. 29635; Biographische Angaben aus dem Handbuch der Deutschen Kommunisten: Hoffmann, Martin, * 18.10.1901, † 1945. Er war zusammen mit Wilhelm Firl fast zwei Jahre Leiter der Untergrundarbeit der KPD, wurde verhaftet und 1937 zu lebenslangem Zuchthaus verurteilt. Nach 1942 verliert sich seine Spur. Als Todesjahr wird 1945 angenommen. - In Ibbenbüren war Adolf Moh derjenige, der für seinen Einsatz im Sinne des Kommunismus mit dem Leben büßte. Vgl. zu Moh: Buchholz 2003, S. 55-56.

436 z. B. Faulenbach, Bernd. In: Faulenbach/Kaltofen 2017, S. 20

437 Vgl. Brief LB an Hubert Bitter vom 10.08.1933. Auf Brief Hubert Bitters an LB vom 06.08.1933. In: NLB

438 Die weitere Stoßrichtung gegen Kapitalismus/Imperialismus blieb tunlichst unerwähnt.

439 Brief von Martha und Ludwig Bitter an Polizeipräsidium Recklinghausen , 11.09.1933. In: NLB

440 Vgl. Preußisches Ministerium für Wissenschaft, Kunst und Volksbildung, Kanzlei: Postkarte an Ludwig Bitter sen. , 22.09.1933. AZ: UIID² Nr. Bit. 1; Brief von Maria Bitter an LB, 20.10.1933. Beide Quellen in: NLB

441 Brief Hugo Bendieks an Ludwig Bitter, 26.08.1933. In: NLB

442 Preußisches Ministerium für Wissenschaft, Kunst und Volksbildung, Kanzlei: Postkarte an Ludwig Bitter sen. , 22.09.1933. AZ: UIID² Nr. Bit. 1. In: NLB

443 Bericht des Ibbenbürener Bürgermeisters Dr. Müller an Landrat Dr. Schultz, 06.04.1933. In: LAV NRW W, K 350/ Nr. 1468

444 LAV NRW W, K 201/Nr. 9017

445 KZ Brauweiler, Postkarte, „Anstalts-Lehrer" Heinrich Schnitzler an Ludwig Bitter sen., Ibbenbüren, 23.09.1933. Vgl. Brief von LB an Familie, 24.09.1933: Bitter wurde zur Kanzlei zum Lehrer gebracht wegen der Intervention seiner Eltern. - Schnitzler verfügte in Brauweiler zeitweilig über Kompetenzen, die weit über seine Funktion als Lehrer hinausgingen. Vgl. Daners/Wißkirchen 2013, S. 64-65, 188, 235-238

446 Bendiek empfahl Carl Schmitt und Karl Jaspers. Vgl. Brief Hugo Bendieks an LB, 25.09.1933. In: NLB. Allerdings muss offen bleiben, ob Freund Ludwig auf dieses Angebot einging. Er hatte ja schon einige Bücher vom Ibbenbürener Kaplan Langenbrink erhalten. Vgl. Brief LB an Familie, 28.07.1933; KZ Tagebuch, S. 31. Beide in: NLB

447 Vgl. Brief Hugo Bendieks an LB, 25.09.1933. In: NLB

448 Brief Hugo Bendieks an LB, 25.09.1933. In: NLB

449 Vgl. Lebenslauf Meyers. In: Meyer 1938, o.S.; Karteikarte: Reichsministerium für Wissenschaft, Erziehung und Volksbildung: Leo Meyer.; Promotionsakte: Dr. Leo Meyer. In: UAMs, Bestand 65, Nr. 3695

450 [Herzfeld, Irene (Hg.):] Konzentrationslager: ein Appell an das Gewissen der Welt; ein Buch der Greuel. Die Opfer klagen an: Dachau – Brandenburg - Papenburg – Königstein - Lichtenburg - Colditz - Sachsenburg – Moringen – Hohnstein – Reichenbach - Sonnenburg. Karlsbad 1934 (Probleme des Sozialismus, Sozialdemokratische Schriftenreihe, Nr. 9).

451 Langhoff, Wolfgang: Die Moorsoldaten. 22. Aufl., Schweizer Spiegel Verlag, Zürich 1935

452 Langhoff, Wolfgang: Die Moorsoldaten. 13 Monate Konzentrationslager. Mit einem Vorwort von Willi Dickhut, 11. Aufl., Essen 2014

453 Vgl. die entsprechende Verlagsankündigung in: Langhoff, Wolfgang: Die Moorsoldaten. 22. Aufl., Schweizer Spiegel Verlag, Zürich 1935

454 Langhoff, Wolfgang: Die Moorsoldaten. Mit einem Vorwort von Werner Heiduczek, 3. Aufl., Halle/Leipzig 1985, S. 220

455 Vgl. Langhoff, Wolfgang: Die Moorsoldaten. Mit einem Vorwort von Werner Heiduczek, 3. Aufl., Halle/Leipzig 1985, S. 220-230

456 Krause-Vilmar 2002, S. 2-3

457 Vgl. Klausch 2005, S. 215-264

458 Vgl. Buchholz 2003, S. 54: Vier Kommunisten saßen im KZ Börgermoor.

459 StA Oldenburg Best. 140 – 5 Acc. 13/79 Nr. 217 und Nr. 565 – 571. Nach: Lüerßen 2001, S. 446

460 Schneider, Michael: Verfolgt, unterdrückt und aus dem Land getrieben. Das Ende der Arbeiterbewegung im Frühjahr 1933. In: Wachsmann, Nikolaus/Steinbacher, Sybille: Die Linke im Visier. Zur Errichtung der Konzentrationslager 1933, Göttingen 2014, S. 31-51. Hier: S. 37-38

461 Vgl. Tagebuch, 19.01.1934. In: NLB

462 Vgl. Brief von Ludwig Bitter sen. an Polizeipräsidium (Staatspolizei) Recklinghausen, 11.09.1933. In: NLB

463 Zeugnis von Georg Brüggen für Ludwig Bitter, 01.02.1934. In: NLB

464 Zeugnis von Theodor Rieke für Ludwig Bitter, 25.02.1936. In. NLB

465 Sie datieren vom 1. Februar bis zum 25. März 1938. In: NLB

466 Die Familie wechselte bis 1933 öfter Adressen auf der Großen Straße, war aber während seiner Haftzeit in die Nordstraße 22 gezogen. Bitter zog zunächst am Geschäftssitz in der Großen Straße 7 ein. Jahre später wohnte er er dann zweimal ebenfalls, aber immer nur ein paar Monate in der Nordstraße.

467 Brief Martha Bitters an den Ibbenbürener Bürgermeister Schotten [Durchschlag], 12.11.1945. In: NLB

468 Vgl. Meldekarten Ludwig Bitter 1+2. In: StAIbb

469 University of Cambridge. Local Examinations Syndicate, Certificate of Proficiency in English, December 1937, Second Grade Certificate, Abschrift Amtsbürgermeister Ibbenbüren, 01.02.1938. In: NLB

470 Zeugnis von Dechant Wintermann für Ludwig Bitter, 19.08.1939. In: NLB

471 Vgl. Brief von Josef Schilling und Frau, Hamburg, an Martha Bitter. 16.10.1942. In: NLB

472 https://de.wikipedia.org/wiki/Vinzenz_von_Paul

473 https://de.wikipedia.org/wiki/Frederic_Ozanam/20.05.2020; https://de.wikipedia.org/wiki/Vinzenzgemeinschaft/20.05.2020

474 Mündliche Mitteilung, Michael Pfuff jun., 25.09.2019

475 Ida Hövel trat ihren Dienst in Hamburg erst etwas später an - im Oktober 1938. Vgl. Karte LB an Fa. Bitter, 10.10.1938. In: NLB. Vgl. „Lehrer 1891 bis 1939". [Durchschlag] [Autor: evtl. Bitter, Ludwig]. Demzufolge war Ida Hövel seit dem 10.10.1938 an der Mädchenschule in St. Georg beschäftigt. Ihre Schwester Maria Hövel war an den katholischen Gemeindeschulen Hamburgs seit dem 15.10.1929 tätig. Beider Tätigkeit endete mit dem 30.09.1939. In: Diözesanarchiv Hamburg [DAH], DBA, hsiha 281

476 Er taucht in einer Auflistung von Ibbenbürenern auf, die nach Kriegsende bereit waren, Ludwig Bitters Verfolgungsgeschichte zu bezeugen. Auch der Name des Lehrers und Heimathistorikers Anton Rosen findet sich hier. Vgl. Brief Martha Bitters an den Ibbenbürener Bürgermeister Schotten [Durchschlag], 21.11.1945. In: NLB

477 Vgl. Zeugnis für Ludwig Bitter von Msgr. Wintermann, Dechant und Pastor primarius der Römisch-katholischen Gemeinde in Hamburg, vom 19.08.[1939]; Brief von Dechant Wintermann an Martha Bitter vom 14.10.1942

478 Vgl. Zeugnis für Ludwig Bitter von Msgr. Wintermann, Dechant und Pastor primarius der Römisch-katholischen Gemeinde in Hamburg, vom 19.08.[1939]; Bescheinigung von Dechant Wintermann für Ludwig Bitter vom 25.05.1939

479 Karte LB an Familie, 23.09.1939. In: NLB

480 Vgl. Bescheinigung von Dechant Wintermann für Ludwig Bitter vom 25.05.1939. In: NLB. Vgl. allgemein auch Bitters Notizbuch. In: NLB.

481 Zeugnis von Dechant Wintermann für Ludwig Bitter, 19.08.1939. In: NLB

482 Zeugnis für Ludwig Bitter von Msgr. Wintermann, Dechant und Pastor primarius der Römisch-katholischen Gemeinde in Hamburg, vom 19.08.[1939]. In: NLB

483 Vgl. Karte LB an Familie, 18.10.1939. In: NLB

484 „Verein Hamburgischer Staatsbeamten r.V.", Mitgliedsausweis Nr. 67 569 für Ludwig Bitter [o. D.]

485 Nellessen 1992, S. 139

486 Schriftliche Mitteilung, Patrick Fijalkowski, Stadtarchiv Düsseldorf, 26.11.2019. Mündliche Mitteilung, Hubert Bitter, 18.04.2018; Brief an Familie Bitter, 10.12.1942

487 Vgl. z. B. Brief an Familie Bitter, 30.03.1942. Sie sang im Chor der Benrather Kirchengemeinde und freute sich auf die bevorstehende Rundfunkübertragung der Ostermesse aus „ihrer" Pfarrkirche.

488 Tagebuch, 23.08.1936. In: NLB

489 Karte LB an Familie, 18.10.1939. In: NLB

490 Polizeipräsident Hamburg, Abteilung II – Wehrpflichtdienststelle, Anmeldebescheinigung, Anlegung des Wehrstammblatts, für Ludwig Bitter, 05.01.1940. In: NLB

491 Postkarte von LB an Familie, 10.10.1938. In: NLB

492 Nellessen, 1992, S. 86. Vgl. Beispiele bei Nellessen 1992, S. 86-89

493 Mitteilung, Michael Pfuff jun., 25.09.2019

494 Vgl. Brief LB an Hubert Hinterding, 28.09.1939. In: StARh, Bestand Hinterding, Nr. 18

495 Dörnte, Günter: Katholische Schulen in Hamburg 1832 bis 1939, Diss., Hamburg 1984

496 Karte LB an Familie, 26.06.1940. In: NLB; Karte LB an Familie, 12.08.1940. In: NLB. Vgl. schriftliche Mitteilung, Astrid Friedrich, Bundesarchiv Berlin, Referat PA 2, 06.07.2020/Az.: PA 2 – 2019/G-18896: Bitter diente in Hameln laut einer Meldung vom 04.09.1940 in einer Einheit der Infanterie.Nachrichten-Ersatzkompanie 216.

497 Schriftliche Mitteilung, Patrick Fijalkowski, StA Düsseldorf, 26.11.2019

498 Karte LB an Familie, 26.06.1940. In: NLB

499 Karte LB an Familie, 12.08.1940. In: NLB

500 Schriftliche Mitteilung, Astrid Friedrich,Bundesarchiv Berlin, Referat PA 2, 06.07.2020/Az.: PA 2 – 2019/G-18896: Bitter diente nach dem 07.09.1940 in der 6. Kompanie des Landesschützenbataillons 745 laut Bundesarchivsignatur B 563/11149, Seite 254.

501 Kriegsbericht, S. 1-2. In: NLB.

502 Vgl. Brüne 2001, S. 107-111; Wolandt/Wolandt 1986, S. 35-37 und allgemein die Jahrgänge der Zeitschrift „Vom Frohen Leben"

503 Vgl. Kriegsdienstverweigerung_in_Deutschland. In: https://de.wikipedia.org/wiki/27.04.2020

504 Thrasolt und Ehlen, der am Ersten Weltkrieg teilgenommen hatte, waren aus Altersgründen persönlich nicht mehr betroffen.- Thrasolt leistete Widerstand dadurch, dass er Juden in seinem Blockhaus versteckte. Vgl. Wey, Philipp: Ernst Thrasolt (1878-1945). Priester, Dichte und Schriftsteller. In: Volkshochschule Saarburg (Hg.): Ernst Thrasolt 1878-1945. Erinnerungsgabe zum 100. Geburtstag am 12. Mai 1978, [Saarburg1978], S. 24

505 Lebenslauf [Durchschrift], [17.11.1945 (?)]. In: NL Erb, DZA Berlin, V/212-4-1

506 Brief Bernhard Bitters an Hubert Hinterding, 15.03.1955. In: StARh, Bestand Hinterding, Nr. 17

507 Lebenslauf [Durchschrift], [17.11.1945 (?)]. In: NL Erb, DZA Berlin, V/212-4-1

508 In der Praxis scheint der Umgang mit der „Wehrwürdigkeit" nicht so eindeutig geregelt gewesen zu sein. Pastor Dr. Bernds, der FSSB-Gründer, galt im Zweiten Weltkrieg trotz verbüßter längerer Haftstrafe anscheinend ohne besonderen Antrag als wehrwürdig, wurde jedenfalls einberufen. Fritz Heinze, Augenzeuge und Fotograf während des Massenmordes an den Juden der Stadt Zwiahel, hatte nach seiner Musterung einen Antrag stellen müssen, dem stattgegeben wurde.

509 Wehrgesetz, 21. Mai 1935. In: http://www.documentarchiv.de/ns/1935/wehrgesetz.html/27.06.2020. Die „Wehrwürdigkeit" regelte § 13 des Gesetzes.

510 Vgl. Dieter Riesenberger, Friedensbund Deutscher Katholiken, 1919-1933, publiziert am 12.06.2006; in: Historisches Lexikon Bayerns, https://www.historisches-lexikon-bayerns.de/Lexikon/Friedensbund_Deutscher_Katholiken,_1919-1933/04.03.2020

511 Wie das mit biografischen Erläuterungen versehene Schriftstück dorthin gelangte, lässt sich nicht mehr feststellen.

512 Brief Julius NN aus Iserlohn an Familie und Nahestehende, 20.08.1942, Russland [Abschrift]. Datierung wahrscheinlich falsch. Eher 20.08.1941. In: NLB

513 Brief Julius NN aus Iserlohn an Familie und Nahestehende, 20.08.1942, Russland [Abschrift]. Datierung wahrscheinlich falsch. Eher 20.08.1941. In: NLB

514 Brief Hubert Hinterdings an Bernhard Bitter [Durchschlag], [ca. 1955]. In: StARh, Bestand Hinterding, Nr. 17

515 Brief Hubert Hinterdings an Bernhard Bitter, [Durchschlag] [ca. 1955]. In: StARh, Bestand Hinterding, Nr. 17

516 Brief LB an Hubert Hinterding, 16.10.1939. In: StARh, Bestand Hinterding, Nr. 18

517 Brief LB an Hubert Hinterding, 16.10.1939. In: StARh, Bestand Hinterding, Nr. 18

518 Brief LB an Hubert Hinterding, 16.10.1939. In: StARh, Bestand Hinterding, Nr. 18

519 Brief LB an Hubert Hinterding, 16.10.1939. In: StARh, Bestand Hinterding, Nr. 18

520 Vgl. https://de.wikipedia.org/wiki/Theodor_Haecker/21.02.2020

521 Vgl. Brief Hubert Hinterdings an Bernhard Bitter [Durchschlag], [ca. 1955]. In: StARh, Bestand Hinterding, Nr. 17

522 Brief Hubert Bitters an P. Johannes Bendiek [Durchschlag], 11.12.1942. In: NLB

523 Vgl. Kriegsbericht, S. 1. In: NLB; Verlobungskarte, April 1942. In: NLB

524 Kriegsbericht, S. 1-2. In: NLB

525 Schriftliche Mitteilung, Astrid Friedrich, Bundesarchiv Berlin, Referat PA 2, 06.07.2020/Az.: PA 2 – 2019/G-18896: Bis zum 02.05.1942 war Bitter Angehöriger der Einheit Stab I/Infanterieregiment 589, danach Angehöriger des Infanterieregiments 594 laut Bundesarchivsignatur B 563/84728, Seite 026.

526 Vgl. Kriegsbericht, S. 2. In: NLB. Zunächst ging es über Lille nach Charleroi in Belgien.

527 Kriegsbericht, S. 2-3. In: NLB

528 Vgl. Kriegsbericht, S. 3. In: NLB

529 Brief von Martha Bitter an den Ibbenbürener Bürgermeister Schotten [Durchschlag], 12.11.1945 In: NLB. - Wenngleich es für diese Behauptung an belastbarem Material fehlt, ist der Verdacht nicht von der Hand zu weisen.

530 Von nun an stand er nicht nur wie zuvor in ständigem Briefwechsel mit seiner Familie und seiner Verlobten, sondern machte sich Notizen – wohl für einen späteren Bericht.

531 Standesamt Münster (Westf.), Sterbeurkunde Nr. 884/1943, Obergefreiter Ludwig Bitter, 18.05.1943. In: NLB

532 Vgl. Kriegsbericht, S. 3-5, 9. In: NLB

533 Kriegsbericht, S. 23. In: NLB

534 Polnische Bezeichnung: Korzec.

535 Ukrainische Bezeichnung: Nowohrad Wolynskyj.

536 Traditionsverband 1966, S. 11

537 Brief LB an Familie, 03.06.1942. In: NLB

538 Brief LB an Familie, 03.06.1942. In: NLB

539 Brief LB an Familie, 19.07.1942. Vgl. auch die Briefe vom 09.08.1942 und 06.09.1942.

540 Ludwig Bitter diente im Infanterieregiment 594 unter Oberst Friedrich Trompeter.

541 Traditionsverband 1966, S. 14

542 Traditionsverband 1966, S. 14

543 BArch, B 563-1 KARTEI/ B-2419/191 [Bitter, Ludwig, geb. 05.03.1908],Verlustmeldung vom 23.12.1942.

544 Brief LB an Familie, 18.09.1942. In: NLB. Laut BArch, B 563-1 KARTEI/ B-2419/191 [Bitter, Ludwig, geb.

05.03.1908] war er allerdings erst am 19.09.1942 in das Kursker Lazarett eingeliefert worden.

545 Brief LB an Familie, 18.09.1942. In: NLB. In seinem letzten Brief an die Familie vom 23.09.1942 schreibt Bitter allerdings von tagelangem hohen Fieber, das er nun überstanden glaubte. In: NLB

546 BArch, B 563-1 KARTEI/B-2419/191 [Bitter, Ludwig, geb. 05.03.1908], Lazarettmeldung vom 26.12.1942.

547 Viele Soldaten der 323. I.D. litten an Malaria. Vgl. Traditionsverband 1966. S. 13; Brief LB an Familie, 23.09.1942; Stabsarzt und Chefarzt, Dienststelle Feldpost-Nr. 22 791, an Fam. Ludwig Bitter, 28.09.1942. Alle in: NLB

548 Vgl. Briefe der Schwestern Maria und Antoinette vom 29.09.1942 und der Mutter Martha vom 04.10.1942 an LB [beide zurückgesandt]. In: NLB

549 Vgl. Brief von Job [Josef Koldehoff] an die Familie Martha Bitter, 24.10.1942. In: NLB

550 Gespräch von Erich Weichel/Norbert Ortgies mit Herrn Freese, geb. 1921, Ibbenbüren, 24.05.2019

551 Mündliche Mitteilung Hubert Bitter, 16.04.2018

552 Bitter diente im Stab des 1. Bataillons des I.R. 594. Vgl. Standesamt Münster (Westf.), Sterbeurkunde Nr. 884/1943, Obergefreiter Ludwig Bitter, 18.05.1943. In: NLB

553 Vgl. Kriegsbericht, S. 15-16. Dort nur „B." genannt. - Bogatyrev (Bogatyrjow) wurde nach Kriegsende 1945, nachdem er bei der sowjetischen Führung wegen Kosmopolitismus in Ungnade gefallen war, von Moskau nach Woronesch verbannt., später aber rehabilitiert. Sein Sohn Konstantin saß Anfang der Fünfziger anderthalb Jahre in der Todeszelle, bis ein gegen ihn verhängtes – politisches - Todesurteil in eine Haftstrafe umgewandelt wurde. Vgl. Chenrik Baran: O P. G. Bogatyreve. Po materialam archiva P. O. Jakobsona. In: Vospominamija 2002, S. 137-153; https://pl.wikipedia.org/wiki/Piotr_Bogatyriow_(folklorysta)/22.03.2020

554 Kriegsbericht, S. 7-8. In: NLB

555 Mündliche Mitteilung Hubert Bitter, 16.04.2018

556 Kriegsbericht, S. 11. In: NLB

557 Vgl. Kriegsbericht, S. 7. In: NLB. Bitter notiert dort: „Alles Niederbayern und Franken!" Viele sprächen nur Dialekt. Außer Niederbayern und Franken dienten im Infanterieregiment 594 noch Schlesier aus dem Raum Hirschberg . In der seit dem 26. Oktober 1940 in Deutschland zusammengestellten, im April 1941 in die Normandie verlegten Infanteriedivision 323 dienten zudem Oberpfälzer und Egerländer. Vor dem Einsatz in der UdSSR wurden sie durch Kräfte aus Wien und Niederösterreich verstärkt. Vgl. Traditionsverband 1966, S.7-10

558 Kriegsbericht, S. 17-22. In: NLB

559 Kriegsbericht, S. 16-17. In: NLB

560 Paulus/Röwekamp 2015, S. 133

561 Ob der Tagebucheintrag vom 29.10.1941 schon so zu sehen ist, kann allerdings nicht gesagt werden.

562 Vgl. Paulus, Julia: „Ich werde Euch Bücher erzählen können, die man aber nicht veröffentlichen kann." Die Soldatenheimschwester Annette Schücking als Chronistin und Akteur. In: Paulus/Röwekamp 2015, S. 65-74. Hier: S. 65-67

563 Brief LB an Hubert Bitter, 03.09.1942 Anhang zum Kriegsbericht (2. Typoskript). In: NLB

564 Brief LB an Hubert Bitter, 13.06.1942.Anhang zum Kriegsbericht (2. Typoskript). In: NLB

565 Brief Maria Bitter an LB, 13.06.1942. In: NLB

566 Mitteilung Stabsarzt und Chefarzt, Dienststelle Feldpost-Nr.. 22 791, an Familie Ludwig Bitter, 28.09.1942. In: NLB

567 Sterbeurkunde Ludwig Bitter, Standesamt Münster (Westf.), Nr. 884/1943, 18. Mai 1943

568 Brief LB an Hubert Bitter, 13.06.1942. Anhang zum Kriegsbericht (2. Typoskript). In: NLB

569 Brief LB an Hubert Bitter, 02.07.1942. Anhang zum Kriegsbericht (2. Typoskript). In: NLB

570 Brief LB an Hubert Bitter, 21.07.1942. Anhang zum Kriegsbericht (2. Typoskript). In: NLB

571 Vgl. Paulus, Julia: „Ich werde Euch Bücher erzählen, die man aber nicht veröffentlichen kann." Die Soldatenheimschwester Annette Schücking als Chronistin und Akteurin. In: Paulus/Röwekamp 2015, S. 65-74. Hier: S. 65-67

572 Vgl. Brief von Annette Schücking, 23.11.1941. In: Paulus/Röwekamp 2015, S. 165-166 + Anm. 221, S. 165 von Annette Schücking-Homeyer

573 Brief von Annette Schücking vom 27.04.1974 an Oberstaatsanwalt Dr. Rückerl in Ludwigsburg. In: Kreisarchiv Warendorf, Depositum Schücking, Akte „Unterlagen betr. Russlandaufenthalt". Zit. nach: Paulus/Röwekamp 2015, S. 65

574 Vgl. Paulus, Julia: „Ich werde Euch Bücher erzählen, die man aber nicht veröffentlichen kann." Die Soldatenheimschwester Annette Schücking als Chronistin und Akteurin. In: Paulus/Röwekamp 2015, S. 65-74. Hier: S. 66 + Anm. 267, S. 66 ; „Man riecht bei vielen Blut." Die Juristin und frühere Rot-Kreuz-Helferin Annette Schücking-Homeyer, 89, über den Russlandfeldzug 1941 und das Wissen der deutschen Soldaten um den Holocaust. Interview: Martin Doerry, Klaus Wiegrefe. In: „Der Spiegel", 4/2010, S. 42-44. [http://magazin.spiegel.de/EpubDelivery/spiegel/pdf/68785421]

575 Wie einem seiner Briefe an Bruder Hubert zu entnehmen ist, war er in der Nacht vom 22. auf den 23. August mit viel Glück dem Tod entronnen, als er mit der Bahn vom Lazarett in Kursk an die Front zurückfuhr. Eine sowjetische

Fliegerbombe landete als Volltreffer in seinem Waggon. Es gab mehrere Tote und Verwundete.Bitter trug nur kleinere Splitterwunden davon. Vgl. Brief (2. Typoskript) LB an Hubert Bitter. 23.08.1942. In: NLB. Allerdings hatte Hubert bis dahin gar nicht von dem Lazarettaufenthalt erfahren. Der Familie gegenüber erwähnte Ludwig Bitter den überstandenen Angriff ohnehin nicht.

576 Brief LB an Hubert Bitter, 03.09.1942. Anhang zum Kriegsbericht (2. Typoskript). In: NLB. Am 29. August 1942 erging ein Divisionsbefehl: Evakuierung der Zivilbevölkerung Woroneschs bis zum 4. September. Vgl. Traditionsverband 1966, S. 14

577 Brief LB an Hubert Bitter, 23.08.1942. Anhang zum Kriegsbericht (2. Typoskript). In: NLB. Schon am 26.06.1942 schreibt LB an Hubert über vermutete Partisanen ca. 100 km. vor der Front. Bruder Hubert notiert in einem Einschub zu einem Brief von LB vom 10.07.1942, er habe immer die volle Wahrheit über Bitters Befinden erbeten. Anhang zum Kriegsbericht (2. Typoskript). In: NLB

578 Brief LB an Familie, 01.09.1942

579 Brief LB an Familie, 06.09.1942

580 Brief LB an Familie, 12.09.1942

581 Brief LB an Familie 18.09.1942

582 Trotz aller Strapazen und Schrecken jedoch, die Bitter aushalten musste, ist der Grundton seiner Mitteilungen von der Ostfront eher ruhig, gefasst. Er war – bestimmt vor allem dank der Beziehung zur Verlobten Käthe Blome – mehr mit sich im Reinen als in vielen Jahren zuvor. Vgl. auch Kriegsbericht, S. 1-2. In: NLB

583 Vgl. Brief von Hubert Bitter an P. Johannes Bendiek, 11.12.1942. In: NLB

584 Vgl. Brief von Hubert Bitter an P. Johannes Bendiek, 11.12.1942. In: NLB

585 Vgl. Brief von Hubert Bitter an Bernhard N.N., 21.12.1942. In: NLB

586 Brief Hubert Hinterdings an Josef Schepers [Durchschlag], 13.11.1963. In: StARh, Bestand Hinterding, Nr. 19

587 Brief Hubert Hinterdings an Bernhard Bitter [ca. 1955]. In StARh, Bestand Hinterding, Nr. 17

588 Bitva za Voronež. Velikaja Otečestvennaja vojna, o.S. In: https://infovzor.ru/bitva-za-voronezh-velikaya-otechestvennaya-vojna//25.06.2020

589 Vgl. Traditionsverband 1966, S. 14

590 Vgl. https://www.maximilian-kolbe-werk.de/ueber-uns/vereinsgeschichte/26.02.2020

591 Tagebuch, letzte Textseite (127), 27.09.1931. In: NLB

FSC® C083411

MIX

Papier | Fördert
gute Waldnutzung

FSC® C083411

Zeitfracht Medien GmbH
Ferdinand-Jühlke-Straße 7
99095 Erfurt, Deutschland
produktsicherheit@kolibri360.de